Schriften zum Kunst- und Kulturrecht

Herausgegeben von

Band 4

unterstützt durch

Institut für Kunst und Recht IFKUR e.V.

CIAM Zentrum für Internationales Kunstmanagement
Kunstakademie Düsseldorf
Robert-Schumann-Hochschule Düsseldorf
Hochschule für Musik Köln
Kunsthochschule für Medien Köln

UNI GRAZ
KOMPETENZZENTRUM FÜR KUNST- UND KULTURRECHT

Dr. Matthias Weller, Mag. rer. publ./RA Dr. Nicolai Kemle/
Prof. Dr. iur. Dr. phil. h.c. Peter Michael Lynen (Hrsg.)

Kulturgüterschutz – Künstlerschutz

Tagungsband des Zweiten Heidelberger Kunstrechtstags am 5. und 6. September 2008 in Heidelberg

Nomos DIKE facultas.wuv

Die Deutsche Nationalbibliothek verzeichnet diese Publikation in der Deutschen Nationalbibliografie; detaillierte bibliografische Daten sind im Internet über http://www.d-nb.de abrufbar.

ISBN 978-3-8329-4449-0 (Nomos Verlag, Baden-Baden)
ISBN 978-3-03751-163-3 (Dike Verlag, Zürich/St. Gallen)
ISBN 978-3-7089-0277-7 (facultas.wuv Verlag, Wien)

1. Auflage 2009

Vorwort

Der vorliegende Tagungsband enthält die Beiträge des zweiten Heidelberger Kunstrechtstags, den das Institut für Kunst und Recht IFKUR e.V. in Kooperation mit dem Zentrum für internationales Kunstmanagement (CIAM) der Kunstakademie Düsseldorf, der Robert-Schumann-Hochschule Düsseldorf, der Hochschule für Musik in Köln sowie der Kunsthochschule für Medien Köln am 5. und 6. September 2008 veranstaltet hat. Unter dem Generalthema „Kulturgüterschutz – Künstlerschutz" widmete sich die Tagung aktuellen Streitfragen zum deutschen und internationalen Kulturgüterschutzrecht sowie zur Rechtsstellung des Künstlers.

Am Freitag, den 5. September 2008, eröffnete Prof. Dr. *Kerstin Odendahl*, Universität St. Gallen, die Tagung in festlichem Rahmen im Palais Weimar des Völkerkundemuseums Heidelberg der Stiftung J. & E. von Portheim mit ihrem Vortrag zum völkerrechtlichen Schutz von Kulturgütern von höchster Bedeutung für die Menschheit in Friedens- und Kriegszeiten.

Der erste Teil der Tagung am Samstag, den 6. September 2008, widmete sich dem Kulturgüterschutz: Die Bundesrepublik Deutschland hat am 30. November 2007 nach fast vierzigjährigem Ringen mit sich selbst und einem kontroversen Gesetzgebungsverfahren zur Umsetzung[1] das UNESCO-Übereinkommen über Maßnahmen zum Verbot und zur Verhütung der rechtswidrigen Einfuhr, Ausfuhr und Übereignung von Kulturgut vom 14. November 1970[2] ratifiziert, so dass nach Art. 21 S. 2 das Übereinkommen für Deutschland am 29. Februar 2008 in Kraft getreten ist.[3] Mit Unterstützung durch das ermutigende Grußwort des Kulturstaatsministers Bernd Neumann, verlesen und mit persönlichem Gruß ergänzt durch MinR Frithjof

---

1 Gesetz zu dem Übereinkommen vom 14. November 1970 über die Maßnahmen zum Verbot und zur Verhütung der rechtswidrigen Einfuhr, Ausfuhr und Übereignung von Kulturgut, BGBl. 2007 II Nr. 12 vom 25. April 2007, S. 626 ff. - Zustimmungsgesetz; Gesetz zur Ausführung des UNESCO-Übereinkommens vom 14. November 1970 über Maßnahmen zum Verbot und zur Verhütung der rechtswidrigen Einfuhr, Ausfuhr und Übereignung von Kulturgut, BGBl. 2007 I Nr. 21 vom 23. Mai 2007, S. 757 ff. - Ausführungsgesetz. Für eine erste Bewertung *Matthias Weller*, Zur Umsetzung der UNESCO-Konvention von 1970 aus deutscher Sicht, in *Gerte Reichelt* (Hrsg.), Rechtsfragen der Restitution von Kulturgütern, Symposium des Ludwig Boltzmann Instituts für Europarecht am 12. Oktober 2007 im Bundesministerium für Unterricht, Kunst und Kultur Wien, Wien 2008, 27 – 38. Zum Wiener Symposium *Nicolai Kemle*, Rechtsfragen der Restitution von Kulturgut, Symposium in Wien, Österreich, KunstRSp 2007, 220, www.ifkur.de, sub "Kunstrechtsspiegel".

2 10 I.L.M. 289, verfügbar z.B. unter http://portal.unesco.org/culture/en. Zur Konvention selbst z.B. jüngst *Patrick O'Keefe*, Commentary on the 1970 UNESCO Convention, Crickadarn, 2. Aufl. 2007; *Rainer Hönes*, Die UNESCO-Konvention über Maßnahmen zum Verbot und zur Verhütung der rechtswidrigen Einfuhr, Ausfuhr und Übereignung von Kulturgut vom 14. November 1970, BayVBl. 2006, 165 ff.

3 BGBl. 2008 II, 235. Zum selben Zeitpunkt sind Zustimmungs- und Umsetzungsgesetz wirksam geworden, Art. 2 Abs. 1 Zustimmungsgesetz; Art. 5 Abs. 1, 2 Ausführungsgesetz.

Berger, Referatsleiter K 42 (Schutz, Erhaltung und Rückführung von Kulturgut, Zentralstelle des Bundes für Kulturügter), nahmen die Veranstalter diese ganz aktuelle Gesetzeslage zum Anlass, die deutsche Umsetzung einer Bewertung aus verschiedenen Blickwinkeln zu unterziehen:

Zunächst stellte RegD *Katrin Schenk*, Referentin beim Beauftragten der Bundesregierung für Kultur und Medien K 42, Bonn, und zuständig für die Gesetzesausführung auf Bundesebene, die deutsche Umsetzung vor und verwies auf die Brennpunkte und offenen Fragen aus der täglichen Arbeit mit dem Gesetz. Danach unterzog Prof. em. Dr. *Kurt Siehr*, M.C.L., Zürich/Max-Planck-Institut für ausländisches und internationales Privatrecht Hamburg, die deutsche Umsetzung insbesondere im Vergleich mit Umsetzungen aus dem anglo-amerikanischen Rechtskreis einer kritischen Würdigung und leitete hieraus Folgerungen für ein Idealmodell ab. In einem zweiten Schritt wurden die Umsetzungen eines Marktstaates und eines Quellenstaates von Kulturgütern zum weiteren Rechtsvergleich vorgestellt. Die Umsetzung des Marktstaates Schweiz durch das Kulturgütertransfergesetz[4] einschließlich erster praktischer Erfahrungen präsentierte Prof. Dr. *Marc-André Renold*, Universität Genf und Direktor des Centre du droit de l'art Genf. Prof. Dr. *Vitulia Ivone*, Università degli Studi di Salerno, behandelte die komplexe Rechtslage in Italien und berücksichtigte dabei auch die jüngsten Konflikte zwischen Italien und den USA, insbesondere dem Getty Museum um illegal ausgeführtes Kulturgut – exemplarische Sachverhalte, an denen sich das Recht, das im ersten Teil der Tagung zu verhandeln war, bewähren muß. Schließlich zeichnete *Karl-Sax Feddersen,* Justiziar des Kunsthauses Lempertz, Köln, ein differenziertes Bild der Interessen und ersten Erfahrungen des Kunsthandels im Lichte der neuen Umsetzungsgesetzgebung in Deutschland.

Der zweite Teil der Tagung betraf aktuelle Fragen rund um den Künstlerschutz. Prof. em. Dr. Dr. h.c. mult. *Erik Jayme*, LL.M., Institut für ausländisches und internationales Privat- und Wirtschaftsrecht Heidelberg, und RA Dr. *Eike Wilhelm Grunert*, Gibson Dunn & Crutcher, München, äußerten sich zum „Regietheater als Rechtsproblem“ und behandelten das Spannungsverhältnis von Inszenierungsfreiheit und urheberrechtlichem Werkschutz.[5] Prof. Dr. *Gerhard Pfennig*, Geschäftsführender Vorstand der Verwertungsgesellschaft Bild-Kunst, Bonn, setzte sich mit dem Spannungsfeld „Künstler und Sammler – Konflikte aus der jüngsten Zeit“ auseinander. RA beim BGH Prof. Dr. *Achim Krämer*, Karlsruhe, führte seine Analyse zu dem für den Wirkbereich von Textkunst ganz grundlegenden Fall „Esra“ zum Ersten

4 Bundesgesetz über den internationalen Kulturgütertransfer (Kulturgütertransfergesetz, KGTG) vom 20. Juni 2003. Hierzu maßgebend *Marc-André Renold/Pierre Gabus*, Commentaire du Loi fédérale sur le transfert international des biens culturels (LTBC), Zürich 2006.

5 Hierzu z.B. *Eike Wilhelm Grunert*, Werkschutz contra Inszenierungskunst – Der urheberrechtliche Gestaltungsspielraum der Bühnenregie, Diss. München 2001, Urheberrechtliche Abhandlungen des Max-Planck-Instituts für ausländisches und internationales Patent-, Urheber- und Wettbewerbsrecht, Bd. 44, München 2002.

Heidelberger Kunstrechtstag[6] im Lichte der inzwischen ergangenen weiteren Urteile fort.[7]

Der interdisziplinäre Schwerpunkt des zweiten Teils behandelte kunstwissenschaftliche und rechtliche Fragen zum Werkverzeichnis. Dr. *Thomas Schauerte*, Institut für Kunstgeschichte, Universität Trier, erläuterte mögliche und typische Untiefen von Werkverzeichnissen am Beispiel Albrecht Dürers. VorsRiBGH a.D. Prof. Dr. *Eike Ullmann*, Karlsruhe, und RAin Dr. *Friederike Gräfin von Brühl*, M.A., K&L Gates LLP, Berlin, analysierten die Rechtsposition der Außenstehenden bei Echtheitsexpertisen im Allgemeinen und bei Aufnahmeentscheidungen in das führende Werkverzeichnis.[8]

Die Realisierung des Zweiten Heidelberger Kunstrechtstags ist der großen und großzügigen Unterstützung zahlreicher Personen und Institutionen geschuldet: An erster Stelle stehen die exzellenten Vor- und Beiträge der Referentinnen und Referenten. Der Beauftragte der Bundesregierung für Kultur und Medien, Kulturstaatsminister Bernd Neumann, ermöglichte die Tagung durch eine Kofinanzierung. Hinzu tritt das Sponsoring durch den Nomos-Verlag und den DeGruyter-Verlag. Der Nomos-Verlag ermöglichte überdies das Erscheinen des vorliegenden Tagungsbands. Schließlich trugen zahlreiche IFKUR-Vereinsmitglieder wie auch CIAM-Studierende entscheidend zum Gelingen der Tagung bei. Ohne die umsichtige Korrektur der Beiträge durch Dr. Julia El-Bitar und Ruth Türnich, Köln, Wiss. Mit. Sophie Engelhardt, Berlin, cand.iur. Felix Michl, Wiss. Mit. Rüdiger Pfaffendorf, Wiss. Mit. Hannes Wais und cand.iur. Jörg Wünschel, alle Heidelberg, hätte der Tagungsband nicht die redaktionelle Qualität erreicht, in der er nun vorliegt. Die Herausgeber danken hierfür herzlich!

Die anhaltend hoch erfreuliche Resonanz auf den Heidelberger Kunstrechtstag mit erneut über 100 Teilnehmern aus dem In- und Ausland ermutigt zur nächsten Runde – den dritten Heidelberger Kunstrechtstag am 9. und 10. Oktober 2009.

Matthias Weller, Nicolai Kemle, Peter Michael Lynen
Heidelberg und Düsseldorf, im Februar 2009

---

6 *Achim Krämer*, Kunstfreiheit vs. Persönlichkeitsrecht – Der Fall "ESRA", in *Weller/Kemle/Lynen*, Des Künstlers Rechte – Die Kunst des Rechts, Tagungsband des Ersten Heidelberger Kunstrechtstags am 8. September 2007 in Heidelberg, Schriften zum Kunst- und Kulturrecht Bd. 2, Baden-Baden 2008, S. 11 ff.

7 BGH, Urt. v. 10.06.2008 – VI ZR 252/07, hierzu *Matthias Weller*, LMK 2008, 269192; OLG München, Urt. v. 08.07.2008 – 18 U 2280/08, nicht rechtskräftig.

8 Zur Problematik z.B. für Deutschland OLG Hamm, Urt. v. 1. 7. 2004 - 4 U 54/04, GRUR-RR 2005, 177 – Karl Hofer-Werkverzeichnis; für New York z.B. *Kramer v. Pollock-Krasner Foundation*, 890 F.Supp. 250 (S.D.N.Y.,1995), den Pollock-Krasner Authentification Board betreffend. Prägnant hierzu auch z.B. *Peter Raue,* Buchbesprechung Haimo Schack, Kunst und Recht, Köln 2005, GRUR 2005, 662. Umfassend *Friederike Gräfin von Brühl*, Marktmacht von Kunstexperten als Rechtsproblem, Köln 2008, zugl. Diss. Lausanne 2007.

Grußwort zum II. Heidelberger Kunstrechtstag

Bernd Neumann

Sehr geehrte Damen und Herren,

zum II. Heidelberger Kunstrechtstag des Instituts für Kunst und Recht (IFKUR) übermittle ich allen Teilnehmerinnen und Teilnehmern meine besten Grüße. Der erste Heidelberger Kunstrechtstag ist letztes Jahr auf erfreuliche Resonanz gestoßen, und die erste wissenschaftliche Publikation des Instituts liegt mit dem Tagungsband zu dieser Veranstaltung vor. Der diesjährige Heidelberger Kunstrechtstag wird wiederum ein Forum zur Diskussion aktueller Entwicklungen des Kunstrechts bieten.

Mein Haus fördert den diesjährigen Heidelberger Kunstrechtstag, da er sich besonders dem Thema des Kulturgüterschutzes widmet, namentlich der Umsetzung der UNESCO-Konvention von 1970 über Maßnahmen zum Verbot und zur Verhütung der rechtswidrigen Einfuhr, Ausfuhr und Übereignung von Kulturgut. Ich habe sofort nach Amtsübernahme darauf gedrungen, dass das Übereinkommen, fast 38 Jahre nach seiner Annahme durch die UNESCO, nun endlich auch in Deutschland in Kraft tritt; das ist am 29. Februar 2008 geschehen. Ein guter Anlass also, sich dieses Themas – wissenschaftlich begleitet – anzunehmen. Das in Paris am 14. November 1970 von der Generalkonferenz der Organisation der Vereinten Nationen für Erziehung, Wissenschaft und Kultur auf ihrer 16. Tagung angenommene Übereinkommen formuliert Grundprinzipien des internationalen Kulturgüterschutzes und postuliert das Recht jedes Staates auf Anerkennung und Schutz seines kulturellen Erbes.

Hierzu enthält es Mindestvorschriften für die von den Vertragsstaaten zu ergreifenden Maßnahmen gegen den illegalen Verkehr mit Kulturgütern. Es handelt sich um Regelungen

- zum Schutz eigenen Kulturgutes,
- zur Verhinderung der rechtswidrigen Ausfuhr desselben,
- zum Schutz rechtswidrig eingeführten Kulturgutes anderer Vertragsstaaten,
- zur Verhinderung der Übereignung desselben sowie
- zur Herausgabe auf Ersuchen des Ursprungsvertragsstaates.

Mit der Ratifizierung und Umsetzung dieses Übereinkommens trägt die Bundesrepublik Deutschland ihrer internationalen Verantwortung Rechnung, bedeutsames nationales kulturelles Erbe zu schützen. Bereits in den parlamentarischen Anhörungen des Kulturausschusses des Deutschen Bundestages zu dem Entwurf des Ausführungsgesetzes zur Umsetzung des UNESCO-Kulturgüterübereinkommens wurde deutlich, dass Deutschland den von der Konvention aufgezeigten Handlungsspielraum mit den geschaffenen Regelungen sinnvoll genutzt hat.

Die unterschiedlichen Interessen in Ausgleich zu bringen, die des Kunsthandels auf der einen, die der Archäologen und Kulturgutschützer auf der anderen Seite, war eine zentrale Herausforderung des Gesetzesentwurfs. Ich bin der Überzeugung, dass dieser Ausgleich weitestgehend gelungen ist. Vor allem wird dieses Gesetz mit seinen Forderungen an den Kunsthandel, künftig Aufzeichnungen zur Provenienz zu führen, das Bewusstsein für das Bedürfnis anderer Völker schärfen, ihr kulturelles Erbe im eigenen Land behalten zu wollen. Das neue Kulturgüterrückgabegesetz kann und soll dazu beitragen, den Kunsthandelsstandort Deutschland zu stützen, indem es eine Vertrauensbasis für den Kunsthandel schafft.

Zusammen mit der 1998 erfolgten Umsetzung der europäischen Kulturgüterschutzrichtlinie besteht nun ein geschlossenes und wirksames Schutzsystem, das allerdings noch auf seinen umfassenden Praxistest wartet.

Wie jedes neue Gesetz wirft auch das Kulturgüterrückgabegesetz Fragen für den Rechtsanwender auf. Diese Fragen zu formulieren und einer Beantwortung zuzuführen, ist notwendig, um Rechtssicherheit und Akzeptanz zu gewährleisten. Ich begrüße es sehr, dass der zweite Heidelberger Kunstrechtstag einen Beitrag dazu leisten will. Gerade Tagungen wie diese bilden eine hervorragende Plattform, die anstehenden Fragen aus den verschiedensten Blickwinkeln zu erörtern und interdisziplinär zu beantworten. Auch wenn ich mir sicher bin, dass das neue Kulturgüterrückgabegesetz und das nunmehr um den Schutz öffentlichen Kulturgutes ergänzte Gesetz zum Schutz deutschen Kulturgutes gegen Abwanderung eine gute Grundlage für den Kulturgutschutz in Deutschland sind, weiß ich um den weiteren Anpassungsbedarf des seit 1955 bestehenden Gesetzes zum Schutz deutschen Kulturgutes gegen Abwanderung und um den Optimierungsbedarf bei den im neuen Kulturgüterrückgabegesetz gewählten Maßnahmen zur Sicherung von Rückgaben illegal verbrachten Kulturgutes. Bundestag und Bundesrat haben uns bei der Verabschiedung der neuen Regeln im vergangenen Jahr einmütig einen Evaluierungsauftrag erteilt und der Freistaat Bayern hat jüngst bereits mit einer Gesetzesinitiative im Bundesrat punktuellen Änderungsbedarf angemeldet. Bedingt durch die Globalisierung der Märkte wird der Kunsthandel immer interessanter und wächst das Bedürfnis nach einem Austausch der Kulturen. Das hat zur Folge, dass unsere Sicht und unser Bewusstsein dafür, was schätzenswert ist, einer stetigen Fortentwicklung unterliegen. Es wäre fatal, das Bedürfnis nach geistigem Austausch und das Interesse an Kulturgütern aus anderen Kulturkreisen gegen den nationalen Kulturgutschutz auszuspielen. Umso mehr bedarf es fortwährend der Überprüfung, ob dem Kulturgutschutz das bestehende Normengefüge gerecht wird. Insofern hoffe ich, dass die hier im Laufe des Tages referierten Positionen zu den Zielen und Umsetzungsmöglichkeiten des UNESCO-Übereinkommens von 1970 dazu beitragen, die jeweiligen nationalen Lösungsansätze besser zu verstehen. Ich hoffe aber auch, dass darüber hinaus die Referate und die sie begleitenden Diskussionen die Bereitschaft wecken, gemeinsam an Lösungen zu arbeiten, die über den nationalen Horizont hinausgehen.

Ich wünsche dem diesjährigen Heidelberger Kunstrechtstag viele engagierte Teilnehmerinnen und Teilnehmer, die mit ihren Diskussionsbeiträgen die Referate bereichern und die heute hier gewonnenen Erkenntnisse mitnehmen, um sie in der Praxis umzusetzen. Ich bin mir sicher, Sie werden nicht nur einen fachlich hoch interessanten Tag haben, sondern auch die Chance nutzen, unter Gleichgesinnten neue fruchtbare Kontakte zu knüpfen. Der Veranstaltung wünsche ich einen guten Verlauf.

Bernd Neumann, MdB
Staatsminister bei der Bundeskanzlerin
Der Beauftragte der Bundesregierung für Kultur und Medien

Inhaltsverzeichnis

Teil 1: Kulturgüterschutz

Der Schutz der wertvollsten Kulturgüter der Menschheit: aktuelle völkerrechtliche Entwicklungen

*Kerstin Odendahl**

I. Einführung

Vor noch nicht einmal 40 Jahren wäre eine juristische Untersuchung zu den wertvollsten Kulturgütern der Menschheit undenkbar gewesen. Wohl mag es kunstgeschichtlich eine solche Kategorie von Kulturgütern gegeben haben; rechtlich gesehen war sie jedoch inexistent. Heutzutage kennt das Völkerrecht hingegen einen solchen Typus von Kulturgütern. Und das rechtliche Regime zu ihrem Schutz hat sich kontinuierlich fortentwickelt. Ziel dieses Beitrags ist – nach einem kurzen Ausflug zu den rechtlichen Grundlagen – eine Darstellung und Analyse der aktuellen Entwicklungen dieses jungen Rechtsgebiets.

II. Schutz zu Friedenszeiten

Obwohl sich völkerrechtliche Regeln zum Schutz von Kulturgütern ursprünglich im Recht der bewaffneten Konflikte entwickelt hatten,[1] entstanden die ersten Regeln zum Schutz der wertvollsten Kulturgüter der Menschheit im Friedensrecht.

1. Ausgangslage

a) Rechtsgrundlage: Welterbe-Konvention von 1972

Zu finden ist der Schutz der wertvollsten Kulturgüter der Menschheit zu Friedenszeiten in der Welterbe-Konvention vom 23. November 1972. Der am 17. Dezember 1975 in Kraft getretenen Konvention gehören insgesamt 185 Vertragsparteien an. Sie zählt damit zu den wenigen wirklich weltweit anerkannten globalen Abkommen und gilt als das erfolgreichste Vertragswerk der UNESCO. Für die Schweiz[2] ist der

---

* Prof. Dr. Kerstin Odendahl, Universität St. Gallen, Schweiz. Der vorliegende Beitrag befindet sich auf dem Stand von August/September 2008.

1 Vgl. *Kerstin Odendahl*, Kulturgüterschutz. Entwicklung, Struktur und Dogmatik eines ebenenübergreifenden Normensystems, 2005, S. 107 ff.

2 Übereinkommen zum Schutz des Kultur- und Naturgutes der Welt (SR 0.451.41).

Vertrag am 17. Dezember 1975, für Deutschland[3] am 23. November 1976 und für Österreich[4] am 18. März 1993 in Kraft getreten. Ziel des Abkommens ist es, Kultur- und Naturgüter von „außergewöhnlichem universellem Wert" zu schützen. Das ist der Begriff, mit dem die wertvollsten Kulturgüter der Menschheit zu Friedenszeiten bezeichnet werden.

b) Kulturgüter „von außergewöhnlichem universellem Wert"

Die Konkretisierung der Formulierung „von außergewöhnlichem universellem Wert" liegt in den Händen des „Komitees für das Erbe der Welt" (sog. Welterbe-Komitee).[5] Das aus 21 Staatenvertretern zusammengesetzte Gremium führt die „Liste des Erbes der Welt" (sog. Welterbe-Liste). Sie umfasst diejenigen Kultur- und Naturgüter, „die nach seiner Auffassung nach den von ihm festgelegten Maßstäben von außergewöhnlichem universellem Wert sind".[6] Vorschlagsberechtigt sind als sog. „Belegenheitsstaaten" diejenigen Vertragsstaaten, auf deren Territorium sich das entsprechende Gut befindet.[7] Die Maßstäbe, nach denen das Welterbe-Komitee entscheidet, bestimmt es selbst.[8] Niedergelegt sind sie in den von ihm erlassenen Durchführungsrichtlinien für die Welterbe-Konvention.[9]

Um „von außergewöhnlichem universellen Wert" zu sein, muss ein Gut demnach drei Voraussetzungen erfüllen: [10]

- Unversehrtheit und/oder Echtheit,
- Vorliegen eines Schutz- und Erhaltungsplanes,
- Erfüllung von einem oder mehreren von insgesamt 10 Kriterien.

Von diesen 10 Kriterien gelten 6 für Kulturgüter.[11] Dazu zählen u.a. die Kriterien „Meisterwerk der menschlichen Schöpferkraft", „einzigartiges Zeugnis einer kulturellen Tradition" oder „hervorragendes Beispiel eines Typus von Gebäuden, architektonischen oder technologischen Ensembles oder Landschaften".

Derzeit umfasst die Welterbe-Liste insgesamt 878 Welterbestätten in 145 Staaten. Davon sind 679 Weltkulturgüter, 174 Weltnaturgüter und 25 gemischte Welterbestätten. Deutschland verfügt über 33, Österreich über 8 und die Schweiz über 6 Weltkulturgüter.

Wichtig ist der Hinweis, dass die Welterbe-Konvention lediglich unbewegliche Kulturgüter erfasst.[12] Das ergibt sich aus ihrer Entstehungsgeschichte, der Aufzäh-

---

3 Übereinkommen zum Schutz des Kultur- und Naturerbes der Welt (BGBl. 1977 II, S. 215).

4 Übereinkommen zum Schutz des Kultur- und Naturerbes der Welt (BGBl. Nr. 60/1993).

5 Art. 8 Abs. 1 der Welterbe-Konvention.

6 Art. 11 Abs. 2 der Welterbe-Konvention.

7 Art. 11 Abs. 1 der Welterbe-Konvention.

8 Art. 11 Abs. 5 der Welterbe-Konvention.

9 Operational Guidelines for the Implementation of the World Heritage Convention, WHC. 08/01, January 2008 (Welterbe-Durchführungsrichtlinien).

10 Siehe Rdnr. 77 ff. der Welterbe-Durchführungsrichtlinien.

11 Es handelt sich um die Kriterien i) bis vi) unter Rdnr. 77 der Welterbe-Durchführungsrichtlinien. Die übrigen vier Kriterien gelten für Naturgüter.

12 Vgl. *Kerstin Odendahl* (Fn. 1), S. 136.

lung der erfassten Typen von Kulturgütern in Art. 1 (Denkmäler, Ensembles und Stätten), dem Inhalt der Welterbe-Liste und aus den Durchführungsrichtlinien. Deren Rdnr. 48 mit der Überschrift „Bewegliches Erbe“ weist darauf hin, dass „Anmeldungen unbeweglicher Güter, die wahrscheinlich beweglichen Charakter annehmen“, nicht berücksichtigt werden. Selbst wenn sie zu den wertvollsten Werken der Menschheit zählen, werden bewegliche Kulturgüter also nicht von der Welterbe-Konvention erfasst und sind damit völkerrechtlich nicht geschützt.

c) Gewährter Schutz

Der Schutz, den die Welterbe-Konvention gewährt, wird gelegentlich in Frage gestellt. Teilweise wird gar behauptet, die Wirkung der Konvention sei auf die Förderung des Tourismus beschränkt. Ein solches Maß an Pessimismus ist jedoch unangebracht, lässt doch die Eintragung eines Kulturgutes in die Welterbe-Liste eine Reihe von Rechten und Pflichten entstehen:[13]

(1) Pflichten des Belegenheitsstaates

Der Belegenheitsstaat hat die auf seinem Territorium gelegenen Welterbestätten zu erfassen, ihren Schutz zu gewährleisten sowie ihre Erhaltung und Weitergabe an künftige Generationen sicherzustellen.[14] Zu den Schutzmaßnahmen gehören der Einbezug in Raumplanungsaspekte, die Einrichtung von Dienststellen zum Schutz des Welterbes, die Durchführung wissenschaftlicher und technischer Untersuchungen sowie die Ergreifung der geeigneten rechtlichen, technischen und wissenschaftlichen Maßnahmen.[15]

Des Weiteren trifft den Belegenheitsstaat die Pflicht, die „reaktive Überwachung“ des Zustandes gefährdeter Welterbestätten durch die UNESCO[16] hinzunehmen bzw. sich an ihr zu beteiligen. Von besonderer Bedeutung ist dabei die Pflicht, vor der Durchführung erheblicher Wiederherstellungs- oder Neubaumaßnahmen, welche den „außergewöhnlichen universellen Wert“ gefährden könnten, Kontakt mit der UNESCO aufzunehmen, um die mögliche Gefährdung der Welterbestätte von der UNESCO prüfen zu lassen.[17]

---

13 Vgl. überblicksartig *Ulrich Fastenrath*, Der Schutz des Weltkulturerbes in Deutschland, in: DÖV 2006, 1017 ff.
14 Art. 4 der Welterbe-Konvention.
15 Art. 5 der Welterbe-Konvention.
16 Rdnr. 169 ff. der Welterbe-Durchführungsrichtlinien.
17 Rdnr. 172 der Welterbe-Durchführungsrichtlinien.

(2) Rechte des Belegenheitsstaates

Die Belegenheitsstaaten haben das Recht, ihre Stätten mit dem Welterbe-Emblem zu versehen.[18] Weitaus wichtiger ist jedoch der ihnen zustehende Anspruch auf internationale Unterstützung. Wenn sie selbst nicht in der Lage sein sollten, den Schutz einer auf ihrem Territorium gelegenen Welterbestätte zu gewährleisten, können sie einen Unterstützungsantrag beim Welterbe-Komitee einreichen.[19]

(3) Pflichten der anderen Vertragsstaaten bzw. der UNESCO

Den anderen Vertragsstaaten ist es untersagt, das Welterbe auf fremdem Staatsterritorium unmittelbar oder mittelbar zu schädigen.[20] Darüber hinaus sind sie verpflichtet, den Belegenheitsstaat zu unterstützen, wenn dieser um Hilfe für den Erhalt einer Welterbestätte bittet.[21]

Über die Anträge der Belegenheitsstaaten auf internationale Unterstützung entscheidet das Welterbe-Komitee.[22] Dazu gehören auch die Anträge auf finanzielle Unterstützung aus dem Welterbe-Fonds.[23] Wenn eine Welterbestätte durch ernste und spezifische Gefahren bedroht ist (z.B. durch beschleunigten Verfall, öffentliche oder private Großvorhaben; Ausbruch oder Gefahr eines bewaffneten Konflikts; Natur- und sonstige Katastrophen), setzt sie das Welterbe-Komitee auf die „Liste des gefährdeten Erbes der Welt“ (sog. Rote Liste).[24] Eine solche Eintragung hat zwei Folgen: Zum einen wird Anträgen auf internationale Unterstützung für diese Welterbestätten Vorrang eingeräumt.[25] Zum anderen ruft das Welterbe-Komitee die Staatengemeinschaft aktiv zur Hilfeleistung auf.

(4) Fehlender Sanktionsmechanismus?

Entscheidend für die Wirksamkeit eines völkerrechtlichen Vertrages ist seine Durchsetzbarkeit. Von Bedeutung ist daher die Frage, was passiert, wenn ein Belegenheitsstaat seinen Erhaltungspflichten nicht nachkommt und der „außergewöhnliche universelle Wert“ einer Welterbestätte gefährdet ist. Zwangsmittel, insbesondere Strafzahlungen oder eine Möglichkeit der „kulturellen Intervention“, sind von der Welterbe-Konvention nicht vorgesehen.

Wohl aber besteht die Möglichkeit, dass das Welterbe-Komitee eine gefährdete Welterbestätte zunächst auf die Rote Liste setzt und ihr, falls der Staat seinen Erhaltungspflichten nicht nachkommt und die Stätte den „außergewöhnlichen universel-

18 Rdnr. 258 ff. der Welterbe-Durchführungsrichtlinien.
19 Art. 13, 19 ff. der Welterbe-Konvention.
20 Art. 6 Abs. 3 der Welterbe-Konvention.
21 Art. 6 Abs. 1 und 2 der Welterbe-Konvention.
22 Art. 13 Abs. 3 der Welterbe-Konvention.
23 Art. 13 Abs. 6, Art. 15 ff. der Welterbe-Konvention.
24 Art. 11 Abs. 4 der Welterbe-Konvention.
25 Rdnr. 236 der Welterbe-Durchführungsrichtlinien.

len Wert“ tatsächlich verliert, den Status eines Welterbes wieder entzieht. Dieses Verfahren, das mit rein politischem Druck arbeitet, das an die „Ehre“ der Staaten appelliert und mit einem weltweit „peinlichen“ Vorgang den Staat zu einem Umdenken bewegen will, ist in der Welterbe-Konvention nicht vorgesehen. Seit 1980[26] ist es jedoch detailliert in den Durchführungsrichtlinien geregelt.[27]

Der Eintrag in die Rote Liste erfüllt auf diese Weise einen weiteren, dritten Zweck: Nicht nur räumt er der entsprechenden Welterbestätte bei Anträgen auf internationale Unterstützung Vorrang ein und ruft die Staatengemeinschaft zur Hilfeleistung auf. Er kann darüber hinaus dazu dienen, den Belegenheitsstaat „aufzurütteln“ und ihn nachdrücklich an seine vertraglichen Pflichten zu erinnern. Der Eintrag in die Rote Liste fungiert in solchen Fällen als „gelbe Karte“ des Welterberechts.

2. Aktuelle völkerrechtliche Entwicklungen

Die aktuellen völkerrechtlichen Entwicklungen sind Folge eines veränderten Verhaltens des Welterbe-Komitees. Im Brennpunkt steht dabei nicht nur, aber zu einem großen Teil ausgerechnet Deutschland – ein Staat, der sich selbst als Kulturnation versteht.

a) Verschärfung der UNESCO-Haltung

Lange Zeit hat die UNESCO nämlich von der Möglichkeit der Eintragung einer Welterbestätte in die Rote Liste und dem anschließenden Entzug des Welterbestatus als einzigem Druckmittel zur Durchsetzung der Erhaltungspflichten der Staaten so gut wie keinen Gebrauch gemacht. Das änderte sich in den letzten rund 10 Jahren deutlich. Das Welterbe-Komitee setzt dieses Verfahren mittlerweile immer häufiger ein, um auf diese Weise auf eine Einhaltung der Welterbe-Konvention hinzuwirken.

(1) Exemplarischer Fall: Kölner Dom

Exemplarisch und medienwirksam wurde das Verfahren zum ersten Mal im Fall des Kölner Doms durchgeführt - erfreulicherweise mit einem guten Ende: Der Kölner Dom wurde vom Welterbe-Komitee 2004 auf die Rote Liste gesetzt, weil der geplante Bau von fünf Hochhäusern auf der gegenüberliegenden Rheinseite die visuelle Integrität des Doms und die einzigartige Kölner Stadtsilhouette zu gefährden drohte. Nach zweijährigen, teils hoch emotional geführten Streitigkeiten nahm das

---

26 Eine „Procedure for the eventual deletion of properties form the World Heritage List” findet sich zum ersten Mal in den Durchführungsrichtlinien zur Welterbe-Konvention vom Oktober 1980 (WHC/2 Revised), Rdnr. 24 ff. Auf der Internetseite der Welterbe-Konvention (http://whc.unesco.org) sind alle Versionen der Durchführungsrichtlinien als pdf-Dokumente zu finden.

27 Rdnr. 192 ff. der Welterbe-Durchführungsrichtlinien.

Welterbe-Komitee den Kölner Dom 2006 wieder von der Roten Liste, nachdem sich die Stadt bereit erklärt hatte, die noch ausstehenden vier Hochhäuser nicht zu bauen (das erste, kleinste war bereits fertiggestellt) und den Entwicklungsplan für Köln-Deutz so geändert hatte, dass auch in Zukunft keine zu hohen Häuser dort gebaut werden dürfen.[28]

(2) Regelfall: Erledigung vorab

In der Regel kommt es jedoch nicht so weit. Normalerweise führen die Interventionen des Welterbe-Komitees im Vorfeld einer Eintragung in die Rote Liste bereits dazu, dass Projekte, welche ein Weltkulturgut gefährden könnten, eingestellt oder entsprechend geändert werden.

In das Bewusstsein einer breiteren Öffentlichkeit gelangte der Fall Wien-Mitte: Das Projekt eines Hochhäuserkomplexes drohte die Authentizität der Wiener Altstadt zu beeinträchtigen. Das Vorhaben wurde nach einer längeren Auseinandersetzung mit dem Welterbe-Komitee welterbekonform verändert.[29] Ein weiteres relativ bekanntes, jüngeres Beispiel war der geplante Bau eines Windparks in der Nähe der Wartburg. Die entsprechenden Planungen wurden nach deutlichen Worten des Welterbe-Komitees eingestellt.[30]

(3) Aktueller Fall: Dresdner Elbtal

Nicht funktioniert hat eine derartige Regelung von Differenzen, bevor es zur Eintragung in die Rote Liste kommt, im Fall Dresden. Dieser Fall war bereits auf dem Ersten Heidelberger Kunstrechtstag im vergangenen Jahr eines der Themen.[31] Trotzdem soll darauf etwas genauer eingegangen werden - nicht nur, weil sich im Laufe des vergangenen Jahres viele neue Entwicklungen ergeben haben, sondern auch weil er exemplarisch für die neue Haltung des Welterbe-Komitees und ihre zum Teil grotesken Folgen auf innerstaatlicher Ebene steht.[32]

---

28 Vgl. Pressemitteilung der Deutschen UNESCO-Kommission Nr. 30/2006 v. 10. Juli 2006: Kölner Dom von der Roten Liste gestrichen. Eine rechtliche Analyse des Kölner Dom-Falles bieten: *Kerstin Odendahl*, Kulturgüterschutz im Schnittpunkt zwischen Völker- und nationalem Recht - toter Buchstabe oder wirksamer Schutz? Dargestellt am Beispiel des Kölner Doms, in deutscher und rumänischer Sprache in: Caiete de Drept International (Hefte für internationales Recht) Nr. (11) 2, 2006, S. 11 ff., 124 ff.; *Armin v. Bogdandy/Diana Zacharias*, Zum Status der Welterbekonvention im deutschen Rechtsraum, in: NVwZ 2007, 527 ff.

29 Vgl. *Christian Mayr/Reinhold Smonig*, Prädikat „Weltkulturerbe" gerettet, in: Die Presse, v. 05.07.2003, S. 11.

30 Vgl. *Reiner Burger*, Das schwere Welterbe der Ausgezeichneten, in: F.A.Z., v. 09.07.2008, S. 3.

31 Vgl. *Gerte Reichelt*, Kunstfreiheit des Architekten vs. Kulturgüterschutz: Die Dresdner Waldschlösschenbrücke, in: Matthias Weller/Nicolai Kemle/Peter Michael Lynen (Hrsg.), Des Künstlers Rechte - die Kunst des Rechts, Baden-Baden 2008, S. 37 - 45.

32 Eine kompakte Sachverhaltsdarstellung findet sich u.a. bei *Rainer Wolf*, Die Waldschlöss-

Juristisch betrachtet[33] dominieren zwei Gerichtsverfahren das Geschehen. Nur in einem von ihnen spielt die Eigenschaft des Dresdner Elbtals als Weltkulturgut eine Rolle. Beide Verfahren sind in der Hauptsache noch nicht entschieden, haben aber schon im einstweiligen Rechtschutz gehörig Staub aufgewirbelt und für Aufregung gesorgt. Auf beide soll kurz eingegangen werden:

(a) Stadt vs. Freistaat

Schon mehrere Jahre lang war um den Bau einer Brücke über das Elbtal gerungen worden. 1996 hatte sich schließlich die Stadt Dresden grundsätzlich für den Bau einer Brücke in der Nähe des Waldschlösschens entschieden. Der entsprechende Planfeststellungsbeschluss wurde am 25. Februar 2004 vom Regierungspräsidium als zuständiger Planfeststellungsbehörde erlassen. Als das Dresdner Elbtal im Sommer 2004 in die Welterbe-Liste aufgenommen wurde, war das Projekt dem Welterbe-Komitee bekannt. Dieses ging allerdings davon aus, dass die Brücke die Integrität des Welterbes nicht gefährden würde, insb. weil es offenbar unglücklicherweise die geplante Brücke in weiterer Entfernung der Stadt Dresden verortete.

2004 änderten sich die Mehrheitsverhältnisse im Dresdner Stadtrat; fortan lehnte dieser den Bau einer Brücke ab. Daraufhin kam es im Februar 2005 zu einem Bürgerentscheid, in dem sich bei einer Stimmbeteiligung von 50,8% insgesamt 67,92% der Stimmbürger für die Brücke aussprachen. Gemäß § 24 Abs. 1 Satz 1 SächsGemO steht der Bürgerentscheid einem Beschluss des Gemeinderates gleich. Er bindet ihn also. Darüber hinaus kann er gemäß § 24 Abs. 1 Satz 2 SächsGemO innerhalb von drei Jahren nur durch einen neuen Bürgerentscheid - und nicht etwa durch Gemeinderatsbeschluss - abgeändert werden (sog. Sperrwirkung). Danach kann er sowohl durch Gemeinderatsbeschluss als auch durch einen neuen Bürgerentscheid abgeändert oder ersetzt werden.

Dem Bürgerentscheid Folge leistend, begann die Stadt Dresden im Laufe des Jahres 2005 mit dem Verfahren zur Vergabe der Bauleistungen. Gleichzeitig äußerte jedoch die UNESCO erste ernsthafte Zweifel an der Vereinbarkeit der Brücke mit der Integrität des Dresdner Elbtals. Nach Durchführung entsprechender Untersuchungen setzte das Welterbe-Komitee dann im Juli 2006 das Dresdner Elbtal auf die Rote Liste - übrigens auf derselben Sitzung, auf welcher der Kölner Dom wieder von der Roten Liste gestrichen wurde. Es drohte mit dem Entzug des Welterbe-Titels für den Fall, dass die Brücke tatsächlich gebaut werden sollte.

Der Dresdner Stadtrat beschloss daraufhin Ende Juli 2006 die Aussetzung der Vergabe von Bauleistungen. Begründet wurde dieser Schritt u.a. damit, dass der Bau der Brücke nicht mit den Pflichten aus der Welterbe-Konvention vereinbar sei. Der

---

chenbrücke. Szenen über Politik und Recht vor der Kulisse von Globalität und Provinzialität, in: ZUR 2007, S. 525 ff.

33 Der Fall des Dresdner Elbtals wurde und wird ausführlich in den Medien dargestellt. Juristische Beiträge stammen u.a. von *Martin Müller*, Direkte Demokratie und Völkerrecht, in: NJ 2007, S. 252 ff.; *Rainer Wolf* (Fn. 32); *Siegfried de Witt*, Planfeststellungsbeschluss Waldschlösschenbrücke, in: LKV 2008, S. 112 ff.

Vertreter des Oberbürgermeisters[34] sah darin einen Verstoß gegen die Sperrwirkung des Bürgerbegehrens und schaltete die Kommunalaufsicht ein. Das Regierungspräsidium Dresden erklärte daraufhin den Beschluss des Dresdner Stadtrates für rechtswidrig. Als sich der Dresdner Stadtrat jedoch weiterhin weigerte, das Bauvergabeverfahren durchzuführen, erklärte das Regierungspräsidium seine Beschlüsse für sofort vollziehbar und zog im Wege der Ersatzvornahme die Sache an sich. Gegen diese Beschlüsse legte die Stadt Dresden Widerspruch ein und beantragte beim VG Dresden die Wiederherstellung der aufschiebenden Wirkung seiner Widersprüche. Damit war das erste Gerichtsverfahren eröffnet. Es findet zwischen der Stadt Dresden und dem Freistaat Sachsen statt.

Zunächst erhielt die Stadt Dresden im August 2006 vom VG Dresden Recht.[35] Auf die Beschwerde des Regierungspräsidiums hin hob das Sächsische OVG dann jedoch im März 2007 die Entscheidung wieder auf.[36] Der Dresdner Stadtrat zögerte nicht lange und legte sowohl beim Sächsischen Verfassungsgerichtshof als auch beim BVerfG Verfassungsbeschwerde verbunden mit einem Antrag auf Erlass einer einstweiligen Anordnung ein.

Das Sächsische Verfassungsgericht wies im März 2007 die Verfassungsbeschwerde ab. Dresden hatte eine Verletzung des Anspruchs auf rechtliches Gehör und Justizgewährleistung sowie der allgemeinen Handlungsfreiheit geltend gemacht. Das Verfassungsgericht entschied, dass die Stadt als ausführende Gewalt nicht Trägerin der genannten Grundrechte sei und zudem die Verletzung des rechtlichen Gehörs nicht genügend substantiiert worden sei.[37]

Das BVerfG nahm die Verfassungsbeschwerde im Mai 2007 nicht zur Entscheidung an.[38] Die Rechtsschutzgarantie des Art. 19 Abs. 4 GG sei nicht verletzt. Eine offensichtliche Rechtswidrigkeit in der Hauptsache sei nicht gegeben. Die Welterbe-Konvention sei nicht in deutsches Recht umgesetzt worden[39] und entfalte auch keine unmittelbare Wirkung innerhalb der deutschen Rechtsordnung. Im Übrigen erkenne

---

34 Der Oberbürgermeister selbst war wegen eines Strafverfahrens nicht zur Führung des Amtes befugt.

35 VG Dresden, 12 K 1768/06, Beschluss v. 30.08.2006.

36 Sächsisches OVG, 4 BS 216/06, Beschluss v. 09.03.2007. Leitsätze abgedruckt in: NJ 2007, S. 285. Näher zu diesem Beschluss *Martin Müller*, Direkte Demokratie und Völkerrecht, in: NJ 2007, S. 252 ff.

37 Sächsischer Verfassungsgerichtshof, Vf. 53-IV-07 (Hauptsache); Vf. 54-IV-07 (einstweilige Anordnung), Beschluss v. 03.05.2007.

38 BVerfG, 2 BvR 695/07, Beschluss v. 29.05.2007, abgedruckt u.a. in: DVBl. 2007, S. 901 ff.; SächsVBl. 2007, S. 1176 ff.

39 Zur wechselvollen Geschichte der Ratifikation und innerstaatlichen Umsetzung der Welterbe-Konvention sowie zu den Möglichkeiten einer Umsetzung vgl. ausf. und mit zahlreichen Nachweisen *Ernst-Rainer Hönes*, Schutz von Denkmalfragmenten in internationalen Konventionen sowie nationalem und internationalem Recht, in: Das Denkmal als Fragment - das Fragment als Denkmal, Jahrestagung der Vereinigung der Landesdenkmalpfleger (VdL) und des Verbandes der Landesarchäologen (VLA) und 75. Tag für Denkmalpflege 10. - 13. Juni 2007 in Esslingen am Neckar, Stuttgart 2008, S. 159 (178 ff. bzw. 182 ff.). Zu den verschiedenen Umsetzungsmöglichkeiten vgl. *Ernst-Rainer Hönes*, Zur Transformation des Übereinkommens zum Schutz des Kultur- und Naturerbes der Welt von 1972, in: DÖV 2008, S. 54 ff.

sie ausdrücklich die Souveränität der Staaten im Umgang mit den Welterbestätten an. Ein festgestellter Bürgerwille binde die Staatsgewalt, so dass eine mögliche völkerrechtliche Konsequenz in Form des Verlustes des Welterbestatus ggf. in Kauf genommen werden müsse.

Die Stadt Dresden gab allerdings nicht auf und reichte im Juni 2007 erneut einen Antrag auf Wiederherstellung der aufschiebenden Wirkung ihrer Widersprüche beim VG Dresden ein. Die Begründung, dass die Eintragung des Dresdner Elbtals in die Rote Liste die Bindungswirkung des Bürgerentscheides habe entfallen lassen und dass die Stadt Dresden neue Entwürfe für die Brücke vorgelegt habe, die möglicherweise vom Welterbe-Komitee in seiner Sitzung vom Sommer 2007 als mit dem Welterbestatus vereinbar angesehen werden könnten, überzeugte das VG Dresden allerdings nicht.[40]

Die Hauptsache ist bis heute nicht entschieden. Dafür ist im Februar 2008 die Sperrwirkung des Bürgerentscheides abgelaufen. Ein neues Bürgerbegehren für den Bau eines Elbtunnels anstelle einer Brücke hat die nötige Anzahl der Unterschriften erreicht. Am 8. Juni 2008 sollte darüber abgestimmt werden. Dazu kam es allerdings nicht, da strittig war, ob die Formulierung der Frage nicht irreführend und damit unzulässig war. Auch war umstritten, ob nicht ein Teil der Unterschriften bereits vor Ablauf der Sperrwirkung gesammelt worden war. Der Dresdner Stadtrat entschied im April 2008, dass die Frage zulässig sei. Dagegen legte der Oberbürgermeister Widerspruch ein. Das Regierungspräsidium entschied daraufhin im Juni 2008, dass die Frage unzulässig sei.[41] Gegen diese Entscheidung hat die Stadt Dresden Beschwerde beim VG Dresden eingelegt. Eine Entscheidung steht noch aus.

Der Streit zwischen der Stadt Dresden und dem Freistaat Sachsen geht also in eine nächste Runde und ist weiterhin nicht in der Hauptsache entschieden. Den Bau der Brücke aufhalten konnte er nicht.

(b) Naturschutzverbände vs. Freistaat

Im zweiten Gerichtsverfahren keimte zwischenzeitlich Hoffnung auf, dass die Waldschlösschenbrücke vielleicht auf Umwegen gestoppt werden könnte. Mehrere Naturschutzverbände hatten gegen die Rechtmäßigkeit des Planfeststellungsbeschlusses vom Februar 2004 geklagt. Ihren Antrag auf Herstellung der aufschiebenden Wirkung ihrer Klagen wies das VG Dresden im Juli 2005 ab.[42] Dieser Beschluss wurde im Dezember 2005 vom Sächsischen OVG bestätigt.[43] Im April 2007 beantragten die Naturschutzverbände allerdings unter Bezugnahme auf ein Urteil des BVerwG zur FFH-Verträglichkeitsprüfung vom Januar 2007[44], die beiden Beschlüsse dahingehend zu ändern, dass ihre Klagen doch aufschiebende Wirkung entfalteten. Das

40 VG Dresden, 12 K 1139/07, Beschluss v. 19.06.2007.

41 Vgl. Pressemitteilung 19/2008 des Regierungspräsidiums Dresden vom 12.06.2008.

42 VG Dresden, 3 K 922/04, Beschluss v. 07.07.2005, abgedruckt in: ÖffBauR 2005, 124 f.

43 Sächsisches Oberverwaltungsgericht, 5 BS 184/05, Beschluss v. 08.12.2005, abgedruckt in: LKV 2006, S. 364 ff.

44 BVerwG, 9 A 20.5, Urteil v. 17.01.2007, abgedruckt in: NuR 2007, S. 336 ff.

BVerwG hatte nämlich strenge Maßstäbe an die Notwendigkeit einer FFH-Verträglichkeitsprüfung gestellt. Es reiche aus, dass die Wahrscheinlichkeit oder die Gefahr bestehe, dass ein Vorhaben das betreffende Gebiet erheblich beeinträchtige. Diese Wahrscheinlichkeit sei gegeben, wenn eine Beeinträchtigung des Gebiets nicht ausgeschlossen werden könne.

Mit Hilfe dieser Argumentation schlug dann im August 2007 die große Stunde der Kleinen Hufeisennase, einer bis dahin nur Experten bekannten Fledermausart, die über Nacht in ganz Deutschland als „Retterin von Dresden" Berühmtheit erlangte.[45] Das VG Dresden stellte nämlich am 9. August 2007, nur vier Tage vor dem geplanten Beginn der Bauarbeiten, die aufschiebende Wirkung der Klagen her.[46] Es sei nicht streng genug geprüft worden, ob die Kleine Hufeisennase im betroffenen Teilabschnitt des Elbtals lebe und ob die Brücke nicht eine Gefährdung für diese vom Aussterben bedrohte Fledermausart darstelle bzw. wie eine solche Gefährdung verhindert werden könne.

Die Freude und der Jubel um den „Dresdner Engel" währten allerdings nur kurz. Im November 2007 hob das Sächsische OVG nach Beschwerde des Freistaates Sachsen den Beschluss des VG Dresden wieder auf.[47] Zum Schutz der Kleinen Hufeisennase verfügte es gleichzeitig eine Reihe von Auflagen: Um zu verhindern, dass die Fledermaus auf ihrer nächtlichen Jagd auf Insekten, welche durch die Brückenbeleuchtung angezogen werden, mit den Autos auf der Brücke kollidiere, müsse zwischen April und Oktober eine nächtliche Geschwindigkeitsbegrenzung auf 30 km/h verfügt und zwei Geschwindigkeitsmessstellen installiert werden. Darüber hinaus müssten weitere Schutzmaßnahmen wie Bepflanzungen, welche die Kleine Hufeisennase veranlassten die Brücke zu unter- statt zu überqueren, oder Beleuchtungen in den Leitplanken statt oberhalb der Fahrbahn geprüft werden.

(c) Derzeitige Situation

Alle gerichtlichen und sonstigen Schritte haben also bislang nicht das Brückenprojekt verhindern können. Mit dem Bau der Waldschlösschenbrücke wurde im Januar 2008 begonnen. Allgemein wurde daher davon ausgegangen, dass das Welterbe-Komitee im Juli 2008 dem Dresdner Elbtal wie angekündigt den Welterbestatus entziehen würde. Es wäre das erste Mal gewesen, dass der Status eines Weltkulturgutes wieder aberkannt worden wäre. Entgegen allen Erwartungen ist die Sache aber weiterhin offen. Das Welterbe-Komitee hat beschlossen, das Dresdner Elbtal vorerst für ein weiteres Jahr auf der Roten Liste zu belassen. Es drohte jedoch damit, die Streichung aus der Welterbe-Liste im Sommer 2009 vorzunehmen, wenn nicht bis dahin

---

45 Vgl. *Reiner Burger*, Fledermaus verhindert Dresdner Waldschlösschenbrücke, in: F.A.Z., v. 10.08.2007, S. 4; *Dieter Bartetzko*, Eine Fledermaus rettet Dresden, in: F.A.Z., v. 10.08.2007, S. 40.

46 VG Dresden, 3 K 712/07, Beschluss v. 09.08.2007, abgedruckt in: NuR 2007, S. 694 ff.

47 Sächsisches OVG, 5 BS 336/07, Beschluss v. 12.11.2007, abgedruckt in: LKV 2008, S. 127 ff. Zu diesem Beschluss vgl. *Siegfried de Witt* (Fn. 33).

der Bau der Brücke gestoppt und das Areal in seinen ursprünglichen Zustand zurückversetzt worden sei.[48]

Der Beschluss wurde zum Teil als Einmischung in Dresdner Angelegenheiten und als Missachtung demokratischer Willensbildung scharf kritisiert.[49] Man kann ihn aber auch anders sehen: Die verschiedenen gerichtlichen Verfahren, das ständige Nein des Dresdner Stadtrates (im Gegensatz zum ständigen Ja der Dresdner Landesregierung), die heftigen Diskussionen unter der Dresdner Bevölkerung und insbesondere die Bestrebungen um einen neuen Bürgerentscheid für einen Tunnel anstelle einer Brücke zeigen, dass die Lage längst nicht so eindeutig ist, wie sie auf den ersten Blick erscheinen mag. Es könnte sehr wohl sein, dass sich die Dresdner bis zum Juli 2009 gegen den Bau der Brücke entschieden haben. Das Welterbe-Komitee hat klug entschieden, indem es abwartete, bevor es Fakten schuf.

An mangelnder Entschlussfreude oder fehlendem Mut zur Konfrontation jedenfalls lag es nicht. Denn die Streichung einer Welterbestätte von der Welterbe-Liste ist bereits einmal erfolgt. 2007 verlor das Naturerbe-Schutzgebiet der arabischen Oryxantilope im Oman den Welterbestatus, nachdem Oman die Fläche des Naturschutzgebietes um 90% verringert und sich die Population der Oryxantilope sich innerhalb von 10 Jahren von 450 auf 65 Exemplare reduziert hatte.[50] Zwar wurde in diesem Fall ein Weltnaturgut von der Welterbe-Liste gestrichen. Das gleiche Schicksal kann aber ohne Weiteres auch ein Weltkulturgut treffen.

(4) Weitere aktuelle Fälle

(a) Weltkulturgüter auf der „Roten Liste“

Neben Dresden sind weitere 29 Welterbestätten auf der Roten Liste. Die meisten sind jedoch aufgrund von Naturkatastrophen oder aufgrund ihres schlechten Zustands auf der Liste und nicht, wie im Fall Dresden, wegen städtebaulicher Entwicklungsmaßnahmen. Auch droht bei keiner von ihnen die Streichung aus der Welterbe-Liste.

(b) „Verwarnte“ Weltkulturgüter

Daneben gibt es allerdings eine Reihe von Weltkulturgütern, bei denen das Welterbe-Komitee eine Warnung an den betreffenden Staat gerichtet hat. Es ist dies der erste Schritt vor der Eintragung in die Rote Liste und einem potentiellen Entzug des Welterbestatus.

Gegenstand einer solchen Warnung ist beispielsweise Pompeji. Die desolaten baulichen und hygienischen Zustände einerseits sowie die immer stärkere Ausmaße

---

48 Pressemitteilung der UNESCO vom 04.07.2008 (UNESCO Press Release n° 51-2008).

49 Vgl. *Reiner Burger*, Weltkulturerbe in Gefahr, in: F.A.Z., v. 05.07.2008, S. 1; *ders.*, Dresdner Welterbe-Titel in Gefahr, in: F.A.Z., v. 05.07.2008, S. 4.

50 Vgl. *Anne Bogdanski*, Runter von der Liste, in: F.A.Z., v. 30.06.2007, S. 8.

annehmenden Raubgrabungen andererseits waren der Grund für die UNESCO-Warnung an Italien im Juli 2008.[51] Eine weitere Warnung richtete sich im Januar 2007 an Großbritannien wegen der Gefährdung des „Tower of London“. Ein Projekt zum Bau von Hochhäusern in der Nähe droht nämlich den Blick auf und vom Turm und somit dessen visuelle Integrität zu zerstören.[52]

(c) Weitere möglicherweise gefährdete Weltkulturgüter

Andere Weltkulturgüter sind zwar bislang nicht Gegenstand einer UNESCO-Warnung; sie werden aber in der Presse als kurz vor der Verwarnung stehend bezeichnet.

Eines von Ihnen sind die Schlösser und Parks von Potsdam, insbesondere die Parklandschaften von Peter Joseph Lenné, die durch den geplanten Ausbau der Havel und der angrenzenden Kanäle zu einer „Wasserstraßenautobahn“ bedroht sind.[53] Ähnlich zeigt sich die Situation für das Gartenreich Dessau-Wörlitz durch einen geplanten Elbeausbau[54]. Ein weiteres Beispiel ist die einstige Achämiden-Hauptstadt Passargadae mit dem Grab des Königs Kyros im Iran. Sie ist durch einen geplanten Stausee, dessen unterirdisch vordringende Feuchtigkeit den Kalkstein aufzuweichen droht, gefährdet.[55] Durch den Bau einer Betonplattform für einen großen Parkplatz im Weinbaugebiet ist schließlich auch die Waadtländer Reblandschaft Lavaux in der Schweiz in die Schlagzeilen geraten.[56]

(d) Das Zusammenspiel von Völkerrecht und innerstaatlichem Recht als Hauptproblem

Die zahlreichen Beispiele zeigen, dass es offensichtlich immer wieder zu Verstößen der Vertragsstaaten gegen die Welterbe-Konvention kommt. Wesentliche Ursache

---

51 Vgl. *Dieter Bartetzko*, Inspektion eines Notstandsgebiets, in: F.A.Z., v. 19.07.2008, S. Z 1.

52 Vgl. *AP*, Unesco may list Tower of London to protect it, in: International Herald Tribune, v. 09.01.2007, S. 20.

53 Vgl. *Tilman Spreckelsen*, Fluss ohne Wiederkehr, in: F.A.Z., v. 21.06.2008, S. 1; *Regina Mönch*, Flutalarm im Havelland, das Welterbe sinkt, in: F.A.Z., v. 12.08.2008, S. 37. Der Bund für Natur und Umwelt hat mittlerweile angekündigt, dass er gegen den geplanten Ausbau Klage vor dem BVerwG einlegen wird, vgl. F.A.Z., v. 28.08.2008, S. 33. Die Bundesregierung hat hingegen auf eine entsprechende Anfrage des Vorsitzenden des Kulturausschusses im Bundestag geantwortet, „dass die Belange des Weltkulturerbes in dem Planfeststellungsverfahren (...) berücksichtigt“ worden seien, vgl. F.A.Z., v. 02.09.2008, S. 33.

54 Vgl. *Regina Mönch*, Land unter, in: F.A.Z., v. 18.08.2008, S. 35. Auch dieses Projekt wird allerdings von der Bundesregierung als vereinbar mit dem Weltkulturerbe-Status angesehen, vgl. die Antwort auf eine entsprechende Anfrage des Vorsitzenden des Kulturausschusses im Bundestag, F.A.Z., v. 02.09.2008, S. 33.

55 Vgl. *Hidieh Farmani*, Stausee soll Kulturerbe bedrohen, in: Spiegel online, 14. Mai 2007 (http://www.spiegel.de/wissenschaft/mensch/0,1518,482712,00.html).

56 Vgl. *Denise Lachat*, Grossparking in Unesco-Landschaft, in: NZZ am Sonntag, v. 20.07.2008, S. 12.

dafür ist in allen Fällen das nicht funktionierende Zusammenspiel von Völkerrecht und innerstaatlichem Recht. Zwei Hauptschwierigkeiten lassen sich feststellen:

Die erste betrifft föderal organisierte Staaten. Bei den meisten von ihnen treffen die völkerrechtlichen Verpflichtungen die Bundesebene, während die Zuständigkeit zum Erhalt von Kulturgütern auf gliedstaatlicher Ebene angesiedelt ist. Die nicht übereinstimmende Kompetenz- und Pflichtenverteilung führt häufig zu Umsetzungsproblemen.

Die zweite Schwierigkeit gilt für alle Vertragsstaaten gleichermaßen. Nach Sinn und Zweck der Welterbe-Konvention sollen Welterbestätten einen höheren Schutz genießen als „normale" Kulturgüter. In der Regel differenziert das staatliche Denkmal-und Kulturgutschutzrecht jedoch nicht zwischen Welterbestätten und übrigen Denkmälern bzw. Kulturgütern. Soweit ersichtlich hat bislang kein Staat in seinen Denkmal- oder Kulturgüterschutzbestimmungen Sonderregeln für Welterbestätten geschaffen. Deutschland ist also nicht das einzige Land, das die Welterbe-Konvention nicht innerstaatlich umgesetzt hat und daher ständig Gefahr läuft, gegen die Pflichten aus der Welterbe-Konvention zu verstoßen!

b) Reaktionen

Das neuartige, verschärfte Vorgehen des Welterbe-Komitees hat zu unterschiedlichen Reaktionen geführt.

(1) Positive Reaktionen

Auf gesamtstaatlicher und gesellschaftlicher Ebene lassen sich zumeist ein gewachsenes Bewusstsein und ein verstärktes Bemühen um den Erhalt von Welterbestätten feststellen. So wurden beispielsweise die meisten der oben genannten Beispiele weiterer, möglicherweise gefährdeter Weltkulturgüter von der Presse und von Einzelpersonen oder -organisationen aufgegriffen. Die Gesellschaft ist sich also der Besonderheit und der Gefährdung ihrer wertvollsten Kulturgüter zunehmend bewusst. Darüber hinaus wird in der Regel der drohende Entzug des Welterbe-Titels von den betroffenen Staaten als „Schande" empfunden, insbesondere dann, wenn es sich um Länder handelt, die explizit auf ihre Kultur und deren Erhalt stolz sind.[57]

Einige Staaten gehen daher konsequent dazu über, den Erhalt von Welterbestätten ernster zu nehmen und auch in föderalen Systemen auf unkonventionellem Wege zu fördern. Als Beispiel sei auf die Schweiz hingewiesen, die am 16. September 2008 die Aufnahme der ersten drei schweizerischen Stätten in die Welterbe-Liste vor 25 Jahren beging. Neben diversen Feierlichkeiten verfolgte der Anlass das Ziel, eine verstärkte Einbindung des Bundes in die Entwicklung der Welterbestätten zu lancieren, und zwar durch einen Ausbau der Zusammenarbeit mit den für den Erhalt zu-

---

57 Vgl. exemplarisch die Reaktion aus Großbritannien auf den möglichen Verlust des Welterbestatus für den Tower of London: *AP*, Unesco may list Tower of London to protect it, in: International Herald Tribune, v. 09.01.2007, S. 20.

ständigen Kantonen und privaten Organisationen.[58] Selbst im völlig verfahrenen Dresdner Fall schreitet mittlerweile der Bund helfend ein: Bundesverkehrsminister Wolfgang Tiefensee signalisierte eine finanzielle Hilfe des Bundes für den Bau eines Elbtunnels anstelle einer Brücke.[59]

(2) Negative Reaktionen

Dass der Schutz des Welterbes hingegen insbesondere auf der regionalen oder kommunalen Ebene nicht immer auf Zustimmung stößt, verdeutlichen zahlreiche andere Beispiele. So erklärte etwa der Kölner Oberbürgermeister, als das Welterbe-Komitee auf Antrag des libanesischen Vertreters den Kölner Dom auf die Rote Liste setzte: „Mir ist es peinlich, wenn ein Delegierter aus dem Libanon sich Gedanken macht, was in Köln passiert.“[60] Auch die 2006 wieder erfolgte Streichung von der Roten Liste ist nicht unbedingt auf die Einsicht der Kölner allein zurückzuführen. Der wohl entscheidende Hintergrund für die neue Haltung Kölns war, dass nach den heftigen Auseinandersetzungen mit der UNESCO die Investoren[61] zum größten Teil abgesprungen waren bzw. sich zurückzogen, so dass der Bau der Hochhäuser nicht mehr finanzierbar war. [62]

Auch im Fall Dresden ist Widerstand spürbar. Die neue Dresdner Oberbürgermeisterin, Helma Orosz, die ihr Amt am 1. August 2008 angetreten hat und sich im Wahlkampf unmissverständlich für den Bau der Brücke ausgesprochen hatte, erklärte beispielsweise, dass man angesichts der Auseinandersetzungen mit der UNESCO den Antrag auf Anerkennung als Weltkulturgut vielleicht niemals hätte stellen sollen.[63] Auch seitens der Presse gab es zum Teil scharfe Kritik. In einem Kommentar in der F.A.Z. nach der Entscheidung des Welterbe-Komitees vom Juli 2008, Dresden vorerst auf der Roten Liste zu belassen, wurden der Absolutheitsanspruch, die Intransparenz, die Inkonsistenz sowie die absurde Idee einer absolut verbotenen Brücke angeprangert. Dresden wurde aufgefordert, demnächst selbstironisch damit zu werben, „die erste völkerrechtswidrige Flussquerung der Welt zu haben“.[64] Im Fall Dresden ist die Kritik deutlich stärker als im Fall Köln, da es bei ersteren auch um den Zusammenprall von Weltkulturgüterschutz und Demokratie geht. So erklärte selbst Bundeskanzlerin Merkel im Sommer 2008: „Natürlich ist Dresden Welterbe, aber die Demokratie muss Vorrang haben“.[65]

---

58 Vgl. *Die Bundesbehörden der Schweizerischen Eidgenossenschaft*, Das Bundesamt für Kultur feiert ein Vierteljahrhundert UNESCO-Weltkulturerbe (Pressemitteilung v. 15.07.2008).

59 Vgl. *Reiner Burger*, Tiefensee bietet Geld für Elbtunnel, in: F.A.Z., v. 08.07.2008, S. 4.

60 Vgl. Süddeutsche Zeitung v. 05.08.2004, S. 15; F.A.Z. v. 24.07.2004, S. 3.

61 Vgl. *Kerstin Odendahl* (Fn. 28), S. 11 (124).

62 Vgl. Süddeutsche Zeitung v. 05.08.2004, S. 15; F.A.Z. v. 24.07.2004, S. 3.

63 Vgl. *Reiner Burger*, Dresdner Welterbe-Titel in Gefahr, in: F.A.Z., v. 05.07.2008, S. 4.

64 Vgl. *Reiner Burger*, Weltkulturerbe in Gefahr, in: F.A.Z., v. 05.07.2008, S. 1.

65 Vgl. *Reiner Burger*, Tiefensee bietet Geld für Elbtunnel, in: F.A.Z., v. 08.07.2008, S. 4. Die Bundeskanzlerin machte diese Aussage auf einer CDU-Veranstaltung zur Oberbürgermeisterwahl in Dresden.

(3) Lehren

Wie man sich richtigerweise verhält, führte 2008 das Land Rheinland-Pfalz vor. Es ging um den geplanten Bau einer Brücke über den Rhein in der Nähe der Loreley, also innerhalb des Weltkulturguts Mittelrheintal. Zwischen Koblenz und Wiesbaden gibt es auf einer Strecke von ca. 100 Kilometern keine einzige Rheinbrücke. Die Verbindung zwischen den beiden Ufern wird lediglich durch sechs Fähren gesichert. Aufgrund dieser Verkehrssituation verläuft die Wirtschaftsentwicklung im betroffenen Raum nicht optimal.

Nach Verleihung des Welterbestatus im Jahre 2002 wurde die Idee einer Rheinquerung enger ins Auge gefasst. Allerdings wurden mehrere Varianten geprüft und einander gegenüber gestellt: eine Tunnellösung und drei verschiedene Brückenkonstruktionen an verschiedenen Stellen des Rheins. Dabei war den zuständigen Planern bewusst, dass eine Brücke in unmittelbarer Sichtnähe zur Loreley wohl nicht von der UNESCO akzeptiert werden würde, so dass nur Varianten weiter flussabwärts in Betracht gezogen wurden. Die rheinland-pfälzische Landesregierung nahm Kontakt mit der UNESCO auf, lud Vertreter des Welterbe-Komitees ein und besprach mit ihnen die verschiedenen Varianten. Den Verlust des Welterbestatus wollten die Verantwortlichen auf keinen Fall in Kauf nehmen. Ausdrücklich wiesen sie daher darauf hin, dass sie notfalls auch die mit einer Differenz von 70 Millionen Euro deutlich teurere Tunnelvariante umsetzen würden.

Das Welterbe-Komitee stufte im Juli 2008 eine Rheinbrücke zwischen St. Goar und St. Goarshausen als mit dem Welterbestatus grundsätzlich vereinbar ein. Es traf diese Entscheidung, obwohl die wichtigste beratende Organisation, der Internationale Rat für Denkmalpflege (ICOMOS), eine entschieden andere Position eingenommen hatte, und obwohl die geplante Brücke mitten im Welterbegebiet, aber eben doch deutlich entfernt von der Loreley als deren Hauptattraktion liegen würde. Das Welterbe-Komitee verlangte lediglich noch eine weitere Analyse der Verkehrsströme sowie eine Umweltverträglichkeitsprüfung zur Tunnel- und zur Brückenvariante. Im Sommer 2009 will das Welterbe-Komitee dann auf der Basis dieser Unterlagen endgültig entscheiden. Alles deutet aber darauf hin, dass es dem Brückenbau zustimmen wird.[66] Am dargestellten Beispiel wird deutlich, dass sich Verantwortungsbewusstsein, frühzeitige Kontaktaufnahme und Absprache mit den entscheidenden Gremien sowie Flexibilität auszahlen.[67]

---

66 Zum Bau einer Brücke über den Rhein in der Nähe der Loreley vgl. *Marcus Stölb*, ...dass ich so traurig bin, in: Die Zeit, v. 07.02.2008, S. 11; *Oliver Bock*, Begrabt meine Brücke an der Biegung des Flusses, in: F.A.Z., v. 10.07.2008, S. 33.

67 Das im Fall der Loreley vorhandene Bewusstsein für das Weltkulturgut am Mittelrhein zeigt sich auch an einem anderen Projekt. Ein südkoreanischer Investor plante, auf dem Plateau der Loreley ein Hotel zu errichten. Um den Welterbe-Titel nicht zu gefährden, genehmigte die rheinland-pfälzische Regierung das Projekt nur unter der Auflage, dass das Gebäude vom Rheintal aus nicht zu sehen ist, vgl. *Thomas Holl*, Ein Hotel auf dem Felsen, in: F.A.Z., v. 29.04.2008, S. 2.

III. Schutz zu Zeiten bewaffneter Konflikte

Das Recht des bewaffneten Konfliktes erscheint so manchem als ein historischer, überholter Bereich des Rechts. Leider müssen wir uns jedoch immer wieder eines Besseren belehren lassen, wie jüngst die Kaukasus-Krise gezeigt hat. Im August 2008 standen sich russische und georgische Truppen in einem konventionellen[68] Krieg gegenüber.

Und auch in diesem bewaffneten Konflikt kam es leider - wieder einmal - zu Zerstörungen von Kulturgütern. Beim georgischen Angriff auf Südossetien sind die meisten Denkmäler in der Hauptstadt Zchinwali, insbesondere die zahlreichen wertvollen Kirchen, das Parlamentsgebäude, zwei Museen, die Bibliothek, die Universität, der Konzertsaal und selbst archäologische Fundstätten zerstört worden.[69] Über die Zerstörung georgischer Kulturgüter durch den russischen Einmarsch ist noch nichts bekannt.

1. Ausgangslage

a) Rechtsgrundlage: Zweites Haager Protokoll von 1999

Der Schutz der wertvollsten Kulturgüter der Menschheit zu Zeiten bewaffneter Konflikte ist im Zweiten Protokoll zum Haager Abkommen für den Schutz von Kulturgut bei bewaffneten Konflikten vom 26. März 1999 geregelt. Das am 9. März 2004 in Kraft getretene Protokoll haben 48 Staaten ratifiziert. Das Protokoll ergänzt die Haager Konvention (110 Vertragsstaaten) und das Erste Haager Protokoll (99 Vertragsstaaten), die beide im Jahre 1954 unterzeichnet wurden und das erste umfassende Regelwerk speziell zum Schutz von Kulturgütern bei bewaffneten Konflikten darstellen. Für Österreich[70] trat das Zweite Haager Protokoll am 9. März 2004, für die Schweiz[71] am 9. Oktober 2004 in Kraft. Deutschland hat das Protokoll zwar am 19. Mai 1999 unterzeichnet, bislang allerdings noch nicht ratifiziert.

Die Haager Konvention von 1954 sieht zwei Schutzkategorien für Kulturgüter vor: den allgemeinen und den Sonderschutz. Unter allgemeinem Schutz[72] stehen bewegliche und unbewegliche Kulturgüter von großer Bedeutung. Eigene Kulturgüter sind zu Friedenszeiten präventiv zu sichern,[73] eigene und fremde Kulturgüter sind im

68 Vgl. *Andreas Herberg-Rothe*, Die Rückkehr der Großmächte, in: F.A.Z., v. 12.08.2008, S. 46.

69 Vgl. *Kerstin Holm*, Brüder als Barbaren, in: F.A.Z., v. 16.08.2008, S. 39.

70 Zweites Protokoll zur Haager Konvention von 1954 zum Schutz von Kulturgut bei bewaffneten Konflikten, Den Haag, 26. März 1999, samt interpretativer Erklärung der Republik Österreich, BGBl. III Nr. 113/2004.

71 Zweites Protokoll zum Haager Abkommen von 1954 für den Schutz von Kulturgut bei bewaffneten Konflikten vom 26. März 1999 (SR 0.520.33).

72 Art. 1 ff. der Haager Konvention.

73 Art. 3 der Haager Konvention.

Falle eines bewaffneten Konflikts zu respektieren.[74] Respektierung heißt, dass sie weder militärisch genutzt noch zum Ziel eines militärischen Angriffs gemacht werden dürfen. Diese Pflicht zur Respektierung von Kulturgut entfällt jedoch, wenn es die „militärische Notwendigkeit zwingend erfordert".[75] Kulturgüter unter allgemeinem Schutz können mit dem einfachen Haager Kennzeichen, dem sog. Blauen Schild, versehen werden.

Sonderschutz[76] kann einer begrenzten Anzahl von Bergungsorten zur Unterbringung beweglicher Kulturgüter bei bewaffneten Konflikten, von Denkmalzentren und von anderen sehr wichtigen unbeweglichen Kulturgütern gewährt werden. Durch die Eintragung in das „Internationale Register für Kulturgut unter Sonderschutz" wird die Unverletzlichkeit dieser Einrichtungen und Stätten garantiert. Doch auch in diesem Fall gilt die Unverletzlichkeit nicht absolut. Sie darf im Fall einer „unausweichlichen militärischen Notwendigkeit" aufgehoben werden.[77] Kulturgut unter Sonderschutz muss mit dem dreifachen Haager Kennzeichen versehen werden.

Trotz dieser umfassenden Regelung weist die Haager Konvention offensichtliche Unzulänglichkeiten auf. Als besonders kritisch erweist sich die Durchbrechung des Schutzes im Fall einer militärischen Notwendigkeit. Diese Ausnahmeregelung kann in einer Krisensituation zur vollständigen Aufhebung des Schutzes von Kulturgütern führen. Unklar ist darüber hinaus, wann eine zwingende bzw. unausweichliche militärische Notwendigkeit vorliegt, welche Kriterien dabei heranzuziehen sind und wer darüber zu entscheiden hat.

Das Zweite Haager Protokoll sollte die größten Defizite der Haager Konvention beheben. Zu diesem Zwecke finden sich im Protokoll u.a. nähere Vorgaben für die Ausgestaltung des allgemeinen Schutzes,[78] eine Konkretisierung des Begriffs der militärischen Notwendigkeit,[79] detaillierte Strafvorschriften,[80] Regeln zur Anwendung des Protokolls bei innerstaatlichen Konflikten[81] sowie die Schaffung eines Fonds zur Durchführung von Schutzmaßnahmen.[82] Wohl am bedeutendsten ist jedoch die Vereinbarung einer neuen Schutzkategorie in Form des „verstärkten Schutzes",[83] die vom neu geschaffenen Ausschuss für den Schutz von Kulturgut bei bewaffneten Konflikten[84] (im Folgenden: Ausschuss) gewährt wird. Der Ausschuss setzt sich aus zwölf Vertragsparteien zusammen. Ende Oktober 2005 wurden die ersten Mitglieder gewählt.[85] Der Ausschuss hat seine Arbeit im Jahr 2006 aufgenom-

---

74 Art. 4 der Haager Konvention.
75 Art. 4 Abs. 2 der Haager Konvention.
76 Artt. 8 ff. der Haager Konvention.
77 Art. 11 Abs. 2 der Haager Konvention.
78 Art. 5 ff. des Zweiten Haager Protokolls.
79 Art. 6 des Zweiten Haager Protokolls.
80 Art. 15 ff. des Zweiten Haager Protokolls.
81 Art. 22 des Zweiten Haager Protokolls.
82 Art. 29 des Zweiten Haager Protokolls.
83 Art. 10 ff. des Zweiten Haager Protokolls.
84 Art. 24 ff. des Zweiten Haager Protokolls.
85 El Salvador, Libyen, Österreich, Peru, Schweiz, Serbien und Montenegro (auf vier Jahre) sowie Argentinien, Finnland, Griechenland, Iran, Litauen und Zypern (auf zwei Jahre).

men und erarbeitet derzeit die Durchführungsrichtlinien zum Zweiten Haager Protokoll.

b) Kulturgüter „von höchster Bedeutung für die Menschheit"

Die neue Kategorie des verstärkten Schutzes wird nur denjenigen Kulturgütern gewährt, welche die drei in Art. 10 des Zweiten Haager Protokolls niedergelegten Kriterien erfüllen:

- Das Kulturgut muss von höchster Bedeutung für die Menschheit sein. Es kann sich dabei sowohl um bewegliches als auch um unbewegliches Kulturgut handeln (Art. 10 a).
- Es muss durch angemessene innerstaatliche Rechts- und Verwaltungsmaßnahmen geschützt sein (Art. 10 b).
- Es darf weder zu militärischen Zwecken dienen noch darf der Status zum Schutz sich in unmittelbarer Umgebung befindlicher militärischer Anlagen verwendet werden (Art. 10 c).

Für den vorliegenden Beitrag ist insbesondere das erste Kriterium von Bedeutung. Im Recht der bewaffneten Konflikte werden also die wertvollsten Kulturgüter der Menschheit ebenfalls geschützt. Sie werden jedoch anders umschrieben als in der Welterbe-Konvention, die zu Friedenszeiten gilt. Während die Welterbe-Konvention Kulturgüter von „außergewöhnlichem universellen Wert" erfasst, schützt das Zweite Haager Protokoll Kulturgüter „von höchster Bedeutung für die Menschheit".

c) Gewährter Schutz

Wie beim Sonderschutz nach der Haager Konvention sind die unter verstärktem Schutz stehenden Kulturgüter grundsätzlich unverletzlich.[86] Im Unterschied zum Sonderschutz kann der Schutz jedoch nicht mehr im Fall einer - wie auch immer gearteten - militärischen Notwendigkeit durchbrochen werden. Kulturgut unter verstärktem Schutz genießt eine grundsätzlich vollständige Immunität.

Lediglich einzelne, sehr enge Durchbrechungen sind vorgesehen.[87] So kann der Ausschuss die Aufhebung oder Aussetzung des Schutzes beschließen, wenn das Kulturgut die drei konstitutiven Kriterien des Art. 10 nicht mehr erfüllt. Der verstärkte Schutz geht ebenfalls verloren, wenn das Kulturgut zur Unterstützung militärischer Handlungen verwendet wird oder sofern und solange es selbst aufgrund seiner Verwendung ein militärisches Ziel geworden ist.

Verglichen mit dem allgemeinen und dem Sonderschutz nach der Haager Konvention ist der verstärkte Schutz nach dem Zweiten Haager Protokoll, der nur Kulturgüter von höchster Bedeutung für die Menschheit gewährt werden kann, also wesentlich umfassender. Er ist quasi vollkommen.

---

86 Art. 12 des Zweiten Haager Protokolls.

87 Art. 13 und 14 des Zweiten Haager Protokolls.

2. Aktuelle völkerrechtliche Entwicklungen

Das Zweite Haager Protokoll ist bislang noch in keinem Vertragsstaat umgesetzt worden. Auch das Verfahren im Ausschuss zur Auswahl der Kulturgüter läuft noch nicht. Es gibt derzeit also noch kein Kulturgut unter verstärktem Schutz. Zurückzuführen ist diese Tatsache darauf, dass das Zweite Haager Protokoll zu allgemein gefasst ist. Erst nach der erforderlichen Konkretisierung durch die in Ausarbeitung befindlichen und für 2009 geplanten Durchführungsrichtlinien werden Kulturgüter „von höchster Bedeutung für die Menschheit" den verstärkten Schutz genießen können. Es ist der beschlossene bzw. diskutierte Inhalt dieser Durchführungsrichtlinien,[88] der im Zentrum der aktuellen völkerrechtlichen Entwicklungen steht.

a) Neue Ansätze in den Durchführungsrichtlinien

Von der Entstehungsgeschichte des Zweiten Haager Protokolls her wissen wir, dass mit dem verstärkten Schutz im Zweiten Haager Protokoll ein Äquivalent zum Schutz der Welterbestätten nach der Welterbe-Konvention geschaffen werden sollte.[89] Es ist unlogisch, das Wertvollste zu Friedenszeiten zu erhalten, und es dann im Kriege ungeschützt zu lassen bzw. es nur so zu schützen wie „normales" Kulturgut, das im Falle einer zwingenden bzw. unausweichlichen militärischen Notwendigkeit zerstört werden darf.

(1) Konkretisierung der Formulierung „von höchster Bedeutung für die Menschheit"

Die angestrebte Parallelität zwischen den beiden Vertragswerken lässt die Frage aufkommen, ob die vom Zweiten Haager Protokoll erfassten Kulturgüter tatsächlich identisch sind mit denjenigen, die unter die Welterbe-Konvention fallen.

Ein Vergleich des Wortlauts der beiden Vertragswerke spricht gegen eine Identität. Ein „außergewöhnlicher universeller Wert" (Welterbe-Konvention) ist nicht dasselbe wie eine „höchste Bedeutung für die Menschheit" (Zweites Haager Protokoll). Hätten die Vertragsparteien des Zweiten Haager Protokolls eine echte Parallelität

---

88 Draft Guidelines for the Implementation of the 1999 Second Protocol to the Hague Convention of 1954 for the Protection of Cultural Property in the Event of Armed Conflict developed by the Committee for the Protection of Cultural Property in the Event of Armed Conflict at its Second Meeting (UNESCO, 17 - 19 December 2007), CLT-07/CONF/212/3/Rev.2, Paris, 20 December 2007 (im Folgenden: Entwurf 2007 für die Durchführungsrichtlinien Zweites Haager Protokoll). Der Entwurf sowie die weiteren Vorschläge für die noch ausstehenden Kapitel der Durchführungsrichtlinien wurden der Verfasserin von der schweizerischen und österreichischen Delegation im Ausschuss freundlicherweise zur Verfügung gestellt.

89 Vgl. *Jan Hladík*, The 1954 Hague Convention for the Protection of Cultural Property in the Event of Armed Conflict and the notion of military necessity. The review of the 1954 Convention and the adoption of the Second Protocol thereto (26 March 1999), in: RICR 1999, S. 621 (628).

mit der Welterbe-Konvention gewünscht, hätten sie den Vertragstext entsprechend formulieren können. Möglich gewesen wäre ein Verweis auf die Welterbe-Liste oder aber die Übernahme der Formulierung aus der Welterbe-Konvention. Beides aber ist nicht geschehen.

Bestätigt und konkretisiert wird der Unterschied zwischen den beiden Vertragswerken durch einen Blick in die Durchführungsrichtlinien der Welterbe-Konvention. Rdnr. 49 hat folgenden Wortlaut: „Der außergewöhnliche universelle Wert bezeichnet eine kulturelle und/oder natürliche Bedeutung, die so außergewöhnlich ist, dass sie die nationalen Grenzen durchdringt und sowohl für gegenwärtige als auch für künftige Generationen der gesamten Menschheit von Bedeutung ist“. Die Welterbe-Konvention erfasst also nur Kulturgüter „von Bedeutung“, nicht aber „von höchster Bedeutung“ für die Menschheit. Der Schutzbereich des Zweiten Protokolls ist demnach enger gefasst. Nicht alle Welterbestätten könnten die strengeren Kriterien für die Gewährung des verstärkten Schutzes erfüllen.

Auch der Ausschuss hat sich in seinen Durchführungsrichtlinien der Frage angenommen, was unter Kulturgütern „von höchster Bedeutung für die Menschheit“ zu verstehen ist. Seiner Ansicht nach sind es drei Kriterien, die kumulativ oder einzeln den Ausschlag geben können:[90]

- außergewöhnlicher kultureller Wert,
- Einzigartigkeit,
- die Tatsache, dass die Zerstörung des Kulturguts einen unwiederbringlichen Verlust für die Menschheit darstellen würde.

Für Weltkulturgüter wurde ein separater Passus geschaffen: Grundsätzlich geht der Ausschuss davon aus, dass unbewegliches Kulturgut, das auf der Liste des Erbes der Welt eingetragen ist, das Kriterium der „höchsten Bedeutung für die Menschheit“ erfüllt.[91] Das ist insofern konsequent, als Weltkulturgüter, die ja per definitionem von „außergewöhnlichem universellen Wert“ sind, immer das erste der drei Kriterien der Durchführungsrichtlinien (außergewöhnlicher kultureller Wert) erfüllen werden.

Der für dieses Kapitel der Durchführungsrichtlinien verantwortliche Berichterstatter[92] hatte in seinem Entwurf allerdings vorgeschlagen, dass die drei genannten Kriterien kumulativ erfüllt sein müssen. Nur bei Erfüllung aller drei Kriterien sollte ein Kulturgut „von höchster Bedeutung für die Menschheit“ sein. Darüber hinaus könnte mit Hilfe dieser drei Kriterien dem Unterschied zwischen dem Wortlaut der Welterbe-Konvention und dem Zweiten Haager Protokoll Rechnung getragen werden. Die vom Berichterstatter vertretene Notwendigkeit der kumulativen Anwendung der drei Kriterien wird schon daran deutlich, dass das erste Kriterium der Durchführungsrichtlinien („von höchstem kulturellen Wert“) im Grunde genommen weniger ist als das Kriterium der Welterbe-Konvention („von höchstem universellen

---

90 Rdnr. 32 ff. des Entwurfs 2007 für die Durchführungsrichtlinien Zweites Haager Protokoll.

91 Rdnr. 36 des Entwurfs 2007 für die Durchführungsrichtlinien Zweites Haager Protokoll.

92 Es handelte sich dabei um den Vertreter Österreichs, der einen österreichisch-schweizerischen Textvorschlag einbrachte.

Wert“). Wendet man die Kriterien einzeln an, so kann ein Kulturgut, das nur das erste Kriterium der Durchführungsrichtlinien erfüllt, unter verstärkten Schutz gestellt werden, ohne gleichzeitig Weltkulturgut zu sein. Dabei zeigt der Wortlautvergleich zwischen Welterbe-Konvention und Zweitem Haager Protokoll, dass das Verhältnis gerade umgekehrt ist: Ein Kulturgut kann ein Weltkulturgut sein und gleichzeitig nicht den strengeren Anforderungen des verstärkten Schutzes genügen.

Der Vorschlag, dass alle drei Kriterien kumulativ erfüllt sein müssen, um „von höchster Bedeutung für die Menschheit“ zu sein, wurde jedoch vom Ausschuss bedauerlicherweise nicht übernommen. Streng genommen handelte er dabei dogmatisch nicht korrekt. Die Haltung des Ausschusses ist allerdings erklärbar. Auf diese pragmatische Weise stellt er sicher, dass jedes Weltkulturgut ohne große weitere Prüfung unter verstärkten Schutz gestellt werden kann. Die historisch intendierte, aber durch den Vertragswortlaut nicht realisierte Parallelität der Welterbe-Konvention und des Zweiten Haager Protokolls wird durch den Ausschuss in seinen Durchführungsrichtlinien auf diese Weise wieder hergestellt.

(2) Internationale Unterstützung nach Art. 32

Gemäß Art. 32 des Zweiten Haager Protokolls können sowohl Vertragsparteien als auch Nicht-Vertragsparteien, die das Protokoll anerkennen und anwenden, internationale Unterstützung für Kulturgut unter verstärktem Schutz beantragen. Geleistet wird die internationale Unterstützung primär durch die Vertragsparteien, das Verfahren läuft jedoch über den Ausschuss. Dieser hat Vorschriften für das Antragsverfahren zu erlassen und bestimmt die möglichen Unterstützungsformen. Der schweizerische Entwurf für dieses Kapitel der Durchführungsrichtlinien[93] (der allerdings noch nicht vom Ausschuss beschlossen ist!) sieht folgende wichtige Ansätze vor, die zum Teil völkerrechtliches Neuland beschreiten bzw. bestehendes Völkerrecht fortentwickeln:

(a) Zeitpunkt der Unterstützung

Internationale Unterstützung soll zu drei verschiedenen Zeitpunkten gewährt werden können: vor dem Ausbruch von bewaffneten Konflikten (präventive Schutzmaßnahmen), während bewaffneter Konflikte (Notfallmaßnahmen) und nach dem Ende bewaffneter Konflikte (Wiederherstellungsmaßnahmen). Der letzte Punkt betritt Neuland, ist doch der Schutz von Kulturgütern nach bewaffneten Konflikten bislang nur ansatzweise vom Haager Völkerrecht erfasst. Zwar gibt es Regeln für die Besatzungszeit,[94] nicht aber generell für die Zeit nach der Beendigung eines bewaffneten Konflikts oder gar für die Zeit der Durchführung kollektiver Friedenssicherungsmaßnahmen. Ein Schutz auch zu diesem Zeitpunkt lässt sich jedoch gut begründen,

93 Der Entwurf wurde der Verfasserin von der schweizerischen Delegation freundlicherweise zur Verfügung gestellt.

94 Art. 5 der Haager Konvention.

sind doch - man schaue nur auf das traurige Beispiel der Museumsplünderungen im Irak nach dem Einmarsch amerikanischer und britischer Truppen im März 2003 - Kulturgüter nach dem Ende eines bewaffneten Konfliktes zum Teil sogar noch stärker gefährdet als während der unmittelbaren Kampfhandlungen selbst.

(b) Formen der Unterstützung

Der Vorschlag sieht darüber hinaus (neben den schon bekannten Unterstützungsformen präventiver Art wie die Entsendung von Experten oder Material, Schulungsmaßnahmen etc.) neue Formen internationaler Unterstützung vor:

- „Safe Havens“: Einzelne Vertragsparteien bieten sich für bewegliche Kulturgüter unter Sonderschutz als sog. „sichere Häfen“ an. Die Kulturgüter werden in das betreffende Land gebracht, dort gelagert und bewahrt, um nach dem Ende der Gefahren wieder an das Ursprungsland zurückgegeben zu werden. Beispiele dieser Art hat es viele gegeben. Das wohl berühmteste ist das „Afghanistan-Museum im Exil“ in Bubendorf (Schweiz), wo zwischen 2001 und 2007 bedeutende Kulturgüter aus Afghanistan - nach einer entsprechenden Bitte Afghanistans - aufbewahrt wurden.[95] Darüber hinaus hat die ILA im August 2008[96] Richtlinien (inkl. Mustervertrag) verabschiedet, wie die Gewährung eines solchen sicheren Hafens ausgestaltet werden soll. Inhaltlich ist der Ansatz in den Durchführungsrichtlinien also nicht neu. Wohl aber ist er formell insofern neu, als er diese Form der internationalen Unterstützung ausdrücklich als eine mögliche Hilfeleistung im Rahmen eines globalen Vertragswerks aufführt.
- Abordnung von zivilem oder Polizeipersonal: Speziell geschulte Personen sollen zum Schutz der Kulturgüter unter verstärktem Schutz in die Konfliktregion gesendet werden.
- Kooperation mit humanitären Hilfsorganisationen: Sie soll anstelle oder ergänzend zur Abordnung von zivilem Personal stattfinden. Das Netz und die Akzeptanz der humanitären Hilfsorganisationen sollen genutzt werden, um nicht nur menschliches Leben, sondern auch Kulturgüter von höchster Bedeutung für die Menschheit zu schützen.
- Abordnung von Militärpersonal: In Ausnahmefällen soll eventuell sogar Militärpersonal (eine Art Blauhelme für Kulturgüter) entsandt werden. Eine solche Unterstützung soll jedoch nur von neutralen Staaten geleistet werden, um den Anschein einer Involvierung in den bewaffneten Konflikt zu vermeiden.
- Alle diese neuen Unterstützungsformen sollen sowohl während als auch nach dem Ende bewaffneter Konflikte möglich sein. Darüber hinaus sollen sie entweder von einzelnen Vertragsparteien gewährt werden oder im Rahmen von Maßnahmen der kollektiven Friedenssicherung erfolgen.

---

95 Ausf. zum „Afghanistan-Museum im Exil“ in Bubendorf *Andreas Koellreuter/Paul Bucherer*, Asyl für afghanische Kulturgüter in der Schweiz, in: KGS-Forum 12/2008, S. 44 ff.

96 Die Richtlinien der ILA wurden auf der 73. Tagung der ILA vom 17. – 21. August 2008 in Rio de Janeiro verabschiedet. Sie sind im Anhang abgedruckt.

Man wird allerdings abwarten müssen, welche dieser Vorschläge vom Ausschuss in die endgültige Fassung der Durchführungsrichtlinien aufgenommen werden.

b) Noch offene Punkte

Es gibt jedoch auch noch zahlreiche Fragen, die nicht in den Durchführungsrichtlinien geregelt sind, weil unter den Staatenvertretern keine Einigkeit im Ausschuss erzielt werden konnte. Die wichtigsten von ihnen sind die folgenden:

- Pflicht zur Schaffung einer Pufferzone: Eine solche Pflicht wäre im Rahmen des zweiten konstitutiven Kriteriums nach Art. 10 b) des Zweiten Haager Protokolls begründbar. Demnach muss das Kulturgut unter verstärktem Schutz durch angemessene innerstaatliche Rechts- und Verwaltungsmaßnahmen geschützt sein, „mit denen sein außergewöhnlicher kultureller und historischer Wert anerkannt und das höchste Maß an Schutz gewährleistet wird". Zu diesen Maßnahmen könnte eine Pufferzone gehören.
- Kennzeichen für Kulturgut unter verstärktem Schutz:[97] Im Zweiten Haager Protokoll finden sich - anders als in der Haager Konvention - keine Regeln zur Kennzeichnung des Kulturguts unter verstärktem Schutz. Eine fehlende Kennzeichnung ausgerechnet des Kulturgutes von höchster Bedeutung für die Menschheit (während Kulturgut unter allgemeinem bzw. Sonderschutz gekennzeichnet werden kann bzw. muss) scheint jedoch unlogisch und inkonsistent. Im Ausschuss besteht grundsätzlich Einigkeit darüber, dass er in seinen Durchführungsrichtlinien[98] sowohl das Kennzeichen festlegen als auch die Freiwilligkeit seiner Anbringung regeln darf. Umstritten ist jedoch, wie das Kennzeichen aussehen soll. Die Vorschläge reichen vom Haager Kennzeichen in drei-, vier- oder fünffacher Ausfertigung bis zur völligen Vermeidung eines Kennzeichens, um im Kriegsfall einen potentiell böswilligen Gegner nicht auf die wertvollsten Kulturgüter ausdrücklich aufmerksam zu machen.
- Elektronische Kennzeichnung von Kulturgut unter verstärktem Schutz: Diese Frage hängt eng mit der Kennzeichnung durch das Haager Kennzeichen zusammen. Diskutiert wird im Ausschuss die Möglichkeit einer zusätzlichen elektronischen Kennzeichnung bzw. einer Weitergabe der GPS-Koordinaten. Auf diese Weise könnten die modernen elektronischen Waffensysteme ein entsprechendes Ziel als Kulturgut von höchster Bedeutung für die Menschheit identifizieren und von vornherein als Angriffsziel ausschließen.

97 Ausf. zu dieser Frage *Kerstin Odendahl*, Zur Kennzeichnung von Kulturgut unter verstärktem Schutz nach dem Zweiten Protokoll (1999) zum Haager Abkommen von 1954, in: KGS-Forum 11/2007, S. 58 ff.

98 Ähnlich wie das Welterbe-Komitee in den Durchführungsrichtlinien für die Welterbe-Konvention.

IV. Fazit

Der Schutz der wertvollsten Kulturgüter der Menschheit hat in den letzten Jahren einen deutlichen Entwicklungsschub erfahren. Dabei ist - bei allen noch bestehenden Unterschieden zwischen den Schutzregimen zu Friedens- und zu Kriegszeiten[99] - eine vermehrte Annäherung zwischen beiden Rechtsgebieten zu beobachten.

Eine Reihe von Übereinstimmungen im Friedensrecht und im Recht der bewaffneten Konflikte gab es von Anfang an. Beide kennen eine Kategorie der wertvollsten Kulturgüter der Menschheit - selbst wenn sie diese unterschiedlich bezeichnen und umschreiben. In beiden Fällen ist es ein internationales Gremium, das den Status gewährt und diesen auch wieder entziehen kann. In beiden Rechtsgebieten wurde eine Pflicht der Vertragsstaaten zur internationalen Unterstützung geschaffen für den Fall, dass ein Belegenheitsstaat nicht in der Lage sein sollte, das entsprechende Kulturgut zu schützen und daher um Hilfe bittet. Und in beiden Fällen lässt sich feststellen, dass der Schutz der für die Menschheit wertvollsten Kulturgüter ernster genommen wird.

Verstärkt werden diese Übereinstimmungen durch die aktuellen völkerrechtlichen Entwicklungen. So stellen die Durchführungsrichtlinien zum Zweiten Haager Protokoll sicher, dass alle Weltkulturgüter auch unter verstärkten Schutz gestellt werden können. Denkbar ist darüber hinaus, dass die durch den Erlass der Durchführungsrichtlinien möglich werdende Umsetzung des Zweiten Haager Protokolls zu der in den meisten Staaten fehlenden Umsetzung der Welterbe-Konvention führt. Bei Umsetzung des Zweiten Haager Protokolls müssen die Staaten nämlich u.a. das Kriterium aus Art. 10 b) umsetzen, wonach das Kulturgut durch angemessene innerstaatliche Rechts- und Verwaltungsmaßnahmen geschützt sein muss. Diese Maßnahmen - die nicht nur zu Kriegs-, sondern auch zu Friedenszeiten (!) durchzuführen sind - müssen den außergewöhnlichen kulturellen und historischen Wert des Kulturguts anerkennen und das höchste Maß an Schutz gewährleisten. Es könnte durchaus sein, dass die Staaten die vom Zweiten Haager Protokoll geforderten Maßnahmen so ausgestalten, dass diese gleichzeitig auch den von der Welterbe-Konvention geforderten besonderen Schutz zu Friedenszeiten gewährleisten.

Eine solche nachträgliche Umsetzung eines Vertrages anlässlich der Umsetzung einer anderen Konvention ist nicht gänzlich abwegig. Die Umsetzung der UNESCO-Konvention von 1970 in Deutschland im Jahre 2007 ist dafür ein Beispiel.[100] Das Umsetzungsgesetz besteht aus insgesamt vier Artikeln. Der vierte Artikel enthält ein Gesetz, das nichts mit der UNESCO-Konvention von 1970 zu tun hat, sondern viel-

99 Der größte Unterschied ist, dass bewegliche Kulturgüter zwar während bewaffneter Konflikte, nicht aber zu Friedenszeiten geschützt werden.

100 Gesetz zur Ausführung des UNESCO-Übereinkommens vom 14. November 1970 über Maßnahmen zum Verbot und zur Verhütung der rechtswidrigen Einfuhr, Ausfuhr und Übereignung von Kulturgut (BGBl. 2007 I, S. 757 ff.).

mehr der Umsetzung des Ersten Haager Protokolls von 1954 in deutsches Recht[101] dient - 40 Jahre nach der Ratifizierung des Protokolls durch Deutschland.[102]

Umso wichtiger ist die Ratifizierung des Zweiten Haager Protokolls durch Deutschland. Mit diesem Schritt würde Deutschland den Schutz der wertvollsten Kulturgüter der Menschheit nicht nur im Falle eines bewaffneten Konflikts, sondern aller Wahrscheinlichkeit auch zu Friedenszeiten verstärken - und damit möglicherweise in Zukunft Fälle wie diejenigen von Köln oder Dresden mit den dazugehörigen Possen vermeiden.

101 Gesetz zur Ausführung der Konvention vom 14. Mai 1954 zum Schutz von Kulturgut bei bewaffneten Konflikten, Art. 4 des Gesetz zur Ausführung des UNESCO-Übereinkommens vom 14. November 1970 über Maßnahmen zum Verbot und zur Verhütung der rechtswidrigen Einfuhr, Ausfuhr und Übereignung von Kulturgut (BGBl. 2007 I, S. 762 ff.). Hinweis: Der Name des Gesetzes ist irreführend, dient es doch seinem Inhalt nach nicht der Ausführung der Haager Konvention, sondern seines Ersten Protokolls!

102 Zur jahrelang nicht erfolgten Umsetzung des Ersten Haager Protokolls, die allerdings fast unbemerkt blieb, vgl. *Kerstin Odendahl* (Fn. 1), S. 641.

Anhang:
Guidelines for the Establishment and Conduct of Safe Havens for Cultural Material

INTERNATIONAL LAW ASSOCIATION

RIO DE JANEIRO CONFERENCE (2008)

CULTURAL HERITAGE LAW

Members of the Committee:

Professor James Nafziger (USA): *Chair*
Professor Robert Paterson (Canaria): *Rapporteur*

Thomas Adlercreutz (Sweden)
Dr Kaare Bangert (Denmark)
Professor Margaretha Beukes (South Africa)
Mr Kevin John Chamberlain CMG (UK)
Altern.: Ms Viviane Contin-Williams
Mrs Marie Cornu (France)
Mr Piers Davies (New Zealand)
Professor Talia Einhorn (Israel)
Professor Wilfried Fiedler (Germany)
Professor David E Flint (Australia)
Mr Manlio Frigo (Italy)
Altern.: Professor Guido Carducci
Ms Sabine M Gimbrere (Netherlands)
Altern.: Dry C G Roelofsen
Mr David A Johnson (Canada)
Professor Shigeru Kozai (Japan)
Mr P B Mauleverer (UK)
Professor Patrick J O'Keefe (Australia)
Dr Lyndel V Prott (Australia)
Dr Beat Schönenberger (Switzerland)
Altern.: Professor Marc-André Renold
Professor Kurt Siehr (Germany)
Mr Rajesh Singh (UK)
Dr Abhishek M Singhvi (India)
Dr Anastasia Strati (Hellenic)
Altern.: Professor Elina Moustaira
Mr Maarten Vidal (Belgium)
??Helena Vilus (Unaffiliated)??
Dr Sabine von Schorlemer (Germany)

DRAFT REPORT

At the 72nd Conference of the International Law Association (2006), the Committee on Cultural Heritage Law adopted a two-part agenda for work during the next biennium: (1) a study of the concept of safe havens for temporary deposit of cultural material rescued from circumstances of armed conflict and other serious threats, and (2) a study of the relationship between international trade law and cultural heritage law.

At a meeting in London, May 17-18, 2007, the Committee reviewed papers by Kurt Siehr on the concept of safe havens for threatened cultural material and by Sabine von Schorlemer and Robert Paterson on the relationship between international trade law and cultural heritage law. The Committee decided to focus at this meeting on the preparation of a set of guidelines for establishing and managing safe havens for cultural material. Accordingly, the Committee first reviewed Professor Siehr's paper and a written critique of it by Lyndel Prott, and, after extensive discussion, developed a rough set of guidelines. The Committee asked the Chair and Reporter to prepare draft guidelines on this basis, upon which Professor Siehr would prepare explanatory comments and a Safe Haven Model Contract. After further review and any revisions by the Committee, the composite document would then be submitted for adoption by the ILA at its 73rd Conference. Concluding discussion at the London meeting focused on the two papers related to international trade law. The Committee decided to focus that initiative primarily on culture-related exceptions in the World Trade Organization (WTO)'s General Agreement on Tariffs and Trade (GATT) and in regional agreements. Professor Paterson agreed to prepare a working paper with that focus for discussion at the 73rd Conference.

What follows in Part I are annotated Guidelines for the Establishment and Conduct of Safe Havens for Cultural Material, together with a Safe Haven Model Contract (Annex). The document, having gone through a drafting and editing process by the Chair, Reporter and Professor Siehr, has been modified and finally approved by the Committee for review and eventual adoption by the ILA at its 73rd Conference. Part II* is a working paper by the Committee's Reporter on the relationship between international trade law and cultural heritage law.

Part I.

Numerous catastrophes and other circumstances may threaten cultural material—for example, armed conflict (such as Europe during World War II, the former Yugoslavia during its civil war, Iraq and Afghanistan); and natural disasters (floods in Florence, New Orleans, and Dresden, volcanic eruptions in Italy and Indonesia, earthquakes in Pakistan and Iran, and fires in California, Greece, and Weimar). Consider also the threats of unauthorized excavations (Guatemala, Iraq, Italy, and Turkey); and public projects (dam construction in China and highway construction in Greece). Whatever the cause, cultural material may need to be removed temporarily to safe havens for safekeeping and proper preservation until it can be returned to its original site. The initiator of this temporary relocation may be a state, a private owner, a museum, or another entitled person or entity. The following Guidelines are intended to provide a framework for the establishment and conduct of such safe havens and for the return of cultural material held for safekeeping and preservation there.

* Part II ist hier nicht abgedruckt.

Guidelines for the Establishment and Conduct of Safe Havens for Cultural Material

Recognizing the crucial need to rescue cultural material threatened by armed conflict, natural disaster, illegal excavation, or other insecurity;

Noting the uncertainty of standards and procedures for safekeeping and preserving cultural material that has been rescued by removal from the territory of one state to the territory of another state;

Noting also the uncertainty about requirements for returning cultural material after a threat necessitating its removal to the territory of another state has ended;

Observing the importance of engaging both governmental and nongovernmental bodies in safekeeping and preserving cultural material;

Convinced therefore of the need for and efficacy of international guidelines, engaging state authorities, for safekeeping, preserving, and returning cultural material within the source state and after it has been removed from the territory of one state to that of another state;

Confirming therefore the following Guidelines for the establishment and conduct of safe havens for cultural material; and

Perceiving the efficacy of a model contract to formalize essential terms of the relationship between a source state or entity and a safe haven;

The International Law Association hereby adopts these Guidelines:

1. Definitions

a) "Cultural material" includes all objects defined as cultural property in Article 1 of the UNESCO Convention on the Means of Prohibiting and Preventing the Illicit Import, Export and Transfer of Ownership of Cultural Property.

> *COMMENTS:*
>
> *Instead of creating a new definition, the Guidelines adopt the most widely-accepted definition of "cultural property" in Article 1 of the 1970 UNESCO Convention. This definition has been only slightly modified in other instruments such as the UNIDROIT Convention on Stolen or Illegally Exported Cultural Objects.*

b) "Source state" is the state in which cultural material is in need of a safe haven, either in the state itself or in the territory of another state.

COMMENTS:

For the purpose of these Guidelines, the source state is the state in which cultural material is in need of a safe haven, whether that is the state of origin of the material — that is, where it was created — or a state to which the material has been later removed from the state of origin.

2. Safe Havens for Cultural Material

Safe havens are created in order to care for cultural material that has been endangered by armed conflict, natural disasters, illegal excavation, or other insecurity and has therefore been removed for safekeeping and preservation from the territory of the source state to the territory of another state or to a place of safety in the source state.

COMMENTS:

There is often a critical need for safe havens when endangered cultural material is removed for safekeeping and protection from one state to another. There is also a need for safe havens to protect material within a source state —for example, material that is imperiled by calamities, has been seized as contraband, or is of unknown origin or suspect provenance. An example of international cooperation in establishing a safe haven involved the removal and temporary storage of Afghan cultural material at the privately owned Afghanistan Museum and Library in Bubendorf, Switzerland (1999-2007).

3. Governmental Establishment and Supervision of Safe Havens

State authorities shall establish safe havens or supervise such havens within their territories as governmental or nongovernmental institutions may otherwise create.

COMMENTS:

3.1. Under these Guidelines, safe havens are national and not international facilities that are established and managed under national law. The Guidelines provide for and help harmonize the obligations of these facilities (see Guideline 4).
3.2. Safe havens may be established as either nongovernmental or governmental facilities under national law.
3.3. Safe havens need not be specific organizations or institutions. They may be simply facilities within national museums or other institutions that receive cultural material for safekeeping, restoration, and preservation. One example involves the designation of facilities in national museums as trustees of material whose ownership is either unknown or disputed.

4. Obligations of Safe Havens

a) A safe haven shall be responsible for safekeeping and preserving cultural material that has been entrusted to its care. This general responsibility shall extend to the exceptional case of an unknown source state. A safe haven shall take all reasonable measures to avoid deterioration or endangerment of cultural material by applying the highest standards of care.
b) A safe haven is governed by the law of the state in which it is located, but shall accord due respect to the laws and traditions of the source state of cultural material.
c) A safe haven shall accept no cultural material received from another state in violation of its export provisions, unless it is satisfied that the material has left that country under circumstances precluding the issuance of an export certificate.
d) A safe haven shall take all possible measures to make an inventory of all cultural material entrusted to its care and guarantee public access to the information in the inventory.
e) A safe haven may exhibit cultural material in its care unless to do so would be inappropriate under the laws and traditions of the source state. All such material on exhibit shall be identified as safe haven material.
f) A safe haven may not lend safe haven material without the consent of the source state or entity.
g) Any proceeds from exhibition or loans may be used only for safekeeping and preserving safe haven material.
h) A safe haven shall not engage in any activity the result of which would be to stimulate illegal trafficking in cultural material or other threats to it.
i) A safe haven must return cultural material items as soon as the established owner or other established source of the material so requests, provided that the safe haven is satisfied with the conditions for safekeeping and preserving the material by the requesting state or entity.
j) Nothing in these Guidelines shall require the safe haven to do or refrain from doing anything inconsistent with an order of a court of competent jurisdiction.

COMMENTS:

4.1. Under 4 a), safe havens are responsible for safekeeping and preserving cultural material even if the material is owned by a foreign state or citizen or there are no prospects for compensation of attendant expenses by the owner. In keeping with the highest standards of care, any necessary restorative work should be planned and its cost discussed with the source state or entity before the work is done.
4.2. Under 4 b), safe haven authorities, in fulfilling their responsibilities for safekeeping and preserving cultural material of foreign origin, must respect the laws and customs of the source state and of customary international law. This means, for example, that safe havens ordinarily must store human remains with dignity and, whenever possible, preserve and restore religious

objects according to the religious and cultural traditions and practices in the source state. Otherwise, local or nationallaw applicable in safe havens governs the standard of care for the pertinent cultural material.
4.3. Under 4 c), states to which material is to be removed for safekeeping must respect the export laws of source states unless, under the often difficult circumstances that give rise to the need for removal, the issuance of an export certificate is impossible.
4.4. Guideline 4 d) requires safe havens to apply the general principle of transparency. Safe havens must inventory cultural material and guarantee public access to it. Because safe havens are trustees or custodians of material for the benefit of legitimate owners, they must ensure the rights of those owners. It is also imperative that safe havens ensure public access to all records and inventories of cultural material and, in response to return claims, to the cultural material itself.
4.5. Under 4 e), safe havens may exhibit entrusted material, but they must ensure that the material is clearly described and identified as "cultural material entrusted to the exhibiting institution as safe haven," or other words to that effect. Such an exhibition has the added benefit of drawing public attention to the good offices of safe havens and the threats to cultural material in foreign countries. Cultural material should not be exhibited, however, when it would be inappropriate to do so under the legal rules or customs of the state or culture of origin.
4.6. According to 4 f), loans of entrusted cultural material should be strictly limited to instances where source states, private owners, museums, or other institutions, as appropriate, give their consent in writing or when the purpose of the loan is to unite dismembered cultural material or to have it conserved in third countries for exhibition to the public. Such "functional" loans are compatible with the obligations and duties of conscientious trustees.
4.7. Guideline 4 g) makes clear that entrusted cultural material should not be used by safe havens to generate income. All proceeds from exhibitions, loans, and photographs must be used for safekeeping and preservation of the material.
4.8. Under 4 h), it is incompatible with the fiduciary duties of safe havens to engage in illicit trade in the cultural material for which they have assumed responsibility or to engage in any activity that might stimulate illegal trafficking, such as cooperating with thieves and smugglers in defiance of the very purposes and obligations of safe havens.
4.9. Guideline 4 i) makes clear that safe havens are only temporary homes for endangered cultural material. Therefore, they must return protected cultural material after the threat prompting its removal has come to an end and material can again be protected in the source state. It is expected that safe havens normally will agree to requests for the return of entrusted cultural material under applicable national law. Safe havens can also initiate an ap-

propriate return in order, for example, to minimize the expenses of safekeeping and preservation.
4.10. Under 4 j), safe havens are generally bound by court decisions governing entrusted cultural material. Among courts with concurrent jurisdiction, courts in the territory of safe havens have the final word on what should be done or not done regarding safeguarded material.

5. Obligations of Source States or Entities

a) A source state or entity of safe haven material shall give all information to the safe haven which is necessary to fulfill the safe haven's obligations.
b) A source state or entity shall be expected to compensate the safe haven for reasonable costs of safekeeping, preserving, and returning cultural material.
c) A source state or entity shall ensure that requested cultural material whose return it has requested will be secured and preserved after its return to that state or entity.

COMMENTS:

5.1. The obligation to give all information necessary to ensure the effectiveness of a safe haven includes facts concerning the material removed for safekeeping as, for example, the risk of its exposure to air, water, temperature, insects and other vermin. In addition, the required information should include such legal data as the identity of the titleholder or other interested parties so as to facilitate a return, if appropriate, to the correct person or entity and any relevant information concerning legal rules or customs of the source state or culture of origin that may affect how the cultural material is to be treated in the safe haven.
5.2. In principle, a source state is expected to compensate a safe haven for its reasonable expenses of safekeeping and preservation. This principle is grounded in both fairness to the safe haven and the importance of overcoming any reluctance, for financial reasons, on the part of a prospective safe haven to safeguard endangered material. However, the parties may stipulate conditions more favourable for the source state (see Guideline 6 and Annex). Normally compensation is due after material has been returned and the costs of safekeeping can be calculated precisely.
5.3. Parties may stipulate their own necessary special conditions regarding the security of safeguarded material, however difficult it may be to enforce those conditions (see Annex). If a safe haven has valid reason to believe that in case of return the objects will not be protected properly, it may decline to return material until the safe haven is satisfied that the requesting source state is able to protect it. The requirement of 5 c) may further encourage source states to take measures to protect their material. Conversely, the failure of a source state to preserve its own cultural material may discourage other states from returning material.

6. Party Autonomy

A safe haven and a source state or entity may stipulate conditions of care which are different from those in these Guidelines. Whenever possible, such conditions shall be expressed in the form of a written agreement.

COMMENTS:

These Guidelines are not legally binding. Parties to a contract for the establishment of a safe haven (see Annex) may therefore stipulate other conditions for safekeeping and return of cultural material besides those contained in these Guidelines. Such stipulations should be in writing.

7. International Instruments

Nothing in these Guidelines shall be interpreted so as to affect the application of any international agreement or other instrument.

COMMENTS:

These Guidelines do not abrogate binding international agreements or other instruments otherwise applicable and are not intended to affect mandatory national laws.

8. Assistance of UNESCO and Other International Bodies

a) A safe haven state is encouraged to request the United Nations Educational, Scientific and Cultural Organization (UNESCO) for assistance in maintaining the safe haven.
b) States in need of assistance are encouraged to request UNESCO to help coordinate their cooperation with states that are ready to provide such assistance for safekeeping and preserving cultural material.
c) Safe havens of cultural material and source states are also encouraged to seek the assistance of other international and regional bodies that are engaged in the protection of cultural material.

COMMENTS:

As a specialized organization with an excellent international network, UNESCO is in a good position to facilitate communication between the source state and the state on whose territory a safe haven is or will be established. The parties are urged, therefore, to contact UNESCO and other international organizations such as the International Council of Museums (ICOM) and the

International Council on Monuments and Sites (ICOMOS) to ask for assistance and help.

9. Implementation

a) These Guidelines are intended to be integrated into the rules and practices of museums, archaeologists, ethnologists, other professionals including state authorities, and pertinent professional organizations.
b) Whenever possible, responsible states and entities are encouraged to call upon the International Council of Museums (ICOM) and other organizations and institutions for technical assistance in support and implementation of these Guidelines.
c) These Guidelines are also intended to serve as a basis for the development of rules and policies of governmental and nongovernmental bodies.
d) If a dispute arises between the source state or entity and the safe haven concerning a request for return of cultural material, the parties shall attempt to resolve it whenever possible by good-faith negotiations and consultations before proceeding to more formal means of dispute resolution such as those provided for by UNESCO.
e) These Guidelines encourage the source state or entity and the safe haven to formalize their relationship within the terms of the annexed Safe Haven Model Contract

COMMENTS:

9.1. Museums and other institutional users of these Guidelines should incorporate them into their rules of ethics or practice and interpret them broadly and purposefully. The Guidelines also afford institutions a model for drafting their own guidelines or rules.
9.2. Users of the Guidelines should review them periodically and modify them as may be appropriate.
9.3. Users of these Guidelines should consider adopting the Safe Haven Model Contract and, in particular, provide for a method to resolve any dispute under the contract.

Annex:
Safe Haven Model Contract

The Source State or Entity:

____

and the Safe Haven:

____

agree that the items:

1) ____

2) ____

or the Collection

____

consisting of the items in the inventory or catalogue, as follows:

____

shall be removed for safekeeping and preservation to

____.

Special conditions for safekeeping:

1) ____

2) ____

The items may be exhibited, but may not be lent without the consent of the Source State or Entity.

The items will be returned at the request of the Source State or Entity provided that the Source State or Entity reasonably can ensure that the items will be kept safely and preserved properly after their return.

The Source State or Entity will compensate the Safe Haven for any reasonable expenses, including cost of restorative work done in order to preserve the entrusted objects.

This contract is governed by the law of the state in which the Safe Haven is located. The parties will seek to resolve any dispute under the contract or related to it by recourse to a court in the territory of the Safe Haven, UNESCO dispute resolution procedures, arbitration, or other dispute resolution procedures as the parties may so agree.

Signed ____________________ Date ___________ Place _________________

Signed __________________ Date ___________ Place _________________

Die Umsetzung des UNESCO-Übereinkommens von 1970 in Deutschland aus der Sicht des Gesetzgebers

Katrin Schenk[*]

I. Einleitung

Annähernd 40 Jahre hat Deutschland gebraucht, um das UNESCO-Übereinkommen von 1970 zu ratifizieren. In der Begründung im Allgemeinen Teil des Gesetzes zur Ausführung des UNESCO-Übereinkommens vom 14. November 1970 über Maßnahmen zum Verbot und zur Verhütung der rechtswidrigen Einfuhr, Ausfuhr und Übereignung von Kulturgut - Ausführungsgesetz zum Kulturgutübereinkommen - heißt es unter Bezugnahme auf die Vorgänge im Irak, dass die Ratifizierung und damit auch die Schaffung eines Kulturgutschutzgesetzes im Sinne des UNESCO-Kulturgutübereinkommens von 1970 längst überfällig sei[1].

Aber nicht nur die Plünderungen im Irak und in Afghanistan machen diesen Schritt notwendig. Längst ist der illegale und grenzüberschreitende Kulturgüterhandel zu einem internationalen Problem geworden, das nach einer globalen Lösung ruft.

In Anbetracht dieser Tatsache, dass es Handel mit Kulturgütern schon seit den antiken Hochkulturen gab und immer geben wird, hat der deutsche Gesetzgeber nach einer Lösung gesucht, die den Kulturgüterschutz auf der einen Seite und den Kunst- und Antiquitätenhandel auf der anderen Seite in eine praktikable Konkordanz bringt.

Auch wenn im Fokus der nachfolgenden Ausführungen das neue Kulturgüterrückgabegesetz steht, dürfte es sinnvoll sein, in einem ersten Abschnitt die Kernbestimmungen des Ausführungsgesetzes kurz zu repetieren. Maßstab für die Ratifizierung des UNESCO-Übereinkommens vom 14. November 1970 über Maßnahmen zum Verbot und zur Verhütung der rechtswidrigen Einfuhr, Ausfuhr und Übereignung von Kulturgut war zum einen der Sinn und Zweck und damit der Geist des Übereinkommens, zum anderen sollten die tatsächlichen Gegebenheiten hierzulande nicht außer Acht gelassen werden, was einiger Ergänzungen im deutschen Recht bedurfte (II).

* Schriftliche und zum Teil um Fußnoten ergänzte Fassung des am 6. September 2008 in Heidelberg gehaltenen Vortrages, der Vortragsstil wurde weitgehend beibehalten. Die Verfasserin ist Referentin beim Beauftragten der Bundesregierung für Kultur und Medien. Die Ausführungen geben ihre private Auffassung wieder.

1 BT-Drs. 16/1371.

Ein zweiter Abschnitt wird die zentralen Regelungen des neuen Kulturgüterrückgabegesetzes vorstellen und hier insbesondere die Sicht des Gesetzgebers auf die besonders in der Kritik stehenden Regelungen reflektieren (III).

Der dritte Abschnitt widmet sich der Darstellung der Aufgaben des BKM in Umsetzung des Kulturgüterrückgabegesetzes (IV). In einem letzten und vierten Abschnitt werden die mit der Umsetzung des Gesetzes verbundenen Herausforderungen skizziert (V).

II. Das Ausführungsgesetz zum Kulturgutübereinkommen

Das Ausführungsgesetz zum Kulturgutübereinkommen ist ein Artikelgesetz und fasst verschiedene Rechtsmaterien, die den Kulturgutschutz regeln, zusammen.

Artikel 1 regelt das neue Kulturgüterrückgabegesetz, welches zum einen die Europäische Richtlinie 93/7/EWG des Rates vom 15. März 1993 über die Rückgabe von unrechtmäßig aus einem Hoheitsgebiet eines Mitgliedstaates verbrachten Kulturgütern umsetzt und zum anderen das oben erwähnte UNESCO-Übereinkommen von 1970 ausführt.

Artikel 2 enthält eine Änderung des Gesetzes zum Schutz deutschen Kulturgutes gegen Abwanderung – Abwanderungsschutzgesetz –, in dem nunmehr im öffentlichen Eigentum befindliches national wertvolles Kulturgut und Archivgut unter Schutz gestellt werden können sowie die Kirchen und als Körperschaften des öffentliches Rechts anerkannten Religionsgemeinschaften das in ihrem Eigentum stehende Kulturgut und Archivgut zur Aufnahme in die Verzeichnisse anmelden können. Dieser Schritt war überfällig. Bislang konnte die Rückgabe eines im öffentlichen Eigentum stehenden Gegenstands, der unrechtmäßig in einen anderen Mitgliedstaat verbracht wurde, mangels fehlender Einstufung als gesamtstaatlich bedeutsam nach dem Gesetz zum Schutz deutschen Kulturgutes gegen Abwanderung nicht geltend gemacht werden. Dies ist nun mittels öffentlicher Einstufung als nationales Kulturgut von künstlerischem, geschichtlichem oder archäologischem Wert im Sinne der bereits erwähnten europäischen Rückgaberichtlinie möglich, so dass diese Kulturgüter nicht nur über den Zivilrechts- oder Strafrechtsweg zurückerlangt werden können.

Auch das UNESCO-Kulturgutübereinkommens knüpft den Rückgabeanspruch an die Erfassung des Gegenstandes in ein nationales Bestandsverzeichnis, indem es die Vertragsstaaten gemäß Artikel 5 b des Übereinkommens verpflichtet, das zu schützende Kulturgut, dessen Ausfuhr für das nationale Erbe einen merklichen Verlust bedeuten würde, in nationalen Bestandsverzeichnissen zu erfassen.

Artikel 3 dient der Ergänzung der Gewerbeordnung, um zu ermöglichen, dass die dem Kunst- und Antiquitätenhandel und Versteigerergewerbe in § 18 des Kulturgüterrückgabegesetzes (n.F.) auferlegten Aufzeichnungspflichten auch kontrolliert werden können, und schafft so weitere Befugnisse im Gewerberecht.

Artikel 4 regelt das Gesetz zur Ausführung der Konvention zum Schutz von Kulturgut bei bewaffneten Konflikten vom 14. Mai 1954 (kurz: Haager Konvention von 1954).

Das Gesetz vom 11. April 1967 zur Konvention zum Schutz von Kulturgut bei bewaffneten Konflikten vom 14. Mai 1954 enthält keine Regelung zur Rückgabe eines solchen Kulturgutes, das auf Grund von zwischenstaatlichen bewaffneten Konflikten i.S. der Haager Konvention und des I. Protokolls in das Bundesgebiet verbracht wurde. Ebenfalls fehlt es in diesem Gesetz an Bestimmungen für die Rückgabe dieses Kulturgutes.

Mit diesem Ausführungsgesetz zur Haager Konvention von 1954 wird nunmehr geregelt:

- die Rückgabepflicht solchen Kulturgutes,
- das Verbringungsverbot und die Beschlagnahme sowie
- die Durchführung der Rückgabe und die Sicherstellung.

III. Das UNESCO-Ausführungsgesetz[2]

Das Kulturgüterrückgabegesetz in seiner neuen Fassung knüpft an die vorhandenen, in Umsetzung der Europäischen Richtlinie 93/7/EWG des Rates vom 15. März 1993 über die Rückgabe von unrechtmäßig aus dem Hoheitsgebiet eines Mitgliedsstaats verbrachten Kulturgütern geschaffenen Regelungen an. Die Anpassung erfolgte daher in erster Linie durch die Änderung des im Rahmen des Kulturgutsicherungsgesetzes[3] geregelten Kulturgüterrückgabegesetzes von 1998, in das eine Reihe neuer Vorschriften eingefügt wurde.

Im Interesse möglichst einheitlicher und damit widerspruchsfreier Vorschriften wurden die in Artikel 7 Buchstabe b Ziffer ii des UNESCO-Kulturgüterübereinkommens[4] geforderten Rückgaberegelungen im Verhältnis zu den Vertragsstaaten des UNESCO-Kulturgüterübereinkommens in das bestehende Kulturgüterrückgabegesetz eingegliedert und – soweit möglich – parallel zu den bereits vorhandenen Regelungen über die Rückgabe innerhalb der Europäischen Union ausgestaltet. Des Wei-

---

2 Gesetz zur Ausführung des UNESCO-Übereinkommens vom 14. November 1970 über Maßnahmen zum Verbot und zur Verhütung der rechtswidrigen Einfuhr, Ausfuhr und Übereignung von Kulturgut und zur Umsetzung der Richtlinie 93/7/EWG des Rates vom 15. März 1993 über die Rückgabe von unrechtmäßig aus einem Hoheitsgebiet eines Mitgliedstaates verbrachten Kulturgütern – Kulturgüterrückgabegesetz, hierzu eingehend *Stephanie Schulz-Hombach/Katrin Schenk*, Der Gesetzentwurf zur Ausführung des UNESCO-Kulturgutübereinkommens, KUR 2006, 47 ff.

3 Es wird auf das Gesetz zur Umsetzung von Richtlinien der Europäischen Gemeinschaften über die Rückgabe von unrechtmäßig aus dem Hoheitsgebiet eines Mitgliedstaates verbrachten Kulturgütern und zur Änderung des Gesetzes zum Schutz deutschen Kulturgutes gegen Abwanderung (Kulturgutsicherungsgesetz – KultgutSiG) vom 15. Oktober 1998, BGBl I, S. 3162, Bezug genommen.

4 Amtliche deutsche Übersetzung unter http://www.unesco.de/406.html?&L=0 (27.11.2008).

teren wurden Regelungen zum Schutz von bedeutendem Kulturgut anderer Staaten aufgrund der Sachnähe ebenfalls in das Kulturgüterrückgabegesetz eingefügt.

Konkret wurden damit die Vorgaben aus Artikel 7 Buchstabe b Ziffer i und Artikel 10 Buchstabe a des UNESCO-Kulturgutübereinkommens umgesetzt und der Forderung der Konvention, den Kulturgutschutz anderer Vertragsstaaten zu respektieren, Rechnung getragen.

1. Zentrale Regelungen des Kulturgüterrückgabegesetzes

Zentrale Regelungen des Kulturgüterrückgabegesetzes sind:

- der öffentlich-rechtliche Rückgabeanspruch für deutsches national wertvolles Kulturgut gegenüber Staaten des UNESCO-Übereinkommens;
- der Rückgabeanspruch gegen die Bundesrepublik Deutschland bei unrechtmäßig nach Deutschland verbrachtem nationalen Kulturgut dieser Staaten;
- das Einfuhrverbot für unrechtmäßig ausgeführtes nationales Kulturgut anderer Staaten;
- Aufzeichnungspflichten für den Kunst- und Antiquitätenhandel;
- Straf- und Bußgeldbestimmungen bei Verletzung des Einfuhrverbotes und Nichterfüllung der Aufzeichnungspflichten.

2. Systematik des Kulturgüterrückgabegesetzes

Das Kulturgüterrückgabegesetz ist in fünf Abschnitte gegliedert: Der erste Abschnitt enthält allgemeine Vorschriften, nämlich Begriffsbestimmungen und die Befugnis des Bundes und der Länder, ihre Zentralstellen zu benennen. Im zweiten Abschnitt ist die Geltendmachung des öffentlich-rechtlichen Rückgabeanspruchs für geschütztes deutsches Kulturgut geregelt. Dieser Abschnitt enthält also die Vorschriften, die für den Rückgabeanspruch Deutschlands gegenüber anderen Staaten relevant sind. Dabei wird unterschieden zwischen dem Rückgabeanspruch gegen Mitgliedstaaten der Europäischen Union[5], der – wie bisher – durch die Länder geltend zu machen ist, und dem neuen Rückgabeanspruch gegen Vertragsstaaten des UNESCO-Kulturgüterübereinkommens[6], der auf diplomatischem Weg geltend zu machen ist. Die bislang bereits für Rückgaben aus Mitgliedstaaten der Europäischen Union geltende Sonderanknüpfung an deutsche Sachvorschriften im Hinblick auf erfolgreich nach Deutschland zurück verbrachtes geschütztes Kulturgut gilt nun gleichermaßen für die Rückgabe aus Vertragsstaaten des UNESCO-Kulturgutübereinkommens.[7] Im darauf folgenden dritten Abschnitt sind die Regelungen über Rückgabeansprüche anderer Staaten zusammengefasst. Hier geht es zum einen um die jeweiligen Vor-

---

5 § 3 des Kulturgüterrückgabegesetzes.
6 § 4 des Kulturgüterrückgabegesetzes.
7 § 5 des Kulturgüterrückgabegesetzes.

aussetzungen für eine Rückgabepflicht gegenüber einem Mitgliedstaat der Europäischen Union[8] bzw. einem Vertragsstaat des UNESCO-Kulturgutübereinkommens[9] und zum anderen um das Verfahren[10], die Maßnahmen zur Durchführung und Sicherung der Rückgabe[11] sowie die Folgen des Bestehens eines Rückgabeanspruchs[12]. Das bereits bekannte und bewährte Verfahren des bislang geltenden Kulturgüterrückgabegesetzes wurde dabei im Wesentlichen erhalten und auf das Verfahren der Rückgabe an Vertragsstaaten des UNESCO-Kulturgüterübereinkommens übertragen. Dabei wurden die Zuständigkeiten der Zentralstellen der Länder von der (diplomatischen) Zuständigkeit des Bundes bei Rückgaben an Vertragsstaaten des UNESCO-Kulturgutübereinkommens abgegrenzt.[13] Mit dem neuen vierten Abschnitt werden erstmalig Vorschriften zum Schutz von bedeutendem Kulturgut anderer Staaten eingeführt. Neben einem Einfuhrkontrollverfahren[14] im Hinblick auf kulturelles Erbe der Vertragsstaaten des UNESCO-Kulturgutübereinkommens sind Aufzeichnungspflichten[15] im Kunst- und Antikenhandel sowie im Versteigerergewerbe vorgesehen. Der fünfte und letzte Abschnitt enthält die von der Konvention geforderten und zur Durchsetzung des Kulturgüterschutzes sinnvollen Straf- und Bußgeldvorschriften. Abgerundet wird die neue Struktur des Kulturgüterrückgabegesetzes schließlich durch eine praxisrelevante Vorschrift über die Zusammenarbeit der Verwaltungsbehörden und Staatsanwaltschaften mit den Zollbehörden, die künftig den Informationsfluss und die Handlungsmöglichkeiten bei den betroffenen Behörden verbessern soll.

3. Die wichtigsten in der Kritik stehenden Regelungsbereiche des Kulturgüterrückgabegesetzes

Die Kernregelungsbereiche des Kulturgüterrückgabegesetzes in seiner neuen Fassung sind die Bestimmungen über die Pflicht zur Rückgabe von besonders bedeutsamem Kulturgut an die Europäischen Mitgliedstaaten und die Vertragsstaaten des UNESCO-Kulturgutübereinkommens. Die Einführung eines Kontrollsystems bei der Verbringung besonderen Kulturguts aus anderen Vertragsstaaten nach Deutschland und die Schaffung von Aufzeichnungspflichten im Kunst- und Antikenhandel sind ebenfalls wesentliche Neuerungen im deutschen Recht.

---

8 § 6 Abs. 1, 3, 4, 5 und § 11 des Kulturgüterrückgabegesetzes.
9 § 6 Abs. 2, 3, 4, 5 und § 11 des Kulturgüterrückgabegesetzes.
10 § 6 Abs. 6, §§ 7, 12 und 13 des Kulturgüterrückgabegesetzes.
11 § 8 des Kulturgüterrückgabegesetzes.
12 §§ 9, 10 des Kulturgüterrückgabegesetzes.
13 § 12 des Kulturgüterrückgabegesetzes.
14 §§ 14, 15, 16, 17 des Kulturgüterrückgabegesetzes.
15 §§ 18 und 19 des Kulturgüterrückgabegesetzes.

a. Die Ausnahmeregelung für archäologische Kulturgüter (§ 6 Abs. 2 Satz 1 Nr. 1 Kulturgüterrückgabegesetz)

§ 6 Abs. 2 des Kulturgüterrückgabegesetzes enthält die Voraussetzungen für die Pflicht zur Rückgabe eines Kulturguts an einen Vertragsstaat. Ebenso wie der Rückgabeanspruch innerhalb der Europäischen Union ist auch der Rückgabeanspruch der Vertragsstaaten des UNESCO-Kulturgutübereinkommen ein öffentlich-rechtlicher Anspruch, der die zivil- und strafrechtlichen Möglichkeiten des geschädigten Staates oder Individuums unberührt lässt.

Da die Vorschrift – soweit möglich – parallel zur Rückgaberegelung gegenüber einem Mitgliedstaat der Europäischen Union gefasst ist, unterliegen der Rückgabepflicht auch in Bezug auf Kulturgut der Vertragsstaaten des UNESCO-Kulturgutübereinkommens nur solche individuell bestimmbaren Kulturgüter, deren besondere Bedeutung dadurch zum Ausdruck kommt, dass diese Gegenstände in ein Verzeichnis des bedeutsamen privaten und öffentlichen Kulturgutes des Vertragsstaats aufgenommen sind. In dem Verzeichnis ist das Kulturgut zusammengestellt, dessen Ausfuhr einen merklichen Verlust am kulturellen Erbe des Herkunftsstaats darstellen würde.

Diese Formulierung wurde Artikel 5 lit. b des UNESCO-Kulturgutübereinkommens entnommen. Sie ist ähnlich nach dem in § 6 Abs. 1 des Kulturgüterrückgabegesetzes gebrauchten Begriff des „nationalen Kulturguts“ im Sinne von Artikel 30 EG-Vertrag strukturiert und drückt den Respekt vor der Entscheidung des Herkunftsstaats über die Bedeutung des Kulturguts aus. Eine Parallele findet sich aber auch zu dem Gesetz zum Schutz deutschen Kulturgutes gegen Abwanderung: Dort ist die Eintragung von Kulturgütern in das Verzeichnis national wertvollen Kulturgutes nur dann vorgesehen, wenn deren Abwanderung einen wesentlichen Verlust für den deutschen Kulturbesitz bedeuten würde.

Die Beschränkung auf konkret bestimmbare Gegenstände ist erforderlich, um die Identifizierung des jeweils zurückzugebenden Gegenstandes zu ermöglichen. Sie ist aber auch notwendig, um einer ausufernden oder möglicherweise auch missbräuchlichen Ausweitung der Verzeichnisse auf eine Vielzahl weniger bedeutender Kulturgüter entgegen zu wirken, die nicht mehr im Sinne des UNESCO-Kulturgutübereinkommens wäre.

Es ist darauf hinzuweisen, dass diese Konkretisierung nicht durch deutsche Kulturbehörden vorgenommen werden kann, da das UNESCO-Kulturgutübereinkommen in Artikel 1 und 3 verlangt, dem Herkunftsstaat die Beurteilung sowohl darüber zu überlassen, welche Gegenstände er für sein kulturelles Erbe und seine kulturelle Identität als wesentlich erachtet, als auch darüber, welche Regelungen er für Einfuhr, Ausfuhr und Übereignung vorsieht. Ein eigenes Überprüfungsrecht des rückgabepflichtigen Staates, ob ein Kulturgut bedeutsam genug ist, widerspräche dem UNESCO-Kulturgutübereinkommen in fundamentaler Weise.

Die individuell bestimmbare Bezeichnung der Gegenstände als Voraussetzung für die Rückgabepflicht kann bei archäologischen Gegenständen indes zu Problemen führen. Zunächst noch im Boden befindliche, nicht entdeckte und später illegal ausgegrabene Gegenstände können naturgemäß nicht in Verzeichnissen eingetragen werden, bevor ihre Existenz bekannt wird. Dieses Bekanntwerden findet oft erst nach der Verbringung aus dem Herkunftsstaat statt. Dem Herkunftsstaat ist in diesen Fällen allerdings die Möglichkeit genommen, den Fund vor der Verbringung als besonders bedeutsam zu bezeichnen. Die Rückgaberegelung liefe also in Bezug auf solche archäologischen Gegenstände leer, die unter besonders verwerflichen Umständen den Fundort und das Herkunftsland verlassen haben. Um dem entgegen zu wirken, darf der in Frage stehende Gegenstand auch nach seiner Verbringung in das Bundesgebiet innerhalb eines Jahres, nachdem die zuständige Behörde des Herkunftsstaats von dem Gegenstand Kenntnis erlangt hat, vom Herkunftsstaat als besonders bedeutsam bezeichnet werden.

b. Fiktion des Verbringungszeitpunktes

Ein zweites brisantes Problem, das teilweise zum Leerlaufen der Rückgaberegelungen führen könnte, wird durch § 6 Abs. 2 Satz 4 des Kulturgüterrückgabegesetzes gelöst.

Für den Rückgabeanspruch muss grundsätzlich die doppelte zeitliche Voraussetzung erfüllt sein, dass der Gegenstand

- *nach* der Aufnahme in das Verzeichnis und
- *nach* Inkrafttreten *des Vertragsgesetzes* (nicht des Ausführungsgesetzes!) zum UNESCO-Kulturgutübereinkommen aus dem Hoheitsgebiet eines Vertragsstaats in das Bundesgebiet verbracht wurde.

Der genaue Zeitpunkt der Verbringung wird sich nicht in jedem Fall feststellen lassen. Führt dies dazu, dass nicht geklärt werden kann, ob die doppelte zeitliche Voraussetzung nach Satz 1 erfüllt ist, hätte dies nach den über § 13 Abs. 3 des Kulturgüterrückgabegesetzes anwendbaren allgemeinen Beweisregeln die Folge, dass eine Rückgabeklage des Herkunftsstaates abgewiesen werden müsste. Allein die Behauptung des Rückgabeschuldners, der in Frage stehende Gegenstand sei vor Inkrafttreten des Vertragsgesetzes zum UNESCO-Kulturgutübereinkommen in das Bundesgebiet verbracht worden, könnte daher zum Scheitern des Rückgabeanspruchs führen. Dem Herkunftsstaat ist jedoch der Beweis über den Zeitpunkt der Verbringung insbesondere in den Fällen sehr schwierig oder unmöglich, in denen die Aufnahme in das Verzeichnis bereits vor Inkrafttreten des Gesetzes erfolgte. Dieser Beweisschwierigkeit wird durch die Fiktion der Verbringung nach Deutschland nach dem Stichtag entgegengewirkt.

c. Beschränkungen bei der Verbringung von Kulturgut nach Deutschland

Mit den Regelungen in § 14 und § 15 Kulturgüterrückgabegesetz wird ein Kontrollsystem für die Verbringung von Kulturgut in das Bundesgebiet eingeführt, das die Rückgaberegelungen flankiert. Besonders bedeutsames Kulturgut der Vertragsstaaten soll künftig der Genehmigung zur Verbringung in das Bundesgebiet durch die Zentralstelle des Bundes unterliegen. Die Verbringung von genehmigungsbedürftigen Kulturgütern nach Deutschland ohne Genehmigung wird mit bis zu drei Jahren Freiheitsstrafe oder Geldstrafe geahndet.

Damit soll verhindert werden, dass besonders bedeutsames Kulturgut anderer Vertragsstaaten des UNESCO-Kulturgutübereinkommens nach Deutschland gelangt, so dass die Situation für ein Rückgabeverfahren erst gar nicht entsteht. Darüber hinaus werden auf diese Weise die Ausfuhrverbote der Herkunftsstaaten respektiert, allerdings, ohne dass die deutsche Strafnorm unmittelbar daran anknüpft. Eine Strafbewehrung, die an die Ausfuhrverbote anderer Staaten geknüpft ist, wurde im Rahmen des Gesetzgebungsverfahrens als rechtsstaatlich bedenklich angesehen, zumal der deutsche Gesetzgeber auf diese Regelungen keinen Einfluss hat. Die Frage der Strafbarkeit muss sich vollständig aus dem deutschen Recht ergeben.

Zudem muss es dem Bürger möglich sein, zu erkennen, ob eine Handlung strafbar ist oder nicht. Mit Blick auf die Strafbarkeit nach deutschem Gesetz kann nicht von ihm verlangt werden, dass er die Rechtsordnungen anderer Staaten studiert.

Für die Frage des Verbringungsverbots – anders als für die Frage des öffentlich-rechtlichen Rückgabeanspruchs –wurde deshalb an ein durch eine deutsche offizielle Stelle veröffentlichtes Verzeichnis der Gegenstände, die der Verbringungsbeschränkung unterliegen, angeknüpft.

Mit Hilfe des deutschen Verzeichnisses der unter Schutz gestellten Gegenstände der Vertragsstaaten ist für jeden erkennbar, ob im Hinblick auf einen bestimmten Gegenstand eine Genehmigung erforderlich und das Zuwiderhandeln strafbar ist.

d. Aufzeichnungspflichten

Eine dritte wesentliche Neuerung sieht das Gesetz mit der Schaffung von besonderen Aufzeichnungspflichten für den Kunst- und Antiquitätenhandel und das Versteigerergewerbe vor. Privatpersonen sind von den Pflichten nicht betroffen. Bereits nach geltendem Recht ergeben sich für die betroffene Branche Aufzeichnungspflichten aus dem Handelsrecht, dem Steuerrecht und der Versteigererverordnung. Aus der Sicht des Gesetzgebers reichen diese indes nicht aus, um dem Sinn und Zweck des Artikels 10 Buchstabe a des UNESCO-Kulturgutübereinkommen gerecht zu werden, da sie Angaben über den Ursprung und eine Beschreibung der gehandelten Kulturgüter nicht umfassen. Daher sind in § 18 des Kulturgüterrückgabegesetzes u.a. eine zur Feststellung der Identität des bedeutsamen Kulturgutes geeignete Beschreibung und die Angabe des Ursprungs, soweit bekannt, gefordert. Sinn der Aufzeichnungspflichten ist u.a., die Auffindbarkeit geschützter und bedeutsamer Kulturgüter sicher zu stellen.

Aus Praktikabilitätsgründen können die Aufzeichnungspflichten allerdings nicht für jeden kulturellen Gegenstand im Sinne des Artikels 1 des UNESCO-Kulturgutübereinkommens gelten, da sie sonst zu einem kaum zu bewältigenden Aufwand führen würden. Andererseits wäre es nicht gerechtfertigt, Aufzeichnungspflichten etwa auf im Verzeichnis nach § 14 Abs. 2 des Kulturgüterrückgabegesetzes genannte wertvolle Kulturgüter zu beschränken, da mit diesen Kulturgütern – wenn sie überhaupt rechtmäßig nach Deutschland verbracht worden sind – nur in Ausnahmefällen legal gehandelt werden darf.

Eine sinnvolle Abgrenzung bietet der Anhang der Verordnung (EWG) Nr. 3911/92 des Rates vom 9. Dezember 1992 über die Ausfuhr von Kulturgütern.

Diese Verordnung regelt die Ausfuhr von Kulturgütern aus dem Gebiet der Europäischen Gemeinschaft in Drittstaaten. Der Genehmigungsvorbehalt für bestimmte Kulturgüter stellt für die Personenkreise, die Kulturgüter aus Europa ausführen möchten, eine Beschränkung im Zollverkehr dar. Aus diesem Grunde musste einer ausufernden Genehmigungspflicht für Kulturgüter im Rahmen der zollamtlichen Überwachung vorgebeugt werden. Dies wurde durch den Anhang zu der Verordnung erreicht. Die Ausfuhrgenehmigungspflicht erstreckt sich nur auf die in dem Anhang zu der Verordnung genannten Objektgruppen unter der Voraussetzung der Erreichung eines bestimmten Wertes.

Auch die Aufzeichnungspflichten für den Kunst- und Antiquitätenhandel sind sinnvoll und verhältnismäßig nur auf bestimmte Kulturgüter zu begrenzen.

Die im Rahmen des Anhangs der EU-Verordnung gefundenen Objekt- und Wertgruppen zur Bestimmung der Kulturgüter, für die eine Ausfuhrbeschränkung gilt, sind übertragbar auf die Beschränkung der Aufzeichnungspflichten. Der Anhang beschreibt die betroffenen Gegenstände hinreichend konkret, so dass er zur Abgrenzung der aufzeichnungspflichtigen Gegenstände genutzt werden kann. Die Wertgrenzen dienen dabei der Einschränkung auf bedeutsame Kulturgüter. Die betroffene Branche muss somit für die neuen Aufzeichnungspflichten keinen neuen Kulturgutbegriff berücksichtigen, was insofern von Vorteil sein dürfte, als es zur Entbürokratisierung des Handels beiträgt. Aus Sicht des Gesetzgebers sind die Interessen der Kunsthandelsbranche gewahrt und keiner übermäßigen Belastung ausgesetzt.

Auch könnte es zu einer Harmonisierung von europäischem Recht und Völkerrecht beitragen, auf die in dem Anhang zur Verordnung (EWG) 3911/92 gewählten Kriterien zurückzugreifen.

IV. Maßnahmen der Verwaltung in Umsetzung des Kulturgüterrückgabegesetzes

Punktuell muss dem Kulturgüterrückgabegesetz durch begleitende administrative Maßnahmen zur Wirksamkeit verholfen werden. Im Einzelnen sind dies der Erlass einer Verordnung über das Verzeichnis wertvollen Kulturgutes der Vertragsstaaten (1), der Aufbau dieses Verzeichnisses (2), die Gestaltung des Einfuhrgenehmigungsverfahren (3) und die Benennung einer sachverständigen Stelle oder Person im Rahmen der zollamtlichen Überwachung der Einfuhr (4).

1. Verordnung zu den Verzeichnissen

§ 14 Abs. 1 Kulturgüterrückgabegesetz regelt, dass es für die Verbringung solcher Gegenstände einer Genehmigung bedarf, die in dem Verzeichnis wertvollen Kulturguts der Vertragsstaaten geführt werden. Das Verzeichnis wird vom Beauftragten der Bundesregierung für Kultur und Medien (BKM) oder der von ihm damit beauftragten Zentralstelle des Bundes erstellt und im Bundesanzeiger bekannt gemacht (§ 14 Abs. 2 Kulturgüterrückgabegesetz). Durch Rechtsverordnung sollen das Verfahren und die Voraussetzungen bei der Erstellung, Führung und Aktualisierung des Verzeichnisses geregelt werden (§ 14 Abs. 3 Kulturgüterrückgabegesetz). Das Bundeskabinett hat die Verordnung über das Verzeichnis wertvollen Kulturgutes der Vertragsstaaten nach dem Kulturgüterrückgabegesetz (Kulturgüterverzeichnis-Verordnung) am 24. September 2008 beschlossen. Die Kulturgüterverzeichnis-Verordnung dient der Umsetzung des mit dem Ausführungsgesetz zum Kulturgutübereinkommen geänderten Kulturgüterrückgabegesetzes, in dem die Verordnung das Verfahren und die Voraussetzungen bei der Erstellung, Führung und Aktualisierung des Verzeichnisses wertvollen Kulturgutes der Vertragsstaaten des UNESCO-Übereinkommens von 1970 regelt. Die Personenkreise, die Kulturgut eines Vertragsstaates des UNESCO-Übereinkommens in das Bundesgebiet verbringen wollen, können sich durch Einblicknahme in das Verzeichnis Gewissheit darüber verschaffen, dass dieses keiner Ausfuhrbeschränkung und einer daran anknüpfenden Genehmigungspflicht für die Verbringung in die Bundesrepublik Deutschland unterliegt. Der Einblick in das auf der Grundlage der Verordnung anzulegende Verzeichnis schützt diese Personenkreise, die unter Verletzung der Ausfuhrvorschriften der Vertragsstaaten des UNESCO-Übereinkommens Kulturgut nach Deutschland verbringen, vor einer möglichen Strafbarkeit nach dem Kulturgüterrückgabegesetz. Das auf der Grundlage der Verordnung anzulegende Verzeichnis wertvollen Kulturgutes der Vertragsstaaten soll darüber hinaus die Arbeit der Zollbehörden erleichtern: Mit Hilfe des Verzeichnisses können die Zollbehörden bei Zweifeln an der Genehmigungsfreiheit bzw. Rechtmäßigkeit der Genehmigung Kulturgüter, die in das Bundesgebiet verbracht werden sollen, anhalten und in Verwahrung nehmen. Kann der Verfügungsberechtigte keine Bescheinigung vorlegen, dass das angehaltene Kulturgut nicht in dem Verzeichnis enthalten ist, kann es auf der Grundlage der Strafrechtsbestimmungen eingezogen werden. Damit wird neben dem durch das Ausführungsgesetz zum Kulturgutübereinkommen bestehenden öffentlich-rechtlichen Rückgabeanspruch eine weitere Grundlage für die Rückgabe des Kulturgutes an den Herkunftsstaat geschaffen. In seiner Struktur wird das Vertragsstaatenverzeichnis dem Gesamtverzeichnis national wertvollen Kulturgutes und dem Gesamtverzeichnis national wertvoller Archive angelehnt sein.

2. Aufbau und Verwaltung eines Verzeichnisses des wertvollen Kulturgutes der Vertragsstaaten

Art 5 Ziffer 2 des UNESCO-Übereinkommens enthält die Verpflichtung der Vertragsstaaten, „je nach den Gegebenheiten ihres Landes in ihrem Hoheitsgebieten zum Schutz des kulturellen Erbes eine oder mehrer Dienststellen einzurichten, soweit sie nicht bereits vorhanden sind, die mit qualifizierten und zahlenmäßig ausreichenden Personal ausgestattet sind, das in der Lage ist, folgende Aufgaben wirksam zu erfüllen; ...b) auf der Grundlage eines nationalen Bestandsverzeichnisses des zu schützenden Gutes Aufstellung und Führung eines Verzeichnisses des wichtigen öffentlichen und privaten Kulturguts, dessen Ausfuhr das nationale Erbe merklich verringern würde;"[16]

Insofern könnte man meinen, dass es kein Problem sei, aus diesen Verzeichnissen der Vertragsstaaten ein deutsches Verzeichnis zu generieren.

Nach einer ersten Abfrage einiger ausgewählter Vertragsstaaten muss festgestellt werden, dass etliche Vertragsstaaten ein solches Verzeichnis nicht führen und auf die internen Bestandsverzeichnisse verweisen. Auch existiert keine zentrale Datenbank, die die Verzeichnisse der Vertragsstaaten (soweit sie vorhanden sind) zugänglich macht, so dass die Verzeichnisse auf dem aufwendigen diplomatischen Weg zu beschaffen sind.

Der BKM steht vor der zentralen Herausforderung, die Verzeichnisse in die deutsche Sprache übersetzen zu lassen. Die Größe des Verzeichnisses und die damit verbundene Arbeit wird maßgeblich davon abhängen, wie viele der 86 Vertragsstaaten ein nationales Verzeichnis besitzen und wenn nicht, ob sie ein solches Verzeichnis aufbauen werden, um auch eine wichtige Voraussetzung für den Rückgabeanspruch nach § 6 Abs. 2 Kulturgüterrückgabegesetz zu erfüllen (siehe oben).

Eine vertragsstaatenübergreifende einheitliche Terminologie bei der Beschreibung der Gegenstände ist Voraussetzung für die Übersetzung der Verzeichnisse der Vertragsstaaten in die Amtssprache. Dies setzt einen allgemeingültigen Thesaurus in deutscher Sprache voraus, der es ermöglicht, sprachliche Ungenauigkeiten auch in Folge der Übersetzung aus einer Zwischensprache zu korrigieren. Ob der Ghetty-Art & Architecture-Thesaurus, dessen Entwicklung auch von der UNESCO unterstützt wurde, zur Erarbeitung eines deutschen Thesaurus herangezogen werden kann, wird noch zu prüfen sein.

3. Ausgestaltung des Einfuhrgenehmigungsverfahrens

Gemäß § 15 Abs. 1 Kulturgüterrückgabegesetz ist die Genehmigung zu erteilen, wenn die Ausfuhr des Kulturguts aus dem Herkunftsstaat nicht verboten ist. Zunächst ist zu überlegen, ob der in Frage stehende Gegenstand gemäß § 14 Abs. 1 Kulturgüterrückgabegesetz überhaupt einer Genehmigung bedarf. Im zweiten Schritt ist zu prüfen, ob die Genehmigung zu erteilen ist. Ein Anspruch auf Erteilung der Genehmigung besteht, wenn die Ausfuhr des Gegenstandes aus dem Herkunftsstaat nicht verboten ist. Ist die Ausfuhr verboten, hat die Zentralstelle des Bundes pflichtgemäßes Ermessen auszuüben, das in aller Regel zur Verweigerung der Genehmigung führen wird. Im Einzelfall kann aber eine andere Entscheidung geboten sein, etwa, wenn die Ausfuhr zwar verboten ist, aber Gesichtspunkte des Kulturgutschut-

16 Siehe Fußnote 4.

zes, beispielsweise wegen kriegsbedingt zerstörerischer Handlungen im Herkunftsland, für eine vorübergehende Verbringung nach Deutschland sprechen.

Für die Erteilung der Einfuhrgenehmigung ist gemäß § 15 Abs. 2 Kulturgüterrückgabegesetz die Zentralstelle des Bundes zuständig.

Im Vorfeld der Ausgestaltung eines Genehmigungsverfahrens wird die Zentralstelle des Bundes klären müssen, welche Prüfungen und Abstimmungen zwischen den zu beteiligenden Behörden (Auswärtiges Amt und Bundesministerium der Finanzen) vorzunehmen sind, ehe die Genehmigung zur Einfuhr des Kulturgutes endgültig erteilt werden kann. Ebenfalls muss die Zentralstelle des Bundes prüfen, ob und wie die Erteilung der Einfuhrgenehmigung sinnvoll an die Erteilung der Ausfuhrgenehmigung des Vertragsstaates geknüpft werden kann und auf welchem Weg bei etwaigen Unregelmäßigkeiten einer erteilten Ausfuhrgenehmigung zu der zuständigen Behörde des Vertragsstaates Kontakt aufgenommen werden kann.

Ferner wird die Zentralstelle des Bundes die Bemühungen der UNESCO um ein weltweit einheitliches Export-Formular und die diesbezüglichen Abstimmungen der WTO mit der EU berücksichtigen müssen.

Orientierungshilfe kann sich die Zentralstelle des Bundes auch bei dem Bundesamt für Naturschutz holen, da dort ein Einfuhrgenehmigungsverfahren für geschützte Arten schon seit längerem praktiziert wird.

4. Benennung einer sachverständigen Person oder Stelle

Wie bereits unter IV.1. ausgeführt, kann im Rahmen der zollamtlichen Überwachung die zuständige Zollstelle zur Klärung von Zweifeln von dem Verfügungsberechtigten eine Bescheinigung darüber verlangen, dass es sich nicht um einen Gegenstand handelt, der in dem Verzeichnis wertvollen Kulturgutes der Vertragsstaaten im Sinne von § 14 Abs. 2 Kulturgüterrückgabegesetz enthalten ist. Die Bescheinigung ist von einer vom BKM anerkannten unabhängigen sachverständigen Stelle oder Person auszustellen. Der BKM ist hier im Gespräch mit verschiedenen Einrichtungen. Zentrale Kriterien für die Auswahl der Stelle sind die Bündelung des kunstwissenschaftlichen Sachverstandes an eine Stelle und die einheitliche Handhabung bei der Ausstellung der Bescheinigungen zur Erleichterung der zollamtlichen Überwachung.

V. Herausforderungen in Umsetzung des Kulturgüterrückgabegesetzes

Die bislang wenigen an die Bundesrepublik gerichteten Ersuchen um Rückgabe von Kulturgütern führen insbesondere zu Auslegungsfragen im Kontext des Rückgabeanspruchs. Schon jetzt zeichnet sich das Bedürfnis ab, die Maßnahmen zur Unterbindung der unrechtmäßigen Einfuhr genauer zu definieren (1.). Zusätzlich werden uns Konkurrenzen des Kulturgüterrückgabegesetzes mit anderen Gesetzen beschäftigen (2.).

1. Auslegungsfragen im Kontext des Rückgabeanspruches

Auf Grund des im Verwaltungsverfahren geltenden Amtsermittlungsgrundsatzes (§ 24 VwVfG) werden die Zentralstellen der Länder bei der Prüfung von Rückgabeansprüchen der Vertragsstaaten mit etlichen Auslegungsfragen konfrontiert, bei deren Klärung die Zentralestelle des Bundes regelmäßig konsultiert wird.

Die ersten Erfahrungen mit dem Kulturgüterrückgabegesetz zeigen, dass weder die sprachlich-grammatikalische noch die historische Auslegung hier zu befriedigenden Ergebnissen führt. Teilweise hilft die systematische Auslegung, in vielen Fällen wird man aber nur mit der teleologischen Auslegung des Kulturgüterrückgabegesetzes zu einem schlüssigen Ergebnis gelangen.

Bei der Prüfung der Voraussetzungen des Rückgabeanspruchs tauchten folgende Auslegungsschwierigkeiten auf:

a. § 6 Abs. 1 und Abs. 2 Kulturgüterrückgabegesetz - Verbringungszeitpunkt

Wie bereits unter II. 3. b. dargelegt, muss für den Rückgabeanspruch grundsätzlich die doppelte zeitliche Voraussetzung erfüllt sein. Der Gegenstand muss

- nach der Aufnahme in das Verzeichnis des Vertragsstaates und
- nach Inkrafttreten des Vertragsgesetzes zum UNESCO-Kulturgutübereinkommen

aus dem Hoheitsgebiet eines Vertragsstaats in das Bundesgebiet verbracht worden sein. Allerdings ist Absatz 2 insofern unscharf, als der Zeitpunkt der Verbringung aus dem Herkunftsstaat und der Zeitpunkt der Verbringung in das Bundesgebiet oft nicht zusammenfallen.

Hier stellt sich die Frage, auf welchen Verbringungszeitpunkt abzustellen ist, denn die Verbringung als Realakt ist als Übertreten von Ländergrenzen zu verstehen: Ist auf den Zeitpunkt der Verbringung aus dem um Rückgabe ersuchenden Herkunftsstaat oder auf den Zeitpunkt der Verbringung in den ersuchten Staat - hier das Bundesgebiet abzustellen? Praxisrelevant wird die Frage, in den Fällen, in denen ein Kulturgut über andere Drittstaaten nach Deutschland verbracht wurde, was nicht selten der Fall ist.

Hier auf den Zeitpunkt der Verbringung in das Bundesgebiet abzustellen, lässt sich mit folgender Begründung gut vertreten:

Das Verfahren zur Bezeichnung eines Kulturgutes durch den Vertragsstaat als besonders bedeutsam muss *noch vor der Verbringung* eingeleitet worden sein. Dieser Zeitpunkt wird, wenn er sich nicht mehr feststellen lässt, gemäß § 6 Abs. 2 Satz 4 Kulturgüterrückgabegesetz fingiert (s. III.3.b.). Die Fiktion knüpft an die Verbringung nach Deutschland. Der Wortlaut lässt hier keine andere Auslegung zu, da der Gesetzgeber ansonsten auf den Zeitpunkt der Verbringung aus dem ersuchenden Vertragsstaat abgestellt hätte. Dies ist sinnvoll und praktikabel zugleich, weil dieser Zeitpunkt sich eher feststellen lässt als der Zeitpunkt der Verbringung aus dem Herkunftsstaat.

Bei dieser Auslegung hätten die Vertragsstaaten auf die Rückgabe des Kulturgutes auch dann einen Anspruch, wenn dieses möglicherweise ohne Bezeichnung als besonders bedeutsam aus dem Vertragsstaat ausgeführt wurde, aber *noch vor Verbringung nach Deutschland* als besonders bedeutsam bezeichnet oder das Verfahren eingeleitet und öffentlich bekannt gemacht wurde. Denkbar ist ein solche Konstellation insbesondere bei privatem Kulturgut, das vom Eigentümer als gestohlen gemeldet und von den zuständigen Behörden des Vertragsstaates - ohne die Verbringung außer Landes feststellen zu können - wegen seiner Bedeutsamkeit für das kulturelle Erbe unter Schutz gestellt wurde. Auch zeigt die Praxis, dass solche Kulturgüter gern einmal in der Versenkung verschwinden, um etwaige Verjährungsfristen auszuhebeln. Der Vertragsstaat hätte dann auch in den Fällen, in denen er lediglich die konkrete Belegenheit des Kulturgutes nicht kennt, die Möglichkeit, das Kulturgut unter Schutz zu stellen, um die Rückgabe auf mehrere Anspruchsgrundlagen stützen zu können.

Eine ähnliche Auslegung wird auch für § 6 Abs. 1 Kulturgüterrückgabegesetz empfohlen. Auf der Grundlage der Europäischen Richtlinie 93/7/EWG des Rates vom 15. März 1993 über die Rückgabe von unrechtmäßig aus einem Hoheitsgebiet eines Mitgliedstaates verbrachten Kulturgütern in das Bundesgebiet kann Kulturgut an den ersuchenden Mitgliedstaat herausgegeben werden, wenn es *vor oder nach der Verbringung* als national wertvolles Kulturgut "eingestuft" wurde (vgl. Art. 1 Nr. 1, erster Spiegelstrich der RL[17]). Das Kulturgüterrückgabegesetz in § 6 Abs. 1 gewährt diesen Rückgabeanspruch aber nur, wenn das Kulturgut *vor der Verbringung* als national wertvolles Kulturgut eingestuft wurde. Eine konforme Auslegung der Richtlinie liegt nach Ansicht der Verfasserin nur dann vor, wenn bei einem zeitlichen Auseinanderfallen der Verbringung aus dem ersuchenden Mitgliedstaat und der Verbringung in das Bundesgebiet ein Anspruch auf Rückgabe auch dann besteht, wenn das Verfahren zur Einstufung der Eintragung eingeleitet oder die Eintragung noch vor der Verbringung nach Deutschland erfolgt ist und die übrigen Voraussetzungen des Rückgabeanspruchs ebenfalls vorliegen.

b. § 8 Abs. 2 und Abs. 6, § 17 Abs. 1 Kulturgüterrückgabegesetz

Gemäß § 8 Abs. 2 Kulturgüterrückgabegesetz können die für die Rückgabe zuständigen Behörden, wenn sie Kenntnis von dem Kulturgut erlangen, die Anhaltung anordnen oder die Anordnung zur Anhaltung veranlassen, wenn der dringende Verdacht besteht, dass das Kulturgut unrechtmäßig aus einem anderen Mitgliedstaat der europäischen Union Vertragstaat verbracht worden und an diesen Staat zurückzugeben ist.

Der zuständigen Behörde wird sich die Frage stellen, wie lange das Kulturgut verhältnismäßig angehalten werden darf.

Das Gleiche gilt für die in § 8 Abs. 6 Kulturgüterrückgabegesetz geregelte Ermächtigung im Rückgabeverfahren zur Sicherstellung der Kulturgüter und die in §

17 ABl. EG Nr. L 74 S. 74

17 Abs. 1 Kulturgüterrückgabegesetz geregelte Verwahrungsmöglichkeit im Rahmen der zollrechtlichen Überwachung der Einfuhr von Kulturgütern aus den Vertragsstaaten.

Neben der Frage nach der Verhältnismäßigkeit der Maßnahme stellt sich auch die Frage, ob die Zentralstellen der Länder Kulturgüter beschlagnahmen, um deren Rückgabe auf der Grundlage des Kulturgüterrückgabegesetzes ersucht wird. Sind die Zentralstellen der Länder die für die Beschlagnahme zuständige Behörde, wenn lediglich das Polizei- und Ordnungsrecht des Landes als Rechts- und Ermächtigungsgrundlage für die Beschlagnahme herangezogen werden kann?

Wer trägt die Kosten der Anhaltung und ggf. der Sicherstellung im Rückgabeverfahren, wenn die Zentralstellen der Länder auf Grund von Anhaltspunkten, die auf einer Anscheinsgefahr beruhen, zunächst ohne Rückgabeersuchen tätig werden, was nach § 8 Abs. 2 Kulturgüterrückgabegesetz möglich ist? Die gleiche Frage nach der Kostentragungslast darf für die Verwahrung im Rahmen der zollamtlichen Überwachung der Einfuhr gestellt werden, wenn den Maßnahmen ebenfalls eine Anscheinsgefahr zu Grunde liegt. Dürfen die im Polizei- und Ordnungsrecht entwickelten Grundsätze auch im Kulturgutschutz sowohl im Rückgabeverfahren als auch bei der zollamtlichen Überwachung der Einfuhr (s.o.) zur Anwendung kommen?

2. Kollisionen und Friktionen des Kulturgüterrückgabegesetzes mit anderen Gesetzen

Die Ausführung der Vorgaben des UNESCO-Kulturgutübereinkommens führen zu erheblichen Veränderungen in den vorhandenen Kulturgutschutzbestimmungen. Diese wiederum können nicht isoliert betrachtet werden, sondern sind stets im Gesamtzusammenhang mit den zivil- und strafrechtlichen Regelungen sowie mit den EU-Ausfuhrvorschriften für Kulturgut zu sehen. Es würde den Rahmen sprengen, hier auf alle denkbaren Konstellationen, die eine Kollision oder Friktion des Kulturgüterrückgabegesetzes mit anderen Gesetzen vermuten lassen, einzugehen, weshalb ich mich auf zwei Gesetzesmaterien beschränken möchte.

a. Freies Geleit und Kulturgüterrückgabegesetz

Soll ausländisches Kulturgut vorübergehend zu einer Ausstellung im Bundesgebiet ausgeliehen werden, so kann nach § 20 Abs. 1 Abwanderungsschutzgesetz die zuständige oberste Landesbehörde im Einvernehmen mit dem Beauftragten der Bundesregierung für Kultur und Medien (BKM) dem Verleiher die Rückgabe zum festgesetzten Zeitpunkt rechtsverbindlich zusagen. Die oberste Landesbehörde ist in der Regel das jeweilige Kultusministerium des Landes, das vor der Erteilung der Zusage die Zustimmung des BKM einholen muss. Bei Ausstellungen, die vom Bund oder einer bundesunmittelbaren juristischen Person getragen werden, entscheidet der BKM über die Erteilung der Zusage.

Nach § 20 Absatz 2 Abwanderungsschutzgesetz ist die Zusage vor der Einfuhr des Kulturgutes schriftlich und unter Gebrauch der Worte „Rechtsverbindliche Rückgabezusage“ zu erteilen. Sie kann weder zurückgenommen, noch widerrufen werden.

§ 20 Abs. 3 und 4 Abwanderungsschutzgesetz beschreiben die Wirkungen der rechtsverbindlichen Rückgabezusage. Gemäß § 20 Abs. 3 Abwanderungsschutzgesetz bewirkt die Zusage, dass dem Rückgabeanspruch des Verleihers keine Rechte entgegen gehalten werden können, die Dritte an dem Kulturgut geltend machen. Bis zur Rückgabe an den Verleiher sind nach § 20 Abs. 4 Abwanderungsschutzgesetz gerichtliche Klagen auf Herausgabe, Arrestverfügungen, Pfändungen und Beschlagnahmen unzulässig.

Aus Artikel 27 des Wiener Übereinkommens über das Recht der Verträge vom 23. Mai 1969 - WÜRV[18] – ergibt sich wiederum, dass sich die Bundesrepublik gegenüber dem Völkerrechtsvertragspartner nicht auf innerstaatliches Recht berufen kann, um die völkerrechtlichen Verpflichtungen einzuschränken.

Sollte auf der Grundlage des § 20 Abwanderungsschutzgesetz ein im Einzelfall geprüftes und gewährtes „Freies Geleit“ mit Herausgabeverpflichtungen nach dem Kulturgüterrückgabegesetz kollidieren, hätte somit der völkerrechtliche Anspruch Vorrang. Allerdings stellt sich auch hier die Frage, ob es unberücksichtigt bleiben darf, dass die in § 20 Abs. 3 und 4 Abwanderungsschutzgesetz ausgestaltete Beschränkung des Rechtsweges zu Gunsten des ausländischen Leihgebers wiederum auf der völkerrechtlichen Verpflichtung Deutschlands beruht, den internationalen Kulturgutaustausch zu fördern[19].

Das Kulturgüterrückgabegesetz und das Abwanderungsschutzgesetz mit seiner systemfremden Regelung des § 20 sind beidermaßen in Umsetzung völkerrechtlicher Verträge entstanden. Die Praxis muss zeigen, ob das in § 20 Abwanderungsschutzgesetz geregelte Entschließungsermessen zu sachgerechten Lösungen führt oder ob es hier einer den § 20 Abwanderungsschutz ergänzenden klarstellenden Regelung bedarf, die die Wertentscheidung des Gesetzgebers zu Gunsten des Kulturgutschutzes oder zu Gunsten des internationalen Kulturaustausches erkennen lässt.

b. Die Umsetzung Europäischer Rahmenbeschlüsse im Internationalen Rechtshilfegesetz (IRG) im Kontext völkerrechtlicher Verträge

Die internationale Rechtshilfe in Strafsachen bietet kein Instrumentarium für die *endgültige* Rückgabe eines gestohlenen oder unrechtmäßig verbrachten Kulturgutes an den Eigentümer des ersuchenden Herkunftsstaates. Die Voraussetzungen der internationalen Rechtshilfe sind an den Bedürfnissen des Strafverfahrensrechts und nicht an denen des Kulturgutschutzes ausgerichtet, was von Seiten der ersuchenden

18 BGBl. II 1985, 927.

19 *Bodo Pieroth/Bernd J. Hartmann*, Rechtswegbeschränkung zur Sicherung des Leihverkehrs mit ausländischen Kulturgütern, NJW 2000, 2129-2135 (2132).

Staaten oft verkannt wird und Unverständnis im Hinblick auf die deutsche Umsetzung der internationalen Rechtshilfe durch das IRG hervorruft.

Wie verhält es sich aber mit dem Nebeneinander der Ansprüche auf vorläufige Beschlagnahme und Sicherstellung auf Grundlage des IRG und Rückgabe des Gegenstandes auf Grundlage des Kulturgüterrückgabegesetzes? Läuft die Frist für das Rückgabeverfahren erst dann, wenn das Rechtshilfeersuchen in Strafsachen abgeschlossen ist? Das Bedürfnis der Geheimhaltung im laufenden Ermittlungsverfahren spricht zumindest dafür, dass die Frist für die Geltendmachung des Rückgabeanspruchs auf Grundlage des Kulturgüterrückgabegesetzes während des laufenden Strafverfahren gehemmt ist, um dieses Verfahren nicht zu gefährden.

Was ist jedoch, wenn unterschiedliche Staaten um Rückgabe desselben Gegenstandes ersuchen und hier unterschiedliche Rechts- oder Anspruchsgrundlagen bemühen?

In einem jüngstem Beispiel ersuchte ein Mitgliedstaat um Rechthilfe in Strafsachen und begehrte die vorläufige Sicherstellung des Kulturgutes nach Maßgabe des Rahmenbeschlusses 2003/577/JI des Rates vom 22. Juli 2003 über die Vollstreckung von Entscheidungen über die Sicherstellung von Vermögensgegenständen oder Beweismitteln der Europäischen Union[20]. Auf Grundlage des seit Juni 2008 geänderten § 94 Abs. 1 Nr. 1 und Nr. 2 IRG[21] gelten bei einem Ersuchen eines Mitgliedstaates um Sicherstellung, Beschlagnahme und Durchsuchung im Gegensatz zu § 66 IRG vereinfachte Voraussetzungen, die wiederum mit dem parallelen Ersuchen eines Vertragsstaates um Rückgabe desselben Gegenstandes auf der Grundlage des Kulturgüterrückgabegesetz kollidieren, wenn man berücksichtigt, dass insbesondere auch auf dieser Grundlage dieses Gesetzes der streitbefangene Gegenstand sichergestellt werden kann (vgl. § 8 Abs. 6 Kulturgüterrückgabegesetz).

Hier stellt sich dem Rechtsanwender die Frage des Verhältnisses der beiden Ansprüche zueinander. Gibt es hier einen Anwendungsvorrang der Ansprüche, die auf Völkerrecht beruhen vor den Ansprüchen, die auf europäischem Recht beruhen, damit die Bundesrepublik ihrer völkerrechtlichen Verpflichtung nachkommen kann? Oder ist, um das Günstigkeitsprinzip zu bemühen, der Anspruch mit Vorrang zu behandeln, der für den Rückgabeschuldner die geringste Belastung darstellt? Dann hätten Rechtshilfeersuchen in Strafrecht, die nur vorläufige Maßnahmen nach sich ziehen, einen Prüfungsvorrang

20 ABL. EU Nr. L 196, S.45, umgesetzt in Deutschland durch Art. 1 Nr. 19 des Umsetzungsgesetzes vom 6. Juni 2008, BGBl. I, 995.

21 § 94 Abs. 1 IRG: § 58 Abs. 3 und § 67 finden bei Ersuchen der Mitgliedstaaten nach Maßgabe des Rahmenbeschlusses 2003/577/JI Anwendung, wobei (1) die beiderseitige Strafbarkeit nicht zu prüfen ist, wenn die dem Ersuchen zu Grunde liegende Tat nach dem Recht des ersuchenden Staates eine Strafbestimmung verletzt, die den in Artikel 3 Abs. 2 des Rahmenbeschlusses 2003/577/JI in Bezug genommenen Deliktsgruppen zugehörig ist, (2) ein Ersuchen in Steuer-, Zoll- und Währungsangelegenheiten auch zulässig ist, wenn das deutsche Recht keine gleichartigen Steuern vorschreibt oder keine gleichartigen Steuer-, Zoll- und Währungsbestimmungen enthält wie das Recht des ersuchenden Mitgliedsstaates.

Das Günstigkeitsprinzip als Rechtsgrundsatz, wonach bei Kollision verschiedener Rechtsnormen die für den Betroffenen günstigere Regelung gilt, findet vor allem im Arbeitsrecht Anwendung, scheint aber nicht unumstritten und im Einzelfall in der Anwendung schwierig zu sein[22].

Eine Vertiefung wert wäre gewiss die Reflektion des Verhältnisses der Rückgabepflicht für ein Kulturgut auf Grundlage des Ausführungsgesetzes der Haager Konvention von 1954, zu dem Rückgabeanspruch auf Grundlage des Kulturgüterrückgabegesetzes.

Auch die Berücksichtigung des Kulturgutschutzes im Gewerberecht im Hinblick auf die dort geregelte Ermächtigung zur Kontrolle der dem Kunst- und Antiquitätenhandel wie dem Versteigerergewerbe in § 18 Kulturgüterrückgabegesetz auferlegten Pflichten, dürfte ein weiteres Themenfeld sein, das Einpassungs- und Umsetzungsprobleme erahnen lässt.

VI. Ausblick

Die Beratungen im Kulturausschuss des Bundes als auch die Anhörung der Fachleute aus dem Museumsbereich wie der Interessenvertreter des Kunst- und Antiquitätenhandels im Bundestages lassen erkennen, dass das Gesetz zur Ausführung des UNESCO-Übereinkommens vom 14. November 1970 über Maßnahmen zum Verbot und zur Verhütung der rechtswidrigen Einfuhr, Ausfuhr und Übereignung von Kulturgut im Ansatz ein guter Wurf ist, auch wenn sich seine Bewährung in der Praxis noch zeigen muss.

Insofern ist es vernünftig und richtig zugleich, dass Bundestag und Bundesrat der Bundesregierung einen Evaluierungsauftrag erteilt haben. Diese Art der Erfolgskontrolle gibt dem Gesetzgeber die Möglichkeit, an den Stellen nachzujustieren, an denen das Gesetz begriffliche Unschärfen und mangelnde Praktikabilität aufweist.

Der BKM als die für das Gesetz fachlich zuständige Behörde wird diesen Auftrag sehr ernst nehmen. Die bislang für den Evaluierungsbericht kaum verwertbare Praxis wird sich in den nächsten beiden Jahren gravierend ändern.

Zugleich unternimmt der BKM erhebliche Anstrengungen, um das Thema in der Öffentlichkeit stärker wahrnehmbar zu machen. Gemeinsam mit den Kulturgutschutzbehörden der Länder arbeitet er derzeit an der Entwicklung einer „Website Kulturgutschutz Deutschland und eine Datenbank national wertvolles Kulturgut“. Mit Beschluss der Kultusministerkonferenz vom 28. Februar 2008 haben sich die Länder einmütig und verbindlich zu diesem Projekt durch Mitfinanzierung der Entwicklung als auch des Betriebes dieser Website und Datenbank bekannt. Der BKM wird mit dieser und weiteren Maßnahmen künftig auch einen Schwerpunkt in der Öffentlichkeitsarbeit setzen.

22 http://www.rechtslexikon-online.de/Guenstigkeitsprinzip (27.11.2008).

Die Umsetzung des UNESCO-Übereinkommens von 1970 in Deutschland aus der Sicht der Wissenschaft

*Kurt Siehr**

I. UNESCO-Konvention von 1970

Das UNESCO-Übereinkommen vom 14.11.1970 über Maßnahmen zum Verbot und zur Verhütung der rechtswidrigen Einfuhr, Ausfuhr und Übereignung von Kulturgut ist am 29.2.2008 für die Bundesrepublik in Kraft getreten.[1] Gleichzeitig ist das deutsche Gesetz vom 18.5.2007 zur Ausführung dieses Übereinkommens in Form des Kulturgüterrückgabegesetzes (KultGüRückG) wirksam geworden.[2] Damit hat die Bundesrepublik das Ihre getan, um das UNESCO-Übereinkommen umzusetzen und anzuwenden.

Das UNESCO-Übereinkommen ist – trotz vieler Unvollkommenheiten – ein Markstein des internationalen Kulturgüterschutzes. Entstanden in einer Zeit des Post-Kolonialismus, hat es sich zum Ziel gesetzt, Kulturgüter aller Länder zu schützen, sofern sie diesen Schutz in Anspruch nehmen wollen, und verpflichtet die Vertragsstaaten, im Rahmen ihrer Gesetze diese fremden gestohlenen oder illegal exportierten Kulturgüter an die betroffenen Nationen zurückzugeben.

Gerade weil das Übereinkommen die Vertragsstaaten nur „im Rahmen der innerstaatlichen Rechtsvorschriften" oder „mit den ihnen zur Verfügung stehenden Mitteln" zum Handeln verpflichtet, ist es nur schwer unmittelbar anwendbar und bedarf nationalstaatlicher Umsetzung. Das haben aber nur wenige Vertragsstaaten getan, weshalb das Übereinkommen in all den übrigen Staaten, in denen eine Umsetzung nicht erfolgt ist, verhältnismäßig folgenlos geblieben ist.

Das Übereinkommen von 1970 verpflichtet die Vertragsstaaten nicht, ihr eigenes Kulturgut vor der Abwanderung ins Ausland zu schützen. Er hält vielmehr andere Vertragsstaaten dazu an, fremde Kulturgüter, die in einem ausländischen Vertragsstaat gestohlen oder illegal ausgeführt wurden, in diesen Staat zurückzugeben, und zwar „im Rahmen der innerstaatlichen Rechtsvorschriften" (Art. 7 lit. a des Übereinkommens). Ob, inwieweit und wie das geschieht, bleibt jedem Vertragsstaat überlassen. Dies zu regeln, sind Umsetzungsgesetze notwendig. Hiervon gibt es mehrere Modelle.

---

* Prof. Dr. Kurt Siehr, Prof. em. der Universität Zürich; Max-Planck-Institut für ausländisches und internationales Privatrecht, Hamburg.

1 BGBl. 2008 II 235; das Übereinkommen ist abgedruckt in BGBl. 2007 II 626.

2 BGBl. 2007 I 757.

II. Umsetzung der Konvention: Möglichkeiten eines Gesetzes

A. Amerikanisches Modell

Die Vereinigten Staaten von Amerika (USA) waren der erste Staat, der im *Convention on Cultural Property Implementation Act* von 1983 die UNESCO-Konvention von 1970 umgesetzt hat.[3] Dieses Gesetz geht von folgenden Grundsätzen aus.

1. Schutz eigenen Kulturgutes

Es gibt keinen Schutz *inländischer* Kulturgüter vor der Abwanderung ins Ausland. Lediglich amerikanische Museen werden verpflichtet, indianische Kulturgüter im Sinne des Native American Graves Protection and Repatriation Act (NAGPRA) den Indianerstämmen zurückzugeben.[4]

2. Schutz fremden Kulturgutes

Fremdes Kulturgut wird zum einen durch das UNESCO-Übereinkommen und dessen amerikanische Umsetzung geschützt und zum anderen durch das allgemeine amerikanische Recht (s. unten sub 3.).

Nach dem amerikanischen Gesetz zur Umsetzung des UNESCO-Übereinkommens werden nur Kulturgüter geschützt, die in einem bilateralen Vertrag mit dem Ursprungs-Vertragsstaat als besonders schützenswert genannt sind (sog. Modell bilateraler Verträge). Bis jetzt haben die USA mit zwölf Staaten bilaterale Abmachungen getroffen.[5] Der einzige europäische Staat, mit dem die USA einen Vertrag abgeschlossen haben, ist Italien.[6] Diese Abmachung folgt dem allgemeinen Muster und zeichnet sich folglich durch drei Charakteristika aus.

Die Verträge sind auf ganz *bestimmte Vertragsstaaten* beschränkt, die ihre eigenen Kulturgüter hinreichend selbst schützen. Gegenwärtig gibt es Verträge mit Bolivien, El Salvador, Guatemala, Honduras, Italien, Kambodscha, Kanada, Kolumbien, Mali, Nicaragua, Peru und Zypern.[7]

Der Schutz beschränkt sich auf ganz *bestimmte Kulturgüter*, wie z.B. bei Italien auf archäologische Gegenstände der vorklassischen, klassischen und nachklassischen Periode der Kaiserzeit.[8] Diese Gegenstände werden in der Vereinbarung exakt

3 19 U.S.C.A. §§ 2601- 2613 (2005 und Cumulative Annual Pocket Part 2008).

4 25 U.S-C.A. §§ 3001 (2001 und Cumulative Annual Pocket Part 2008).

5 Vgl. die Aufzählung in 19 C.F.R. § 12.104g (2008).

6 Import Restrictions Imposed on Archaeological Material Originating in Italy and Representing the Pre-Classical, Classical, and Imperial Roman Period of 23 January 2001, T.D. 01-06; extended by CBP Dec. 06-o1.

7 Vgl. oben N. 4.

8 Die Verträge mit lateinamerikanischen Staaten beschränken sich häufig auf präkolumbische Kunst.

beschrieben, und für den Zoll gibt es Abbildungen ähnlicher Gegenstände, so dass auch ein Laie die geschützten Objekte erkennen kann.

Der Schutz ist *zeitlich limitiert* auf fünf Jahre, es sei denn, das Cultural Property Advisory Committee, ernannt vom Präsidenten der USA, empfiehlt, einen bestehenden Vertrag zu verlängern.[9]

Wenn ein geschützter Gegenstand in die USA eingeführt wird, wird er beschlagnahmt und, falls der Herkunftsstaat feststeht, ihm zurückgegeben.[10]

3. Allgemeiner Schutz durch sonstiges Recht

a) Kein Gutglaubenserwerb

Deutschland hat seit dem berühmten Elicofon-Fall bereits mehrfach vom allgemeinen amerikanischen Recht profitiert, das – wie das römische Recht – keinen gutgläubigen Erwerb kennt. Im Jahr 1945 hatte ein amerikanischer Soldat die Portraits von Hans und Felicitas Tucher, gemalt von Albrecht Dürer, aus einem Depot der Kunstsammlungen zu Weimar als Kriegssouvenir mitgenommen und ein Jahr später an den New Yorker Rechtsanwalt Edward J. Elicofon, dem Albrecht Dürer unbekannt war, für $ 450 verkauft. Zwanzig Jahre später, im Jahre 1966, besuchte ein Freund den Rechtsanwalt und erkannte in den Gemälden die Portraits von Dürer. Bei Gutgläubigkeit von Edward Elicofon wäre ein Prozess in Deutschland nach deutschem Recht aussichtslos; denn Elicofon hätte die Gemälde spätestens nach zehn Jahren durch Ersitzung gutgläubig erworben (§ 937 Abs. 1 BGB). Glücklicherweise richtete sich jedoch der Erwerb durch Elicofon nach New Yorker Recht. Nach diesem Recht verliert man seinen Herausgabeanspruch erst dann, wenn man nicht alsbald nach der Verweigerung der Herausgabe durch den Besitzer auf Herausgabe klagt.[11] Das geschah,[12] und so kann man heute das Ehepaar Tucher in den Kunstsammlungen zu Weimar bewundern. Bis heute hat sich in New York hieran nichts geändert.[13]

b) National Stolen Property Act

Nach dem *National Stolen Property Act* (NSPA) des Bundes von 1948 macht sich strafbar, wer „receives, possesses, conceals, stores, barters, sells, or disposes of any goods, wares, or merchandise ... which have crossed a State or United States boundary after being stolen, unlawfully converted, or taken, knowing the same to have been stolen, unlawfully converted or taken" und "shall be fined under this title or

---

9 19 U.S.C.A. § 2602 (b) und 19 C.F.R. § 12.104g (a).

10 19 U.S.C.A. § 2609 (b).

11 Vgl. *Kurt Siehr,* Verlust von Ansprüchen auf Herausgabe von Mobilien – Rechtsvergleichendes zum Gutglaubenserwerb, in: Festschrift Rudolf Welser, Wien 2004, 997 – 1014 (1001 f.).

12 Vgl. das Endurteil Kunstsammlungen zu *Weimar v. Elicofon*, 678 F.2d 1150 (2d Cir. 1982).

13 *Solomon R. Guggenheim v. Lubell*, 567 N.Y.S.2d 623 (1991).

imprisoned not more than ten years, or both".[14] So erging es Frederick Schultz, vormals Präsident der National Association of Dealers in Ancient, Oriental and Primitive Art in New York. Mr. Schultz war in einen Schmugglerring verwickelt, der aus Ägypten Altertümer, die nach ägyptischem Recht Staatseigentum sind, herausschmuggelte und später mit frisierter Herkunftsangabe verkaufte. Er wurde angeklagt und zu einer Gefängnisstrafe nach dem NSPA verurteilt.[15] Auch „patrimony laws", die alle Ausgrabungen zu Staatseigentum erklären, seien gültig und führten dazu, dass Altertümer, die ohne staatliche Genehmigung des Herkunftsstaates gehandelt werden, als „gestohlen" gelten. Das hatten früher bereits Gerichte für andere Circuits entschieden.[16] Nun gilt dies auch für New York.

c) Zollrecht

Das amerikanische Zollrecht ist ziemlich rigoros. Wer bei der Einfuhr eines Kunstwerks falsche Angaben macht, muss gewärtigen, dass bei Aufdecken der falschen Angaben das Kunstwerk beschlagnahmt und für verfallen erklärt wird.[17] Die Einfuhr von Kunstwerken ist frei, jedoch müssen die Angaben richtig sein.

4. Zwischenergebnis

Das amerikanische Modell, so effektiv es auch sein mag, ist nicht zu empfehlen; denn es schränkt die Kulturgüter, die zurückzugeben sind, allzu sehr ein.

B. Schweizer Modell

Die Schweiz hat das UNESCO-Übereinkommen von 1970 mit dem Bundesgesetz vom 20.6.2003 über den internationalen Kulturgütertransfer (Kulturgütertransfergesetz, KGTG) umgesetzt[18] und in der Verordnung vom 13.4.2005 über den internationalen Kulturgütertransfer (Kulturgütertransferverordnung, KGTV) näheres geregelt.[19] Diese Bestimmungen sind am 1.6.2005 in Kraft getreten, nachdem bereits am 3.1.2004 das Übereinkommen selbst für die Schweiz wirksam geworden war.[20]

---

14 18 U.S.C.A. § 2315 (2000 und Cumulative Annual Pocket Part 2008).

15 United States v. Schultz, 333 F3d 393 (2d Cir. 2003), cert. denied 2004 U.S. Lexis 70 (2004).

16 United States v. Hollinshead, 495 F.2d 1154 (9th Cir. 1974); United States v. McClain, 593 F.2d 658 (5th Cir. 1979).

17 Ausnahme vom "forfeiture" in: United States v. One Tintoretto Painting, 691 F.2d 603 (2d Cir. 1982).

18 SR 444.1.

19 SR 444.11.

20 AS 2004, 2881.

1. Schutz eigenen Kulturgutes

Das KGTG vermeidet es, private Eigentümer von Kunstwerken zu belasten oder zu beschränken. Deshalb verbietet das KGTG die definitive Ausfuhr nur solcher Kulturgüter im Sinne des Art. 1 UNESCO-Übereinkommens, die im Eigentum des Bundes stehen und wegen ihrer wesentlichen Bedeutung für das kulturelle Erbe (im Sinne des Art. 4 UNESCO-Übereinkommen) in das Bundesverzeichnis eingetragen sind (Art. 3 Abs. 1 KGTG). Die Kantone können die Verzeichnisse ihrer Kulturgüter und die Verzeichnisse der Kulturgüter solcher Privatpersonen, die *freiwillig* ihre Kulturgüter in das Verzeichnis aufgenommen wissen wollen, mit dem Bundesverzeichnis verbinden (Art. 4 KGTG). Mit der Eintragung in das Bundesverzeichnis ist die definitive Ausfuhr aus der Schweiz ohne Genehmigung verboten. Die Schweiz kann bei rechtswidriger Ausfuhr den Rückführungsanspruch geltend machen (Art. 6 KGTG).

2. Schutz fremder Kulturgüter

Fremde Kulturgüter werden nach dem KGTG dann geschützt, wenn folgende Voraussetzungen erfüllt sind:

(1) *Nur solche Kulturgüter* werden geschützt, deren Herkunftsstaat mit der Schweiz einen Staatsvertrag über die Einfuhr und die Rückführung von Kulturgut abgeschlossen hat (Art. 7 KGTG). Bis jetzt (1.9.2008) besteht nur die Vereinbarung zwischen dem Schweizerischen Bundesrat und der Regierung der Republik Italien vom 20.10.2006 über die Einfuhr und die Rückführung von Kulturgut,[21] die am 27.4.2008 in Kraft getreten ist. Vereinbarungen mit anderen Staaten sind in Vorbereitung.[22]

(2) Nur *bestimmte Kulturgüter*, die in den Vereinbarungen genannt sind, werden geschützt. In der Vereinbarung mit Italien z.B. werden nur gewisse Kulturgüter aus Stein, Metall, Keramik, Glas, Bein, Bernstein, Holz und Leder geschützt und Malerei nur dann, wenn es sich um Wandmalerei handelt.[23]

(3) Diese Vereinbarungen sind – so im Vertrag mit Italien – auf fünf Jahre befristet und – anders als in den USA – verlängern sich automatisch um dieselbe Zeitspanne, wenn sie nicht fristgemäß gekündigt werden.

(4) Die Vereinbarung muss Gegenrecht gewähren (Art. 7 Abs. 2 lit. c KGTG), also auch Kulturgüter der Schweiz schützen.

Wird ein geschützter Gegenstand in die Schweiz *rechtswidrig eingeführt*, kann der Herkunftsstaat, mit dem eine Vereinbarung besteht, auf Rückführung vor den Zivilgerichten (Art. 98a IPRG) klagen (Art. 9 KGTG). Besteht keine Vereinbarung, so kann das illegal verbrachte Kulturgut auch nicht über Art. 19 IPRG herausverlangt

21 SR 0.444.145.41.

22 *Pierre Gabus/Marc-André Renold,* Commentaire LTBC, Loi fédérale sur le transfert international des biens culturels (LTBC), Zürich 2006, Art. 7, Rz. 6.

23 Anhang zur Vereinbarung vom 20.10.2006, vorne N. 21.

werden.[24] Lediglich der Handel mit *gestohlenem* Kulturgut kann bestraft werden (Art. 24 Abs. 1 lit. a KGTG).

3. Allgemeiner Schutz von Kulturgut

a) Privatrecht

Der schweizerische Gesetzgeber hat es sich nicht nehmen lassen, zugleich mit dem KGTG verschiedene Vorschriften im ZGB und OR zu ändern.

Zum einem hat er die Vorschrift über den *Schatzfund* neu gefasst. Nach Art. 724 Abs. 1 ZGB ist nunmehr klar, dass derjenige Kanton *automatisch* Eigentümer von herrenlosen Naturkörpern oder Altertümern von wissenschaftlichem Wert wird, in dem diese Gegenstände gefunden werden. Das war bisher unklar.[25] Ausserdem bestimmt der neue Art. 724 Abs. 1bis ZGB, dass solche Gegenstände ohne Genehmigung des Kantons nicht veräußert werden dürfen, dass sie weder ersessen noch gutgläubig erworben werden können und dass der Herausgabeanspruch nicht verjährt. Sie sind also *res extra commercium*. Diese letzte Vorschrift über die Verjährung eines Herausgabeanspruchs wäre nicht nötig gewesen; denn seit langem ist anerkannt, dass dingliche Herausgabeansprüche nicht verjähren.[26]

Nach den neuen Art. 728 Abs. 1ter und 934 Abs. 1bis ZGB wird die Frist für die Ersitzung von Kulturgütern i.S. des von Art. 2 Abs. 1 KGTG und für deren gutgläubigen Erwerb auf 30 Jahre verlängert. Bisher betrug sie 5 Jahre.

Die Verjährung wegen Rechts- oder Sachmängeln beim Verkauf von Kulturgütern beträgt ein Jahr nach Entdeckung des Mangels (bisher ein Jahr nach Ablieferung der Sache an den Käufer), längstens jedoch 30 Jahre (Art. 196a und Art. 210 Abs. 1bis OR).

Diese Vorschriften gelten immer dann, wenn nach IPR schweizerisches Recht anwendbar ist. Wäre der schweizerische Fall Koerfer gegen Goldschmidt[27] heute entstanden und zu entscheiden, müsste die Ersitzung in der Schweiz noch 27 Jahre fortgesetzt werden, um Eigentum zu vermitteln (vgl. z.B. Art. 100 und 102 Abs. 1 IPRG).

b) Strafrecht

Abgesehen von der Strafbarkeit der Hehlerei (Art. 160 Abs. 1 schweiz. StGB), ist es nach Art. 24 KGTG ein Vergehen und wird mit Gefängnis bis zu einem Jahr oder Buße bestraft, wer – ähnlich dem amerikanischen National Stolen Property Act – gestohlene Sachen einführt, verkauft, erwirbt oder vermittelt, sich Grabungsfunde aneignet oder Kulturgüter rechtwidrig einführt.

---

24 BGer. 8.4.2005, BGE 131 III 418 (Union de l'Inde c. Crédit Agricole Indosuez).
25 AppGer. Basel-Stadt 18.8.1995, Basler Juristische Mitteilungen 1997.17, 21 ff.
26 BGer. 15.2.1922, BGE 48 II 38 (Quadri c. Hôtel Brissago).
27 BGer. 13.12.1968. BGE 94 II 297.

4. Zwischenergebnis

Auch das schweizerische Modell ist zu restriktiv. Es begrenzt die Kulturgüter, die zurückzugeben sind, erheblich und wird damit dem Ziel des UNESCO-Übereinkommens von 1970 kaum gerecht.

C. Britisches Modell

Das Vereinigte Königreich hat das UNESCO-Übereinkommen von 1970 am 1.8.2002 angenommen, so dass das Übereinkommen am 1.11.2002 dort in Kraft getreten ist. Ein spezielles Gesetz zur Umsetzung des Übereinkommens hat das Vereinigte Königreich – wie im Übrigen auch Italien[28] – nicht erlassen. Es meint, mit den bestehenden Gesetzen auskommen zu können.

1. Schutz eigenen Kulturgutes

Den Schutz eigenen Kulturgutes hat seit 2004 die *Export of Objects of Cultural Interest (Control) Order 2003*, die am 1.5.2004 in Kraft getreten ist, übernommen.[29] Diese auf Grund des *Export Control Act 2002*[30] erlassene Verordnung regelt den Schutz von Objekten kulturellen Interesses, die vor mehr als 50 Jahren vor ihrem Export geschaffen wurden, und die keine Briefmarken, Geburts-, Heirats- oder Todesurkunden sind oder Dokumente über andere persönliche Vorgänge, Briefe des Exporteurs, die von ihm stammen oder an ihn gerichtet sind, sowie Gegenstände, die im persönlichen Eigentum des Exporteurs, seinem Ehegatten oder verstorbenen Ehegatten stehen.[31] Alle geschützten Gegenstände kulturellen Interesses dürfen ohne Exportgenehmigung (licence) nicht ausgeführt werden (section 2).

Ob eine solche Exportgenehmigung erteilt wird, wird auf Grund einer Handreichung entschieden, die das Department for Culture, Media and Sport unter dem Namen „*Statutory guidance on the criteria to be taken into consideration when making a decision about whether or not to grant an export licence*“ im November 2005 veröffentlicht hat.[32] Nach dieser Handreichung geht man folgendermaßen im Vereinigten Königreich vor:

28 Italien hat der Ratifikation des Übereinkommens von 1970 mit Gesetz Nr. 873 vom 30.10.1975 zugestimmt (Supplemento ordinario alla Gazzetta Ufficiale n. 49 del 24 febbraio 1976, S.2) und das Inkrafttreten für Italien am 2.1.1979 bekannt gemacht (Gazzetta Ufficiale n. 329 vom 24.11.1978, S. 8476).

29 Statutory Instruments 2003 No. 2759.

30 2002 chapter 28.

31 Schedule 1 zur Verordnung, s. oben N. 29.

32 Department for Culture, Media and Sport: Export Control on Objects of Cultural Interest (November 2005).

Wenn eine „individual export licence" notwendig ist (also keine „Open General Export Licence"[33] und keine „Open Individual Export Licence"[34] genügt), muss auf Grund der modifizierten „Waverley criteria" geprüft werden, ob eine individuelle Exportlizenz erteilt werden kann.[35] Diese Prüfung nimmt das "Reviewing Committee on the Export of Works of Art (RCEWA)" vor. Wenn ein oder mehr der „Waverley criteria" erfüllt sind, wird die Entscheidung über die Ausfuhrlizenz für eine bestimmte Zeit aufgeschoben (normalerweise zwei bis sechs Monate), um zu sehen, ob jemand im Inland das Objekt für einen „fair market price" kaufen will. Wird kein Gebot abgegeben, wird normalerweise eine Ausfuhrlizenz erteilt. Wird ein Angebot dagegen angenommnen, gilt der Antrag auf Erteilung einer Ausfuhrgenehmigung als zurückgenommen. Schwierig wird die Frage, wenn ein Angebot abgelehnt wird. Kommt ein Angebot von einem öffentlichen Museum, so wird die Ausfuhrlizenz im Allgemeinen verweigert. Kommt es dagegen von Privatpersonen, so wird das Angebot bei der Entscheidung, ob eine Exportlizenz zu erteilen ist, berücksichtigt. Erklärt sich der Privatmann bereit, das Kunstwerk im Inland öffentlich zugänglich zu machen, ordnungsgemäß unterzubringen und nicht zu verkaufen, wird in aller Regel die Erteilung einer Exportlizenz abgelehnt.

Kurz: Der Staat hat kein Vorkaufsrecht, das enteignenden Charakter hätte. Er kann lediglich die Erteilung einer Ausfuhrlizenz solange verweigern, bis innerhalb einer bestimmten Frist ein Angebot, das Kunstwerk für das Inland zu erwerben, nicht abgegeben wird. Wird ein Gemälde für einen horrenden Preis verkauft und kann damit kein Inländer konkurrieren, geht das Kunstwerk für das Inland verloren.

2. Schutz auch fremder Kulturgüter

Fremde Kulturgüter werden im Vereinigten Königreich durch allgemeine Vorschriften geschützt.

a) Allgemeines Strafrecht in England und Wales

Der *Dealing in Cultural Objects (Offences) Act 2003* gilt nicht in Schottland und bestraft "*acquiring, disposing of, importing or exporting tainted cultural objects*".[36] Anders als der amerikanische National Stolen Property Act sagt das englischen Gesetz nichts über seinen internationalen Anwendungsbereich. Das erklärt sich aus der

33 Diese OGEL wird vergeben, wenn jemand mit Objekten unter einem bestimmten Preis handelt.

34 Diese OIEL wird z.B. an Kunsthändler vergeben. Sie enthebt nicht von einer notwendigen „individual export licence".

35 Die ursprünglichen "Waverley criteria" lauten: (1) Is the object so closely connected with our history and national life that its departure would be a misfortune? (2) Is it of outstanding aesthetic importance? (3) Is it of outstanding significance for the study of some particular branch of art, learning or history? Die Handreichung (s. oben N. 32) ergänzt diese Kriterien um einige Gesichtspunkte.

36 2003 c. 27.

unterschiedlichen Verfassungslage in den beteiligten Staaten; denn der Bund hat in den USA nur dann Gesetzgebungsbefugnisse, wenn er den „*interstate commerce*" regelt.

Das englische Gesetz beschränkt die geschützten Kulturgüter nicht auf inländische Objekte sondern definiert den Ausdruck „*cultural object*" als „*object of historical, architectural or archaeological interest*" [section 2 (1)]. Als „bemakeltes" (*tainted*) Objekt gilt jedes Kulturgut, das – nach dem Inkrafttreten des Gesetzes am 30.12.2003 – eine Person von einem Gebäude entfernt oder ausgräbt und diese Entfernung oder Ausgrabung eine Straftat darstellt. Wenn also im Jahre 2004 jemand in Ägypten illegale Ausgrabungen macht und die gefundenen archäologischen Gegenstände in England einführt, macht sich die Person strafbar, kann mit Gefängnis bis zu sieben Jahren bestraft werden, und die Objekte können vom Zoll für verfallen erklärt werden.[37]

b) Europäisches Recht

Das Vereinigte Königreich hat in seiner *The Return of Cultural Objects Regulations 1994* [38] die Richtlinie 93/7/EWG des Rates vom 15.3.1993 über die Rückgabe von unrechtmäßig aus dem Hoheitsgebiet eines Mitgliedstaats verbrachten Kulturgütern[39] umgesetzt. Diese Verordnung gilt jedoch nur gegenüber den Mitgliedstaaten der Europäischen Union.

c) Irakische Kulturgüter

Nach section 8 *The Iraq (United Nations Sanctions) Order 2003* ist die Einfuhr oder Ausfuhr von illegal verbrachten Kulturgütern aus dem Irak verboten.[40] Wer solche Gegenstände hat, muss sie abgeben, um sich nicht strafbar zu machen.

3. Zwischenergebnis

Das Vereinigte Königreich hat das UNESCO-Übereinkommen zwar ratifiziert, aber nicht umgesetzt. Ob die Strafbestimmungen des *Dealing in Cultural Objects (Offences) Act 2003* ausreichen, ist zweifelhaft.

37 Section 49 des Customs and Excise Management Act 1979, 1979 c. 2.
38 Statutory Instruments 1994 No. 501.
39 ABl. EG 1993 Nr. L 74/74.
40 Statutory Instruments 2003 No. 1519.

D. Deutsches Modell

Die Bundesrepublik Deutschland scheint der einzige Staat der Europäischen Union zu sein, der das UNESCO-Übereinkommen umgesetzt hat. Weder Frankreich, noch Italien und Spanien haben – wie die meisten anderen Vertragsstaaten des Übereinkommens – Anstrengungen unternommen, eine Umsetzungsgesetzgebung vorzunehmen. Das deutsche Modell brauche ich hier nicht vorzustellen, eine Zusammenfassung genügt.

1. Schutz eigenen Kulturgutes

Deutsches Kulturgut wird in dem Gesetz zum Schutz deutschen Kulturgutes gegen Abwanderung in der Fassung vom 8.7.1999,[41] geändert am 18.5.2007, geschützt.[42] Auf dieses Gesetz soll hier nicht näher eingegangen werden. Es dürfte – mit all seinen Schwächen und Stärken – bekannt sein.

2. Schutz fremden Kulturgutes nach KultGüRückG

Das deutsche KultGüRückG unterscheidet, ob ein Kulturgut aus einem Mitgliedstaat der Europäischen Union oder aus einem Vertragsstaat des UNESCO-Übereinkommens illegal verbracht worden ist .

a) Kulturgut aus Mitgliedstaat der EU

In Ausführung der Richtlinie 93/7/EWG vom 15.3.1993 hat der deutsche Gesetzgeber das KultGüRückG erlassen, das heute in der Fassung vom 18.5.2007 gilt.[43] Dieses Gesetz regelt nur öffentlichrechtliche Rückgabeansprüche und lässt bürgerlichrechtliche Ansprüche und Rechte unberührt (§ 5 Abs. 2 KultGüRückG).

Nach dem KultGüRückG können Mitgliedstaaten der Europäischen Union die Rückgabe von Kulturgütern verlangen, wenn drei Voraussetzungen erfüllt sind:

(1) Es muss sich um *Kulturgut* handeln, das
- (a) nach dem 31.12.1992 aus dem Hoheitsgebiet eines Mitgliedstaates in die Bundesrepublik verbracht worden sein muss;
- (b) es muss entgegen den Vorschriften des anderen Staats das Land unrechtmäßig verlassen haben (§ 6 Abs. 4 KultGüRückG);
- (c) es muss vor der Verbringung (im Fall archäologischer Kulturgüter ein Jahr, nachdem die zuständige Behörde des Herkunftsstaates von der Existenz

41 BGBl. 1999 I 1754.
42 BGBl. 2007 I 761.
43 BGBl. 2007 I 757.

dieser Güter Kenntnis erlangt hat) durch Rechtsvorschrift oder Verwaltungsakt als nationales Kulturgut von künstlerischem, geschichtlichem oder archäologischem Wert im Sinne von Art. 30 EG-Vertrag öffentlich eingestuft sein oder seine Einstufung muss eingeleitet sein (§ 6 Abs. 1 Satz 1 Nr. 1 KultGüRückG); und

(d) der Gegenstand muss entweder unter eine der Kategorien fallen, die im Anhang zur Richtlinie 93/7/EWG vom 15.3.1993 aufgezählt sind, oder als Teil einer öffentlichen Sammlung im Bestandsverzeichnis dieser Sammlung ein getragen sein (§ 6 Abs. 1 Satz 1 Nr. 2 KultGüRückG).

(2) Der Rückgabeanspruch muss binnen *eines Jahres* von dem Zeitpunkt an geltend gemacht werden, in dem die Behörden des ersuchenden Staates vom Ort der Belegenheit und von der Person, welche die tatsächliche Sachherrschaft über das illegal verbrachte Kulturgut ausübt, Kenntnis erlangt haben. Der vor den Verwaltungsgerichten geltend zu machende Anspruch (§ 13 Abs. 1 KultGüRückG) erlischt in 30 bzw. 75 Jahren nach der illegalen Verbringung (§ 11 KultGüRückG).

(3) Ein *gutgläubiger Erwerber* kann sich der Rückgabe nicht widersetzen. Er kann lediglich eine Entschädigung vom ersuchenden Staat verlangen (§ 10 KultGüRückG).

b) Kulturgut aus Vertragsstaat des UNESCO-Übereinkommens

In demselben KultGüRückG ist auch das UNESCO-Übereinkommen umgesetzt worden. Danach können Vertragsstaaten des UNESCO-Übereinkommens die Rückgabe von Kulturgut verlangen, wenn ebenfalls drei Voraussetzungen erfüllt sind, die bis auf die erste Voraussetzung den Rückgabeansprüchen der Mitgliedstaaten der EU entsprechen.

(1) Es muss sich um *Kulturgut* handeln, das

(a) nach dem 26.4.2007 (ein Tag nach Veröffentlichung des UNESCO-Übereinkommens im Bundesgesetzblatt Teil II) aus einem Mitgliedstaat des Übereinkommens in die Bundesrepublik verbracht worden sein muss; ist unklar, ob das Kulturgut vor oder nach diesem Zeitpunkt in das Bundesgebiet verbracht worden ist, so gilt es als *nach* diesem Tag im Bundesgebiet verbracht (§ 6 Abs. 2 Satz 4 KultGüRückG);

(b) es muss entgegen den Vorschriften des anderen Staates das Land unrechtmäßig verlassen haben (§ 6 Abs. 4 KultGüRückG);

(c) das Kulturgut muss vor dem Verbringen (im Fall archäologischer Kulturgüter ein Jahr, nachdem die zuständige Behörde des Herkunftsstaates von der Existenz dieser Güter Kenntnis erlangt hat) als „besonders bedeutsam“ für Archäologie, Vorgeschichte, Geschichte, Literatur, Kunst oder Wissen schaft bezeichnet worden sein oder ein Verfahren zu einer solchen Bezeichnung eingeleitet sein; als „besonders bedeutsam“ gelten die Gegenstände, die von einem anderen Vertragsstaat als individuell identifizierbar in ein Verzeichnis des bedeutenden öffentlichen und privaten Kulturgutes aufgenommen worden sind (§ 6 Abs. 2 Satz 2 KultGüRückG), und dieses Verzeichnis muss im Bundesgebiet ohne unzumutbare Hindernisse öffentlich zugänglich sein (§ 6 Abs. 2 Satz 3 KultGüRückG), Ein „Verzeichnis wertvollen Kulturgutes der Vertragsstaaten“, erstellt von der Bundesregierung (§ 14 Abs. 2 KultGüRückG) und an dem sich der Kunsthandel bei einer Einfuhr orientieren kann (§§ 15 ff. KultGüRückG), liegt noch nicht vor.

(d) Das Kulturgut muss einer der Kategorien angehören, die in Art. I des UNESCO-Übereinkommens enthalten sind.

(2) Der Rückgabeanspruch muss rechtzeitig innerhalb *eines Jahres* seit Kenntnis vom Ort der Belegenheit und von der Person des Besitzers geltend gemacht werden (Art. 11 KultGüRückG).

(3) Ein *gutgläubiger Erwerber* kann sich der Rückgabe nicht widersetzen. Er kann vom Herkunftsstaat lediglich eine Entschädigung verlangen (§ 10 KultGüRückG).

3. Schutz nach allgemeinen Vorschriften

Allgemeines Bundesrecht über Kulturgüterschutz gibt es nicht. Das BGB enthält kein Sonderrecht für Kulturgüter und auch das Strafrecht schweigt. Allerdings dürfte der gutgläubige Erwerb, sowohl durch freihändigen Verkauf als auch durch Ersitzung wegen gehobener Anforderungen an die Aufmerksamkeit und wegen gestiegener Nachforschungsobliegenheiten des Erwerbers schwierig sein.

Kultur und Wissenschaft sind Landessache und werden dort vor allem beim Schatzfund bedeutsam. Denn die meisten Bundesländer haben ein Schatzregal an denjenigen Gegenständen, die den Schutz von Denkmälern genießen.[44]

Auch in Deutschland ist die Hehlerei strafbar. Nach § 259 Abs. 1 StGB macht sich strafbar, wer eine Sache, die ein anderer gestohlen oder sonst durch eine gegen fremdes Vermögen gerichtete rechtswidrige Tat erlangt hat, ankauft, oder sonst sich verschafft, sie absetzt oder abzusetzen hilft, um sich oder einen Dritten zu bereichern. Hat jedoch der Vortäter die Sache gutgläubig erworben, ist eine Hehlerei selbst dann ausgeschlossen, wenn der Täter von dem ursprünglichen Diebstahl der Sache im Zeitpunkt des Erwerbes wusste. Interessant ist, dass bislang diese Vorschrift auf Kunstdiebstähle nie angewandt wurde. Das lässt zwei Vermutungen aufkommen. Entweder war die Staatsanwaltschaft nicht bereit, solchen Fällen nachzugehen, oder – was wahrscheinlicher ist – kommt diese Vorschrift weniger häufig zur Anwendung als die Vorschriften des amerikanischen *National Stolen Property Act* oder der englischen Vorschrift des *Dealing in Cultural Objects (Offences) Act 2003.* Nach deutschem Recht können – anders als in den USA und England – Gegenstände gutgläubig erworben werden, und danach sind Waren nicht mehr gestohlen oder *„tainted“.*

44 *Kurt Siehr* in: *Ebling/Schulze,* Kunstrecht, München 2007, 143 ff.

4. Internationale Rechtshilfe in Strafsachen

Internationale Rechtshilfe in Strafsachen wird freiwillig gewährt oder auf Grund internationaler Staatsverträge. Der Europarat hat solche Staatsverträge ausgearbeitet und den Mitgliedstaaten des Europarats zur Annnahme empfohlen.[45] Auch diese Übereinkommen sind von Staaten dazu benutzt worden, gestohlene Kulturgüter aus dem Ausland zurückzuerlangen – so geschehen im Fall des griechischen Münzschatzes: Ein in Schleswig-Holstein wohnender Grieche hatte auf seinem Grundstück in Griechenland einen antiken Münzschatz entdeckt und der griechischen Behörde nicht gemeldet, sondern nach Schleswig-Holstein mitgenommen. Dort prahlte er offenbar mit seinem Fund. Jedenfalls erfuhr die griechische Altertümerverwaltung davon und ließ durch die griechische Regierung den Münzschatz in Schleswig-Holstein beschlagnahmen und als Eigentum des griechischen Staates nach dem Rechtshilfeübereinkommen von 1959 herausverlangen. In ganz kurzer Zeit war der Münzschatz zurück in Griechenland, ganz einfach auf Grund des Europäischen Rechtshilfeübereinkommens von 1959.[46] Das Europäische Rechtshilfeübereinkommen war anwendbar; denn – ebenso wie im Vollstreckungsrecht – gilt das Günstigkeitsprinzip: Man kann sich der Vorschrift, ob national oder international, bedienen, welche für die Rückforderung am günstigsten ist.[47]

5. Zwischenergebnis

Das deutsche KultGüRückG setzt das UNESCO-Übereinkommen um, jedoch nur in einem sehr beschränkten Umfang. Es sollte großzügiger sein.

E. Idealmodell

Auf Grund der Anschauung der Modelle zweier Mitgliedstaaten der Europäischen Union (Deutschland und das Vereinigte Königreich) und von zwei Nichtmitgliedstaaten (Schweiz und die USA) lassen sich folgende Überlegungen zur Umsetzung des UNESCO-Übereinkommens von 1970 anstellen.

---

45 Es sind dies das Europäische Übereinkommen vom 20.4.1959 über die Rechtshilfe in Strafsachen, ETS Nr. 30, BGBl. 1964 II 1386, und das Übereinkommen vom 8.11.1990 über Geldwäscherei sowie Ermittlung, Beschlagnahme und Einziehung von Erträgen aus Straftaten, ETS Nr. 141; BGBl. 1998 II 520.

46 OLG Schleswig 10.2.1989, NJW 1989, 3105 = IPRspr, 1989 Nr. 75. Ein ähnlicher Fall wurde in der Schweiz vom Bundesgericht entschieden: BGer. 1.4.1997, BGE 123 II 134, 145.

47 Zum Günstigkeitsprinzip vgl. *Kurt Siehr,* Günstigkeits- und Garantieprinzip – Zur Rechtsdurchsetzung im internationalen Rechtsverkehr, in: Festschrift für Hans Ulrich Walder, Zürich 1994, 409 ff; *ders.,* Internationales Privatrecht, Heidelberg 2001, 527 f.

1. UNESCO-Übereinkommen als Rahmenkonvention

Das UNESCO-Übereinkommen von 1970 ist eine Rahmenkonvention, die es jedem Vertragsstaat überlässt, welche Vorschriften er inwieweit umsetzen und mit staatlichen Sanktionen versehen will. Vertragsstaaten können also mehr tun, als sie durch das Übereinkommen verpflichtet sind, aber auch weniger wie z.b. die Schweiz und die USA, die nur bestimmte Objekte vor dem illegalen Verbringen schützen. Das Portrait „Papa Innocenzo X" von Diego Velázquez, Eigentum der privaten römischen Galleria Doria Pamphilj, aber unverkäuflich als italienisches „patrimonio culturale", könnte also von der Schweiz und den USA nicht zurückgefordert werden, wenn der Schmuggel außer Landes gelingt. Die Mitgliedsstaaten der Europäischen Union dagegen sind schon auf Grund ihrer Umsetzung der Richtlinie 93/7/EWG vom 15.3.1993 verpflichtet, solches illegal verbrachtes Kulturgut zurückzugeben.

2. Umsetzung in Mitgliedstaaten der EU

a) Anlehnung an die Umsetzung der Richtlinie 93/7/EWG

Deutschland hat sich bei der Umsetzung des UNESCO-Übereinkommens von 1970 zu Recht an die Umsetzung der Richtlinie 93/7/EWG vom 15.3.19993 angelehnt und beide Umsetzungsgesetze in demselben KultGüRückG geregelt. Denn viele Regelungen – z.B. über die Verjährung und die Entschädigung Gutgläubiger – stimmen überein und sollten deshalb gemeinsam geregelt werden.

b) Definition von Kulturgut, das zurückzugeben ist

Die Unterschiede von Kulturgütern, die zurückgegeben werden müssen, sind zwischen den Vertragsstaaten des UNESCO-Übereinkommens von 1970 besonders groß. Während die einen eine Aufzählung bestimmter Kulturgüter in bilateralen Vereinbarungen bevorzugen (Schweiz, USA), verlangen andere Staaten eine andere Limitierung. In England wird der Erwerb und Handel von „tainted cultural objects" mit Gefängnis oder Geldstrafe bestraft, während in Deutschland das illegal verbrachte Kulturgut in ein „Verzeichnis des bedeutenden öffentlichen und privaten Kulturgutes" aufgenommen worden sein muss, und diese Verzeichnis muss im Inland „ohne unzumutbare Hindernisse öffentlich zugänglich" sein. Es genügt also – anders als bei der Umsetzung der Richtlinie 93/7/EWG vom 15.3.1993 – nicht, wenn das Kulturgut unter die übernationale Definition fällt und Teil eines Bestandsverzeichnisses eines Museums, Archivs oder einer religiösen Einrichtung ist. Die türkischen Grabstelen aus dem Antikenmuseum Basel und der Sammlung Ludwig z.B., die nach schweizerischer Auffassung – wohl unrichtig – kein Staatseigentum sind,[48] bräuchten aus Deutschland also nicht zurückgegeben werden, weil sie in keinem türkischen „Verzeichnis besonders bedeutenden Kulturgutes" aufgenommen sind und obwohl jeder Besucher der Türkei auf Grund von Bekanntmachungen auf türkischen Flugplätzen weiß, dass jeder auch noch so kleine Stein nicht ausgeführt werden darf. Sofern Sachen als gestohlen gelten, bietet eine privatrechtliche Vindikationsklage einen zulässigen Rechtsbehelf außerhalb des KultGüRückG (§ 13 Abs. 6 KultGüRückG), das jedoch jeden Anspruch des Staates wegen Verletzung von Vorschriften über den Export seines nationalen Kulturgutes mangels Eintragung in ein Verzeichnis versagt.

Will man eine globale Lösung wie nach den Umsetzungen der Richtlinie vermeiden, so bietet sich folgendes an:

- Archäologische Objekte dürfen nur gehandelt werden, wenn sie von einem „pedigree" begleitet sind, das ihre Herkunft (Ort und Zeit der Ausgrabung) und den erlaubten Handel mit ihnen bescheinigt.
- „Human remains" dürfen ohne staatliche Ausfuhrgenehmigung überhaupt nicht gehandelt werden.
- Andere Kulturgüter brauchen für ihren internationalen Handel einer staatlichen Ausfuhrgenehmigung. Um die Abhängigkeit von staatlicher Bürokratie zu vermindern, gilt die Genehmigung nach Ablauf eines halben Jahres nach Stellung des unbeschiedenen Antrages als erteilt.

Wem diese Regelung zu kompliziert erscheint, belasse es bei der globalen Regelung und verlange lediglich folgendes:

- Das fremde Kulturgut muss unter eine Kategorie des Art. 1 UNESCO-Übereinkommens von 1970 fallen.
- Der Herkunftsstaat muss den Export des Kulturgutes ganz allgemein oder durch Aufnahme in ein Bestandsverzeichnis einer öffentlichen, privaten oder religiösen Sammlung verbieten.
- Man behandele – kurz gesagt – jeden Vertragsstaat des UNESCO-Übereinkommens wie einen Mitgliedstaat der Europäischen Union.
- Welche Regelung man auch wählt, die Verjährung und Entschädigung gutgläubiger Erwerber bleibt die gleiche.

„Die Ausfuhr von Kulturgut entgegen einem Verbot des Ursprungslandes verdient ... im Interesse der Wahrung der Anständigkeit im internationalen Verkehr mit Kunstgegenständen keinen bürgerlich-rechtlichen Schutz, auch nicht durch die Versicherung einer Beförderung, durch die Kulturgut aus dem von der ausländischen Rechtsordnung beherrschten Gebiet dem seiner Sicherung dienenden Ausfuhrverbot zuwider ausgeführt werden soll".[49] Diesen auch international berühmten Satz des Bundesgerichtshofs in seiner Nigeria-Entscheidung gilt es zu beherzigen. Wer die

---

48 AppGer. Basel-Stadt 18.8.1995, s. oben N. 25; hierzu *Sibel Özel,* The Basel Decisions: Recognition of the Blanket Legislation Vesting State Ownership over the Cultural Property Found within the Country of Origin: International Journal of Cultural Property 9 (2000) 315-340; *Kurt Siehr/Çagla Üstün,* Antike Grabstelen aus der Türkei bleiben in der Schweiz: IPRax 1999, 489-492.

49 BGH 22.6.1972, BGHZ 59, 82, 88 = 73 Int. L. Rep. 226, 229.

Hürden für einen Rückforderungsanspruch ausländischer Staaten zu hoch baut, setzt sich dem Verdacht aus, den internationalen Handel mit illegal ausgeführtem Kulturgut zu fördern, statt ihn zu bekämpfen. Zwar ist der Rückforderungsanspruch des Staates in Deutschland auf verwaltungsgerichtlichem Rechtsweg geltend zu machen (§ 13 Abs. 1 KultGüRückG), jedoch gegen denjenigen, der für sich selbst oder für einen anderen die tatsächliche Sachherrschaft über das Kulturgut ausübt (§ 7 Abs. 2 KultGüRückG). Das ist theoretisch richtig,[50] jedoch macht es für den Erwerber keinen Unterschied, ob er vor einem Verwaltungsgericht oder vor einem Zivilgericht auf Rückgabe verklagt wird. Zur Debatte steht auch vor den Verwaltungsgerichten die Frage, ob die verbotene Ausfuhr von Kulturgut dem „Interesse der Wahrung der Anständigkeit im internationalen Rechtsverkehr mit Kunstgegenständen" dient. Diese Frage sollte auch hier verneint werden.

c) Andere Voraussetzungen

Die meisten anderen Voraussetzungen eines staatlichen Rückgabeanspruchs bleiben unberührt. Das gilt sowohl für die Verjährung dieses Anspruchs als auch für die Entschädigung des gutgläubigen Erwerbers.

Geändert werden sollte dagegen § 9 KultGüRückG. Nach dieser Vorschrift, die auf Art. 12 der Richtlinie 93/7/EWG vom 15.3.1993 zurückgeht, bestimmt sich das Eigentum an Kulturgut nach erfolgter Rückgabe nach den „Sachvorschriften" des ersuchenden Staats. Die Richtlinie sagt dagegen, dass das „Recht" des ersuchenden Staats für die Frage des Eigentums an dem Kulturgut maßgebend ist. Nehmen wir an, die Kulturgüter, die im Fall *Winkworth* v. *Christie, Manson and Woods*[51] in England gestohlen wurden, wären auch gegen illegalen Export geschützt und nach dem 31.12.1992 nach Deutschland verbracht worden. Wären sie in Deutschland öffentlich versteigert worden und hätte der Erwerber sie gutgläubig erworben, so wäre dieser Erwerb in Deutschland geschützt; denn nach § 935 Abs. 2 BGB kann man auch gestohlene Sachen bei einer öffentlichen Versteigerung gutgläubig erwerben.[52] Auch England würde es dabei belassen,[53] jedoch seinen Rückforderungsanspruch gegen den Erwerber geltend machen. Der Rückgabeschuldner möchte vielleicht der Tate Gallery das Objekt als Dauerleihgabe überlassen, kann es jedoch nicht, weil sich nach deutschem Recht das Eigentum an dem Objekt nach dessen Rückgabe nach englischem Sachrecht richtet, das keinen gutgläubigen Erwerb mehr kennt.[54] Richtigerweise sollte deshalb § 9 KultGüRückG auf das Recht (d.h. das IPR) des

50 *Stefan Turner,* Das Restitutionsrecht des Staates nach illegaler Ausfuhr von Kulturgütern, Berlin 2002, 32 ff.

51 [1980] 2 W.L.R. 937 (Ch.D.). Hierzu vgl. *M. Jefferson,* An Attempt to Evade the Lex Situs Rule for Stolen Goods: L.Q.Rev. 96 (1980) 508-511; *P.B.Carter,* Transnational Trade on Works of Art: The Position in English Private International Law, in: International Sales of Works of Art, Genf 1985, 332 ff.

52 BGH 5.10.1989, NJW 1990. 899.

53 Winkworth v. Christie, Manson and Woods, oben N. 51.

54 Sale of Goods (Amendment) Act 1994, c. 32, sect. 1.

Herkunftsstaats verweisen und es diesem Staat überlassen, wie es den Eigentumserwerb im Ausland beurteilen möchte.[55] Das geschieht heute schon; denn der englische Richter wird sich, solange das Objekt in Deutschland ist, auf deutsches Recht berufen, und, wenn schließlich das Objekt zurückgegeben wird, nicht mehr das deutsche Recht befragen, sondern die englische *lex rei sitae* anwenden, die im Ausland gutgläubig erworbene Rechte im Inland anerkennt. Oder – besser noch – § 9 KultGüRückG ist ersatzlos zu streichen; denn die Richtlinie wollte das IPR nicht ändern, vielmehr dem Recht des Herkunftsstaates zur Beurteilung überlassen, sobald die Sache zurückgekehrt ist.

3. Änderung des inländischen materiellen Rechts

Das schweizerische Recht hat das KGTG zum Anlass genommen, auch das inländische Sachrecht zu ändern, und zwar in vierfacher Hinsicht. Geändert wurden Art. 724 Abs. 1 und 2 ZGB (Schatzfund), Art. 728 Abs. 1ter ZGB (Ersitzung), Art. 934 Abs. 1bis ZGB (gutgläubiger Erwerb gestohlener Sachen) und Art. 196a und 210 Abs. 1bis OR (Verjährung von Ansprüchen aus Gewährleistung). In allen Fällen wurde die Frist für Ersitzung, gutgläubigen Erwerb und Gewährleistung auf 30 Jahre erhöht, und beim Schatzfund wurde angeordnet, dass der Kanton, in dem der Schatz gefunden wurde, unmittelbar mit dem Fund Eigentümer des Schatzes ist und dass die gefundenen Sachen weder ersessen, noch gutgläubig erworben werden können, und dass der Herausgabeanspruch nicht verjährt. Die Verlängerung der Gewährleistungsansprüche ist die notwendige Folge dieser Regelungen im Sachenrecht.

Die Frage ist, ob auch nach deutschem Recht eine solche Änderung erforderlich oder wünschenswert ist. Abgesehen von einer Änderung des § 984 BGB über den Schatzfund[56] ist eine solche Änderung nicht zu empfehlen. Im Inland werden hinsichtlich inländischen Kulturgutes keine Rückführungsansprüche geltend gemacht, so dass sich keine Benachteiligung dieser Objekte gegenüber ausländischen Kulturgütern ergibt. Außerdem ist ein gutgläubiger Erwerb gestohlener Sachen nur in einer öffentlichen Versteigerung möglich (§ 935 Abs. 2 BGB) und nach zehn Jahren durch Ersitzung (§ 937 Abs. 1 BGB). Das ist doppelt so lange wie nach altem schweizerischem Recht. Man braucht also die Frist nicht zu verlängern.

Abschaffen sollte man jedoch die Verjährung eines dinglichen Herausgabeanspruchs (§ 197 Abs. 1 Nr. 1 BGB). Gutgläubige werden bereits geschützt, und andere verdienen keinen Schutz. Außerdem ist es eine Anomalie, einen Herausgabeanspruch verjähren zu lassen, ohne dass damit das Eigentum auf den Schuldner über-

55 So richtig *Volker Wiese,* Der Einfluß des EG-Rechts auf das Internationale Sachenrecht der Kulturgüter, Tübingen 2005, 92 ff.; *Felix Wendenburg,* Kulturgüterschutz im Gemeinschaftrecht: ZEuP 2008, 577-598 (582 ff.).

56 Hierzu vgl. *Siehr,* oben N. 44, 148 (Rn. 126); *ders.,* Stellungnahme zum Regierungsentwurf eines Gesetzes zu dem UNESCO-Übereinkommen von 1970, in: Jahrbuch Preußischer Kulturbesitz XLII (2005) 329 – 340 (340).

geht. Ergebnis ist ein undurchsetzbares Eigentum in der Hand derjenigen Person, deren Herausgabeanspruch verjährt ist. [57]

III. Resümee

1. Das UNESCO-Übereinkommen von 1970 bedarf der Umsetzung in nationales Recht. Es ist als solches nicht unmittelbar durchsetzbar.
2. Es kann auf verschiedene Art und Weise umgesetzt werden, und zwar entweder durch ein Gesetz mit bilateralen Vereinbarungen mit Vertragsstaaten oder durch Anlehnung an die Richtlinie 93/7/EWG vom 15.3.1993.
3. Die USA und die Schweiz haben die erstgenannte Möglichkeit gewählt. Sie ist nicht zu empfehlen.
4. Näher liegt eine Anlehnung an die Richtlinie 93/7/EWG vom 15.3.1993. Dies hat das deutsche KultGüRückG versucht, jedoch mit einem Ergebnis, das nicht befriedigt.
5. Besser ist es, auch gegenüber Vertragsstaaten des UNESCO-Übereinkommens von 1970 großzügig zu sein und von den Herkunftsstaaten keine auch im Inland erhältlichen Listen zu verlangen. Die unerlaubte Ausfuhr von Kulturgütern, die unter Art. 1 des Übereinkommens fallen, sollte genügen, um einen Rückforderungsanspruch zu geben. Vertragsstaaten des UNESCO-Übereinkommens sind ebenso zu behandeln wie Mitgliedsstaaten der Europäischen Union.
6. Für mehrere nebeneinander bestehende Übereinkommen gilt, sofern nichts anderes ausdrücklich vorgesehen ist, das Günstigkeitsprinzip.
7. Deutschland sollte außerdem § 984 BGB (Schatzfund) und § 197 Abs. 1 Nr. 1 BGB ändern.

57 Hierzu *Kurt Siehr,* Verjährt ein Anspruch auf Herausgabe des Eigentums?, bei: *Michael H. Carl/Herbert Güttler/Kurt Siehr,* Kunstdiebstahl vor Gericht: City of Gotha v. Sotheby's/Cobert Finance S.A., Berlin 2001, 53.75 (64).

Die Umsetzung des UNESCO-Übereinkommens von 1970 in der Schweiz: Das Beispiel der bilateralen internationalen Vereinbarungen

Marc-André Renold[*]

I. Einleitung

Die Ratifizierung und Umsetzung der UNESCO-Konvention von 1970 durch die Schweiz hatte verschiedene Folgen im schweizerischen Recht und in der Praxis; sie sollen hier analysiert werden. Wirklich von Bedeutung sind heute im „Sonderfall Schweiz" die bilateralen Vereinbarungen, die zwischen der Schweiz und anderen Ländern abgeschlossen werden. Deshalb werden wir uns auf diese Neuerung konzentrieren.

Als Erstes werden im Folgenden der juristische Kontext des internationalen Kulturgüterschutzes in der Schweiz und insbesondere die Grundlagen der bilateralen Vereinbarungen erörtert (II). Dann wird die Vereinbarung zwischen Italien und der Schweiz ausführlich kommentiert, die einzige, die tatsächlich in Kraft getreten ist (III). Danach wird kurz die Rechtslage in der Schweiz unabhängig von den bilateralen Verträgen beschrieben (IV), und schließlich werden die direkten und indirekten Wirkungen der bilateralen Vereinbarungen in der Praxis analysiert (V).

II. Der Kontext in der Schweiz

Die erste bilaterale Vereinbarung über die Einfuhr und Rückführung von Kulturgut – zwischen der Schweiz und Italien – ist am 27. April 2008 in Kraft getreten.[1] Diese Nachricht war schon seit einiger Zeit erwartet worden, denn unterzeichnet worden war die Vereinbarung schon am 20. Oktober 2006. Aber immerhin: Wohl musste man ein wenig Geduld haben, aber das schweizerische System der bilateralen Ver-

---

* Prof. Dr. Marc-André Renold, Universität Genf, Co-Direktor Art-Law Centre, Rechtsanwalt. Der Autor dankt Marie Boillat, Assistentin an der Universität Genf, und Barbara Kugler, Übersetzerin, für ihre Hilfe bei der Erstellung der deutschen Fassung dieses Artikels. Stand: 20.10.08.

1 SR 0.444.145.41: Vereinbarung vom 20. Oktober 2006 zwischen dem Schweizerischen Bundesrat und der Regierung der Republik Italien über die Einfuhr und die Rückführung von Kulturgut. Die Teile I und II des vorliegenden Beitrags stützen sich auf eine Publikation des *Verf.,* Entrée en vigueur du premier accord sur l'importation et le retour de biens culturels, die auf französisch in Medialex 2/2008, S. 65 ff. veröffentlicht worden ist. Sie werden hier mit freundlicher Genehmigung der Zeitschrift Medialex, Revue de droit de la communication, in übersetzter und leicht geänderter Fassung wiedergegeben.

einbarungen, das im Bundesgesetz über den internationalen Kulturgütertransfer (KGTG) vorgesehen ist, ist nun mit diesem Inkrafttreten der Vereinbarung mit Italien auf gutem Wege. Bald dürften auch entsprechende Vereinbarungen mit Peru[2] und Griechenland[3] folgen. Darüber hinaus hat das Bundesamt für Kultur bekannt gegeben, dass hoffentlich bald eine bilaterale Vereinbarung mit Ägypten unterzeichnet wird. Mittelfristig laufen Verhandlungen mit der Türkei, Zypern, Algerien, Mexiko und Kolumbien.[4]

Am 3. Oktober 2003 ratifizierte die Schweiz die UNESCO-Konvention von 1970 über die Maßnahmen zum Verbot und zur Verhütung der rechtswidrigen Einfuhr, Ausfuhr und Übereignung von Kulturgut (im Folgenden: UNESCO-Konvention von 1970)[5]. Die Schweiz ist somit einer der 116 Staaten, die bis heute dieses wichtige internationale Übereinkommen ratifiziert haben, dessen Ziel der Kampf gegen den widerrechtlichen Handel mit Kulturgütern ist.[6] Dieser Text gilt im Allgemeinen als nicht direkt anwendbar („non self-executing") und war in einer Reihe von Staaten Gegenstand eines Einführungsgesetzes (z.B. in Kanada, in den Vereinigten Staaten oder vor Kurzem in Deutschland), allerdings nicht in allen (z.B. weder in Frankreich noch im Vereinigten Königreich).

Die Schweiz hat ihrerseits ein Einführungsgesetz für die Konvention erlassen: das Bundesgesetz vom 20. Juni 2003 über den internationalen Kulturgütertransfer (KGTG), das am 1. Juni 2005 in Kraft getreten ist.[7] Dieses Gesetz regelt die Einfuhr von Kulturgut in die Schweiz, seine Durch- und Ausfuhr sowie die Rückführung gestohlenen oder widerrechtlich ausgeführten Kulturguts aus der Schweiz (Art. 1 KGTG). Gleichzeitig trat eine Verordnung zum Gesetz, die KGTV, in Kraft, die wichtige materielle Regelungen enthält.[8]

Die Rechtsgrundlage der bilateralen Vereinbarungen findet sich im KGTG, genauer in Artikel 7. Dieser ermächtigt den Bundesrat, mit Vertragsstaaten der UNES-

---

2 Vereinbarung zwischen dem Schweizerischen Bundesrat und der Regierung der Republik Peru über die Zusammenarbeit zur Verhütung des rechtswidrigen Handels mit Kulturgütern, abgeschlossen am 28. Dezember 2006. Diese Vereinbarung ist noch nicht in Kraft. Sie kann jedoch seit November 2007 auf der Website des Bundesamts für Kultur eingesehen werden: http://www.bak.admin.ch/bak/themen/kulturguetertransfer/01985/index.html?lang=de.

3 Vereinbarung zwischen dem Bundesrat der Schweizerischen Eidgenossenschaft und der Regierung der Hellenischen Republik über die Einfuhr, die Durchfuhr und die Rückführung von Kulturgut, abgeschlossen am 15. Mai 2007. Auch diese Vereinbarung ist noch nicht in Kraft, und auch sie ist seit November 2007 auf der Website des Bundesamts für Kultur einsehbar: http://www.bak.admin.ch/bak/themen/kulturguetertransfer/01985/index.html?lang=de.

4 *Marc-André Renold*, Entrée en vigueur du premier accord sur l'importation et le retour de biens culturels, Medialex 2/2008, S. 65 ff.; *Benno Widmer*, Drei Jahre Kulturgütertransfergesetz in der Praxis, KUR 2008, S. 84 f.

5 SR 0.444.1; die UNESCO-Konvention ist in der Schweiz am 3. Januar 2004 in Kraft getreten.

6 Zum aktuellen Stand der Ratifizierung siehe Website der UNESCO: www.unesco.org.

7 SR 444.1; ein Kommentar zum KGTG findet sich in *Pierre Gabus/Marc-Andre Renold*, Commentaire LTBC – Loi fédérale sur le transfert international des biens culturels (LTBC), Genf/Zürich/Basel, 2006.

8 SR 444.11: Verordnung über den internationalen Kulturgütertransfer (KGTV) vom 13. April 2005.

CO-Konvention „Staatsverträge über die Einfuhr und die Rückführung von Kulturgut“ (Vereinbarungen) abzuschließen. Es handelt sich hier um eine Delegierung von Kompetenzen der Bundesversammlung auf dem Gebiet völkerrechtlicher Verträge an den Bundesrat, in Anwendung von Art. 166 Abs. 2 der Bundesverfassung[9].

Für den Abschluss solcher bilateraler Vereinbarungen müssen drei Bedingungen erfüllt sein, die in Art. 7 Abs. 2 KGTG aufgezählt werden: Gegenstand der Vereinbarung müssen erstens Kulturgüter von wesentlicher Bedeutung für das kulturelle Erbe des jeweiligen Vertragsstaates sein, diese Kulturgüter müssen zweitens im jeweiligen Vertragsstaat Ausfuhrbestimmungen unterliegen, die den Schutz des kulturellen Erbes bezwecken, und drittens schließlich muss der Vertragsstaat Gegenrecht gewähren[10].

III. Die bilaterale Vereinbarung Schweiz – Italien

Die bilaterale Vereinbarung zwischen der Schweiz und Italien ist wie erwähnt im April 2008 in Kraft getreten. Sie soll nun genauer betrachtet werden.

A. Titel der Vereinbarung und Abschlussverfahren

Gemäß ihrem Titel geht es in der Vereinbarung zwischen der Schweiz und Italien um „die Einfuhr und die Rückführung von Kulturgut“. Grundsätzlich könnte der Titel auch die Ausfuhr erwähnen, vor allem da ja solche Vereinbarungen die Bekämpfung rechtswidriger Ausfuhren bezwecken. Dieses Ziel geht im Übrigen klar aus der Präambel der Vereinbarung hervor[11].

Was das Verfahren betrifft, so wurde auf Ministeriumsebene verhandelt, und die Vereinbarung wurde zwischen den Regierungen der beiden Staaten abgeschlossen.

B. Definition des von der Vereinbarung erfassten Kulturguts (Art. I und Anhang)

Für welche Kulturgüter gilt diese Vereinbarung? Hier stellt sich die Frage nach der Definition von Kulturgut von wesentlicher Bedeutung für das kulturelle Erbe[12]. In einem Anhang zur Vereinbarung wird auf drei Seiten festgelegt, worum es geht. Nach Material (Stein, Metall, Holz, Bernstein usw.) gegliederte Kategorien werden aufgezählt, und jede Kategorie ist in Unterkategorien nach Art der Objekte (Statue, Werkzeug, Waffe, Relief usw.) und nach deren Alter aufgeteilt. Erfasst werden, kurz gesagt, sämtliche Antiquitäten, von der Urgeschichte (in einigen Fällen, z.B. für

---

9 *Marc-André Renold*, op. cit. S. 66.
10 *Pierre Gabus/Marc-André Renold*, op. cit., ad Art. 7 KGTG Rz. 8 ff.
11 *Marc-André Renold*, op. cit., S. 67.
12 *Pierre Gabus/Marc-Andre Renold*, op. cit., ad Art. 7 KGTG Rz. 9ff.

Werkzeuge, geht die Datierung bis 130 000 v. Chr. zurück) bis zur griechischen, italischen, etruskischen oder römischen Zeit bis ins Jahr 800, in einigen Fällen bis 1500 n. Chr., und zwar unabhängig vom wirtschaftlichen Wert. Nicht erfasst wird hingegen die gesamte Kunst der Renaissance, des Seicento, des Barock usw. bis zur modernen und zeitgenössischen Kunst. Grundsätzlich ist somit eine sehr große Zahl von Objekten in einer abgegrenzten Zeitspanne betroffen. Dahinter steht der Gedanke, dass der rechtswidrige Kulturgütertransfer, der hier bekämpft werden soll, der illegale Handel mit Antiquitäten und insbesondere mit archäologischen Objekten ist[13].

C. Das Zollverfahren (Art. II)

Welches System wurde für diese Güter geschaffen? Es ist einfach, aber doch recht revolutionär. Einfach ist es in dem Sinne, dass eine Ausfuhr nur dann möglich ist, wenn die Ausfuhrbestimmungen des betreffenden Staates eingehalten werden. Ein Exporteur muss somit dem schweizerischen Zoll die italienische Ausfuhrbewilligung vorlegen, damit die Einfuhr in die Schweiz erfolgen kann, und umgekehrt. Revolutionär ist das System insofern, als vom Zöllner die Anwendung ausländischen öffentlichen Rechts in Bezug auf die Ausfuhrkontrolle verlangt wird (und auch vom Richter, wenn es zu einer Rückführungsklage kommt)[14].

Die Vereinbarung enthält überdies (in Art. II Abs. 2) einige Hinweise zu den Angaben, die bei der Zolldeklaration zu machen sind (Objekttyp, Datierung und Herstellungsort, Fundort usw.).

D. Rechtswidrige Einfuhr (Art. 2 Abs. 5 KGTG)

Welche rechtlichen Folgen hat eine Verletzung der Vereinbarung, insbesondere eine Nichteinhaltung des Zollverfahrens? Dann liegt eine rechtswidrige Einfuhr vor. Diesbezüglich ist es bedauerlich, dass diese Folge in der Vereinbarung nicht explizit erwähnt wird. Dagegen ist sie in Art. 2 Abs. 5 des KGTG klar formuliert: „Als rechtswidrige Einfuhr gilt eine Einfuhr, die eine Vereinbarung im Sinne von Artikel 7 [...] verletzt."

Welches sind die rechtlichen Folgen einer rechtswidrigen Einfuhr? Einerseits ist eine Straftat begangen worden (Vergehen im Sinne von Art. 24 Abs. 1 Bst. c KGTG), andererseits kann der Herkunftsstaat nun auf Rückführung klagen[15].

---

13 *Marc-André Renold*, op. cit., S. 68.

14 *Benno Widmer*, op. cit., S. 85.

15 *Pierre Gabus/Marc-André Renold*, op. cit., ad Art. 7 KGTG Rz. 15 und Art. 9 KGTG.

E. Rückführungsklage des Herkunftsstaates (Art. III, IV, V und VII)

Die schon in Art. 9 KGTG umrissene Rückführungsklage[16] wird in Art. III, IV, V und VII der bilateralen Vereinbarung näher ausgeführt. Das System lässt sich wie folgt zusammenfassen: Angenommen, ein archäologisches Objekt ist rechtswidrig aus Italien aus- und in die Schweiz eingeführt worden (der umgekehrte Fall ist natürlich auch möglich). In diesem Fall kann der italienische Staat vor den schweizerischen Gerichten, d.h. am Ort, an dem sich das Kulturgut befindet, Klage einreichen (Art. III Abs. 2). Für die Klage gelten die Bestimmungen der Vereinbarung; im Übrigen gilt schweizerisches Recht (Art. III Abs. 3). Italien muss nachweisen, dass das Kulturgut einer der im Anhang verzeichneten Kategorien angehört und dass es nach Inkrafttreten der Vereinbarung rechtswidrig in die Schweiz eingeführt worden ist (Art. IV Abs. 1). Die Kosten (Sicherung, Erhaltung und Rückführung) gehen zulasten Italiens als klagender Partei (Art. V Abs. 1). Italien hat einem etwaigen gutgläubigen Erwerber eine Entschädigung zu entrichten, die sich am Kaufpreis und an den notwendigen und nützlichen Aufwendungen zur Bewahrung und Erhaltung des Kulturguts orientiert (Art. V Abs. 2). Für die Klage besteht eine Verjährungsfrist von einem Jahr nach Kenntnis, wo und bei wem sich das Kulturgut befindet; sie verjährt jedoch spätestens 30 Jahre nach der rechtswidrigen Ausfuhr (Art. IV Abs. 3). Ein angemessener Schutz und die Zugänglichkeit des zurückgeführten Kulturguts müssen gewährleistet sein (Art. VII).

F. Allgemeine und Schlussbestimmungen (Art. VI sowie VIII bis XIV)

Diese Bestimmungen enthalten verschiedene Regelungen und Präzisierungen, insbesondere betreffend die zuständigen Behörden, die administrative Zusammenarbeit, den Informationsaustausch (sowohl zu Vorfällen als auch zu rechtlichen Entwicklungen), die Zusammenarbeit der Behörden mit anderen Institutionen (UNESCO, ICOM, Interpol usw.), ferner die Regelung im Falle von etwaigen Streitigkeiten zwischen den Parteien.

Die Vereinbarung wird für eine Dauer von fünf Jahren abgeschlossen, ihre Gültigkeit verlängert sich aber jeweils stillschweigend um fünf Jahre (Art. XIV Abs. 2).

Da die Vereinbarung zwischen der Schweiz und Italien eben erst in Kraft getreten ist, ist es selbstverständlich noch zu früh, ihre Wirksamkeit zu beurteilen. Vorerst möchten wir nur anmerken, dass mit dem Begriff „Kulturgut von wesentlicher Bedeutung für das kulturelle Erbe“[17] eine sehr große Zahl von Kulturgütern erfasst wird und dass sich daher aufseiten der Zollorgane praktische Probleme stellen können. Natürlich wird es interessant sein zu sehen, ob mit dem Inkrafttreten der Vereinbarung der widerrechtliche Handel mit archäologischen Objekten eingedämmt

---

16 *Pierre Gabus/Marc-Andre Renold*, op. cit., ad Art. 9 KGTG Rz. 7 ff.

17 *Pierre Gabus/Marc-Andre Renold*, op. cit., ad Art. 7 KGTG Rz. 9 ff.

werden kann und ob es schon relativ bald zu Rückführungsklagen des einen oder des anderen Staates kommt.

Wie schon erwähnt, hat die Schweiz weitere bilaterale Vereinbarungen abgeschlossen (mit Peru und Griechenland), die allerdings noch nicht in Kraft getreten sind. Inhaltlich sind diese Vereinbarungen zwar derjenigen mit Italien recht ähnlich, sie sind jedoch nicht identisch. Insbesondere die Definition der Kulturgüter von wesentlicher Bedeutung ist unterschiedlich, und dies könnte meines Erachtens problematisch sein. Die praktische Umsetzung der Vereinbarungen dürfte deshalb schwierig sein, insbesondere für die direkt betroffenen Zollämter. Das Problem für die Zollbehörden wird darin bestehen, dass sie mit verschiedenen Kategorien von Kulturgütern konfrontiert sein werden, die je nach Ursprungsland variieren werden. Die Zusammenarbeit unter den Behörden, sowohl auf Landes- als auch auf internationaler Ebene, wird deshalb sehr wichtig sein[18].

Zu betonen ist schon jetzt, dass diese Vereinbarung – wahrscheinlich wie gesagt die erste einer ganzen Reihe – den Beginn einer Art „Kultur" der bilateralen Vereinbarungen im Kampf gegen den illegalen Kulturgüterhandel markiert. Dem Vernehmen nach haben sich schon weitere Staaten an der entsprechenden Erfahrung der Schweiz interessiert gezeigt. Abzuwarten bleibt, ob sich die Idee auch in anderen Ländern durchsetzt.

IV. Die allgemeine Rechtslage in der Schweiz (außerhalb der bilateralen Vereinbarungen)

Manche denken vielleicht, ohne bilaterale Vereinbarungen wäre die Umsetzung der UNESCO-Konvention von 1970 in der Schweiz wirkungslos geblieben. Eine solche Einschätzung des schweizerischen Systems wäre aber falsch. Die Umsetzung der UNESCO-Konvention in der Schweiz erfolgte mit der Verabschiedung des KGTG und der KGTV. Die meisten ihrer Bestimmungen, außer jenen über die unerlaubte Einfuhr in die Schweiz, sind unabhängig von bilateralen Vereinbarungen anwendbar. Es sei hier daran erinnert, dass das KGTG neue Regeln vor allem in folgenden Bereichen enthält: Unter anderem sind wichtige zivilrechtliche Bestimmungen geändert worden, und es wurden Sorgfaltspflichten bei der Übertragung von Kulturgüter und eine Reihe von Strafbestimmungen eingeführt. Diese drei Bereiche werden hiernach kurz erläutert:

A. Zivilrecht (Änderung von Art. 728 und 934 ZGB)

Mit dem KGTG fand der Begriff des Kulturguts in das schweizerische Zivilgesetzbuch Eingang – bis dahin hatte es diesen im schweizerischen Zivilrecht nicht gege-

18 *Benno Widmer*, op. cit., S. 84 f.; *Pierre Gabus/Marc-André Renold*, op. cit., ad Art. 19 KGTG Rz. 1 ff. und ad Art. 29 Rz. 1 ff.

ben. Kulturgüter werden damit zu Gütern mit einem besonderen Status und eigenen rechtlichen Regelungen[19]. Gemäß den Artikeln 934 Abs. 1bis und 728 Abs. 3 ZGB wurden die Fristen für die Rückgabe gestohlener oder sonstwie abhanden gekommener Kulturgüter und für die Ersitzung des gutgläubigen Erwerbers auf dreißig Jahre verlängert. Interessanterweise hat der Gesetzgeber auch die Fristen der vertraglichen Ansprüche aus Gewährleistung wegen Rechts- oder Sachmängeln verlängert (ferner besteht eine absolute Verjährungsfrist von 30 Jahren nach Vertragsabschluss; Art. 210 OR)[20].

B. Einführung einer Sorgfaltspflicht bei der Übertragung von Kulturgütern

Der Schweizer Gesetzgeber hat allgemeine Sorgfaltspflichten für jegliche Übertragung von Kulturgütern im Kunsthandel und im Auktionswesen festgelegt. Gemäß Art. 16 Abs. 1 KGTG darf ein „Kulturgut nur übertragen werden, wenn die übertragende Person nach den Umständen annehmen darf, dass das Kulturgut: a. nicht gestohlen worden ist, nicht gegen den Willen der Eigentümerin oder des Eigentümers abhanden gekommen ist und nicht rechtswidrig ausgegraben worden ist; b. nicht rechtswidrig eingeführt worden ist." Weiter hat der Gesetzgeber besondere Sorgfaltspflichten für die im Kunsthandel und im Auktionswesen tätigen Personen eingeführt (Art. 16 Abs. 2 KGTG). So müssen sie a) den Verkäufer bzw. den Einlieferer identifizieren („know your customer") und b) von diesem eine schriftliche Erklärung über seine Verfügungsberechtigung über das Kulturgut verlangen. Ferner müssen sie c) über ihre Beschaffungen Buch führen und Folgendes aufzeichnen: die Beschreibung des Kulturguts, den Ursprung des Kulturgutes, soweit er bekannt ist, den Namen und die Adresse der einliefernden Person oder des Verkäufers sowie den Ankaufspreis des Kulturguts. Schließlich müssen sie d) mit den Behörden, vor allem mit der Fachstelle des Bundesamts für Kultur, zusammenarbeiten[21].

Die Fachstelle ist befugt zu kontrollieren, dass die im Kunsthandel und im Auktionswesen tätigen Personen die Sorgfaltspflichten einhalten; zu diesem Zweck hat sie Zutritt zu den Geschäftsräumen (Art. 17 Abs. 2 KGTG) und kann Einsicht in

19 *Benedict Foëx*, La loi fédérale sur le transfert international de biens culturels: un point de vue de civiliste, in: Criminalité, blanchiment et nouvelles réglementations en matière de transfert de biens culturels, Band 17 Etudes en droit de l'art, Genf 2006, S. 18 f.

20 *Pierre Gabus/Marc-André Renold*, op. cit., ad Art. 32 KGTG.

21 *Pierre Gabus/Marc-André Renold*, op. cit., ad Art. 16 KGTG. Das Bundesamt für Kultur stellt auf seiner Website verschiedene Informationsdokumente zur Verfügung, die den Kunsthändlern helfen sollen, die Anforderungen von Artikel 16 KGTG zu erfüllen. Es sind dies insbesondere eine Wegleitung zu den allgemeinen und besonderen Sorgfaltspflichten sowie eine Mustererklärung „Verfügungsberechtigung" samt Begleitschreiben, in welcher der Verkäufer dem Kunsthändler bestätigt, dass er Eigentümer des Guts ist oder vom Eigentümer ermächtigt worden ist, über das Gut zu verfügen (http://www.nb.admin.ch/bak/themen/kulturguetertransfer/01106/index.html).

die Bücher nehmen[22]. Die Verletzung dieser Sorgfaltspflichten hat strafrechtliche Folgen (Art. 25 Bst. a KGTG).

C. Strafbestimmungen

Artikel 24 (Vergehen) und 25 (Übertretungen) KGTG ermöglichen die Ahndung bestimmter Tatbestände im Zusammenhang mit der Übertragung von Kulturgütern, die bis dahin vom Strafgesetzbuch nicht als widerrechtlich betrachtet worden waren. Dazu sind zwei grundsätzliche Anmerkungen zu machen. Erstens sind die vorgesehenen Strafen – Gefängnis bis zu einem Jahr oder Buße bis zu 100.000 Franken – nur anwendbar, sofern die Tat nicht nach einer anderen Bestimmung mit einer höheren Strafe bedroht ist (Art. 24 Abs. 1 KGTG). Zweitens sind die betreffenden Tatbestände unabhängig davon strafbar, ob der Täter oder die Täterin vorsätzlich oder fahrlässig gehandelt hat (Art. 24 Abs. 2 KGTG).

Sehen wir uns nun die verschiedenen strafbaren Tatbestände an. Artikel 24 Abs.1 Bst. a KGTG sieht Strafen für jede Person vor, die „gestohlene oder gegen den Willen der Eigentümerin oder des Eigentümers abhanden gekommene Kulturgüter einführt, verkauft, vertreibt, vermittelt, erwirbt oder ausführt". Artikel 24 Abs. 1 Bst. b KGTG sieht die Strafbarkeit der Aneignung von Grabungsfunden im Sinne von Art. 724 ZGB vor. Mit diesem Artikel wird erstmals ein Tatbestand strafrechtlich geahndet, der speziell archäologische Objekte betrifft. Damit wird klar der Wille demonstriert, diese Art von Gütern – die besonders oft Gegenstand illegalen Handels sind – zu schützen. Gemäß Artikel 24 Abs. 1 Bst. c KGTG macht sich strafbar, wer Kulturgüter rechtswidrig einführt oder bei der Ein- oder Durchfuhr am Zoll unrichtig deklariert. Es handelt sich nicht um irgendeine Einfuhr, sondern um eine Einfuhr im Sinne von Artikel 2 Abs. 5 KGTG, d.h. eine Einfuhr, die eine bilaterale Vereinbarung (Art. 7 KGTG) verletzt. Artikel 24 Abs. 1 Bst. d schließlich stellt die rechtswidrige Ausfuhr von im Bundesverzeichnis erfassten Kulturgütern sowie unrichtige Deklarationen bei der Ausfuhr unter Strafe[23].

Gemäß Artikel 25 Abs. 1 Bst. a wird ein Kunsthändler, der seine Sorgfaltspflicht missachtet, mit Buße bis zu 20.000 Franken bestraft[24]. Wesentlich komplexer ist die Frage der zivilrechtlichen Sanktion, zum Beispiel die eventuelle Nichtigkeit eines Verkaufs, den ein Händler unter Missachtung seiner Sorgfaltspflichten getätigt hat. Das Gesetz schweigt dazu. Damit dürfte es wohl eine Interpretationsfrage sein[25].

Die neuen Straftatbestände, die im KGTG vorgesehen sind, werden auch die internationale Rechtshilfe in Strafsachen (Art. 23 KGTG) erleichtern, da für eine grö-

22 *Pierre Gabus/Marc-Andre Renold*, op. cit., ad Art. 17 KGTG.
23 *Pierre Gabus/Marc-Andre Renold*, op. cit., ad Art. 24 KGTG.
24 *Pierre Gabus/Marc-André Renold*, op. cit., ad Art. 24 und 25 KGTG.
25 *Benedict Foëx*, op. cit., S. 22 f.

ßere Zahl von Tatbeständen der Grundsatz der beidseitigen Strafbarkeit eingehalten wird[26].

D. Weitere Normen

Das KGTG enthält noch weitere Normen, zum Beispiel zum Schutz des kulturellen Erbes der Schweiz (Kulturgüterverzeichnisse, Ausfuhrbewilligung usw. – Art. 3 bis 6 KGTG[27]), zur Erleichterung des Austauschs zwischen Museen und kulturellen Institutionen (sog. Rückgabegarantie. Art. 10 bis 13 KGTG[28]) oder zur internationalen Amts- und Rechtshilfe. Auf diese soll hier aber nicht näher eingegangen werden[29].

V. Die direkte und die indirekte Wirkung der bilateralen Vereinbarungen

Abschließend lässt sich die Frage stellen, welche Wirkung diese ganzen Regelungen zur Umsetzung der UNESCO-Konvention in der Schweiz haben. Zu unterscheiden ist zwischen der direkten und der indirekten Wirkung.

Die *direkte Wirkung* ist unzweifelhaft eine Verhaltensänderung: Museen, Sammler und Händler in der Schweiz sind beim Ankauf und Verkauf von Kulturgütern sehr viel vorsichtiger geworden. Dank dem KGTG ist unseres Erachtens eindeutig das „Risikobewusstsein" („awareness") hinsichtlich des illegalen Kulturgüterhandels geschärft worden. Es ist noch verfrüht, etwas zu den bilateralen Vereinbarungen zu sagen, aber die Entwicklung dürfte wohl in die gleiche Richtung gehen. Die Kosten dieses Wandels sind allerdings erheblich und haben Anlass zu etlicher Kritik gegeben: der Kunstmarkt werde bürokratisiert, mit einer ganzen Reihe von Vorschriften, Sanktionen, Kontrollen, Bewilligungen usw.

Die *indirekte Wirkung* besteht meines Erachtens darin, dass bei Auftreten von Problemen versucht wird, diese pragmatisch und nicht unbedingt auf dem Rechtsweg zu lösen. Solche Alternativlösungen, insbesondere die „freiwillige Rückgabe", kommen in der Regel dann zur Anwendung, wenn die widerrechtliche Herkunft des Gutes durch konkrete Elemente nachgewiesen ist (rote Liste, Polizeiregister usw.). Je zahlreicher die Beweise, desto eher dürfte die Person, die im Besitz des Objekts ist, bereit sein, es dem bestohlenen Eigentümer zurückzugeben, ohne dass es zu einem Gerichtsverfahren kommt. In gewissem Sinne handelt es sich um eine Abwägung der Erfolgsaussichten eines Prozesses, selbst wenn der Erwerb gutgläubig er-

---

26 *Giorgio Bomio*, Le rôle de l'entraide pénale internationale dans le domaine des biens culturels, in: Criminalité, blanchiment et nouvelles réglementations en matière de transfert de biens culturels, Band 17 Etudes en droit de l'art, Genf 2006, S. 114 ff.

27 *Pierre Gabus/Marc-André Renold*, op. cit., ad Art. 3 bis 6 KGTG.

28 *Pierre Gabus/Marc-André Renold*, op. cit., ad Art. 10 bis 13 KGTG.

29 *Pierre Gabus & Marc-André Renold*, op. cit., ad Art. 22 und 23 KGTG; *Giorgio Bomio*, op. cit., S.101 ff.

folgte. Es gibt keine allgemeingültigen Regeln über die freiwillige Rückgabe von Objekten aus dem illegalen Handel; jeder Fall wird einzeln unter Berücksichtigung der jeweiligen Umstände analysiert. Als Beispiel seien drei Fälle von „freiwilliger Rückgabe" genannt, zu denen es in der Schweiz in jüngster Zeit ohne jedes Gerichtsverfahren gekommen ist. Sie sind jedoch im Kontext der Ratifizierung der UNESCO-Konvention von 1970 durch die Schweiz und deren Umsetzung durch das KGTG zu sehen.

1. Eine Bronzehand gehörte zu einer in Laodikeia am Lykos (antike Stadt in Phrygien, heute in der Türkei) gefundenen römischen Statue. Sie wurde Ende 2005 in Deutschland auf einer Auktion versteigert. Das Auktionshaus stellte nachträglich fest, dass die Bronzehand bei Interpol von der Türkei als gestohlen gemeldet worden war. Im Oktober 2007 gab der Schweizer Besitzer das Objekt freiwillig an die Türkei zurück.[30]
2. Mitte April 2008 gab ein Antikenhändler in Basel den griechischen Behörden eine Lekythos (altgriechisches Ölgefäß) zurück, die aus einer Raubgrabung stammte. Der Schweizer Antikenhändler hatte diese Lekythos attischer Herkunft 2007 im Ausland zum Verkauf angeboten. Die griechischen Behörden wurden auf das Angebot aufmerksam und verlangten die Rückgabe des Objekts. Die Rückgabe erfolgte freiwillig und entschädigungslos.[31]
3. Im November 2007, anlässlich der ersten weltweiten Präsentation der roten Liste der gefährdeten Antiken Perus (ICOM), wurde ein Tongefäß der Chancay-Kultur wegen Falschdeklaration am schweizerischen Zoll an Peru zurückgegeben. Zwar war ein kantonales Strafverfahren eingeleitet worden, doch schließlich war es das Bundesamt für Kultur, welches das Kulturgut freiwillig dem peruanischen Botschafter übergab. Das Reliquiargefäß stand nämlich auf der roten Liste des ICOM.[32]

Diese drei neuesten Fälle – und es gibt noch weitere – zeigen unserer Meinung nach in aller Deutlichkeit die indirekte Wirkung (außerhalb von Gerichtsverfahren oder Sanktionen), welche die Einführung internationaler Normen und ihre Umsetzung in der Schweiz haben. Beizufügen wäre noch, dass bilaterale Vereinbarungen wie diejenige mit Italien solche Lösungen indirekt sicherlich ebenfalls fördern werden.

---

30 Pressemitteilung Bundesamt für Kultur, 9.10.2007, www.news.admin.ch, *Benno Widmer*, op. cit., S. 85.

31 Pressemitteilung Bundesamt für Kultur, 15.4.2008, www.news.admin.ch, *Benno Widmer*, op. cit., S. 85.

32 Pressemitteilung Bundesamt für Kultur, 22.11.2007, www.news.admin.ch, *Benno Widmer*, op.cit., S. 84.

Die Umsetzung des UNESCO-Übereinkommens von 1970 in Italien

*Vitulia Ivone**

I. Einleitung

Der konstante und andauernde Globalisierungsprozess hat sich tiefgreifend auf die Ausübung der Funktionen der inländischen und internationalen Rechtsordnungen ausgewirkt, zu denen auch der Schutz der Kulturgüter zählt[1]. Dieser Begriff überschreitet die Grenzen, die in den Konzepten von Souveränität oder Eigentum gegenwärtig sind, und bezieht sich auf die ganze Menschheit. Deshalb werden die Güter, die unter diesen Begriff fallen, Gegenstände von Interesse, und sind nicht nur vom Territorialstaat, sondern auch von allen anderen Mitgliedstaaten der Internationalen Gemeinschaft zu schützen. Kennzeichnend für die Entwicklung der Normen auf dem Gebiet des Verkehrs von Kulturgütern ist die Suche nach einem komplexen Gleichgewicht zwischen der Schutznotwendigkeit von Kulturgut und den Maßnahmen, die den Austausch von Kunstwerken begünstigen[2]. In der nationalen Regelung eines jeden Landes gibt es Normen, die dazu dienen, das kunsthistorische Kulturgut

---

* Prof. Dr. Vitulia Ivone, Università di Salerno, Italien. Die italienische Zitierweise ist beibehalten.

1 I beni culturali sono identificati, di frequente, con il concetto di patrimonio comune dell'umanità che è utilizzato sia in riferimento ai beni culturali mobili (beni archeologici, dipinti, libri) che immobili (monumenti, chiese, edifici dedicati alle arti e alle scienze). Una parte della dottrina ha chiarito che tale concetto è più difficilmente applicabile ai beni culturali mobili "non tanto per cause inerenti alla diversa natura che presentano i due tipi di beni, quanto ai differenti obiettivi, perlomeno immediati, perseguiti nell'evoluzione della cooperazione internazionale in materia". Così M.FRIGO, La protezione dei beni culturali nel diritto internazionale, Milano, 1986, p.191.Difatti, per i beni culturali mobili è meno evidente il senso di appartenenza ad un patrimonio comune, prevalendo il patrimonio culturale nazionale.

2 Lo studio dei temi giuridici connessi ai limiti alla circolazione di determinate categorie di beni di valore è reso sempre più attuale dal processo di integrazione dei mercati in ambito comunitario e dalla crescita costante dei rapporti commerciali relativi alla circolazione delle merci. A differenza del Trattato istitutivo CEE che non conteneva una disciplina sul regime giuridico dei beni culturali né sulla loro circolazione, il Trattato di Roma annovera tra le libertà fondamentali quella della libera circolazione delle merci. In particolare, all'art.30, enuncia una espressa deroga qualora vengano in considerazione interessi nazionali ritenuti eccezionalmente meritevoli di tutela quali "motivi di moralità pubblica, di ordine pubblico, di pubblica sicurezza, di tutela della salute e della vita delle persone e degli animali o di preservazione dei vegetali, di protezione del patrimonio artistico, storico o archeologico nazionale, o di tutela della proprietà industriale e commerciale". In altri termini, tali divieti o restrizioni non possono costituire un mezzo di discriminazione arbitraria o una restrizione dissimulata al commercio tra gli Stati membri.

zu schützen. Diese wirken sich sowohl auf die Bestimmung der Regelung des Eigentums aus, als auch auf das Kontrollsystem für den Import und Export. Auf internationaler Ebene ist es daher möglich zwischen "exportierenden" und "importierenden" Ländern zu unterscheiden. Die Exportländer verfügen über ein bedeutendes kunsthistorisches Kulturgut, das sich oft im Zustand des Verfalls befindet, während die Importländer, in die ausländische Kulturgüter fließen, als Erwerbsländer bezeichnet werden können. Diese Unterscheidung erklärt den protektionistischen Aspekt der nationalen Normen und Gesetzgebungen, der für die Regelungen der Exportländer typisch ist und sich im Vergleich zu den Importländern durch einen liberaleren Ansatz auszeichnet. Vom Gesichtspunkt der Quellen aus ist die UNESCO-Konvention von 1970[3] das erste internationale Abkommen, das eine umfassende Regelung zur Vorbeugung und Bekämpfung des illegalen Handels mit Kunstwerken einführt[4].

Da es sich um ein "multilaterales Abkommen handelt, das keine self-executing-Normen enthält", unterliegt die Anwendung der Konvention der Einführung von inländischen Zwangsvollstreckungshandlungen, die, wie im Folgenden gesagt wird, deren Inhalt ergänzen und vervollständigen. Diese Konvention behandelt einen der wichtigsten Aspekte des internationalen Schutzes von Kunstgütern, das heißt die Rückgabe von Gütern, die Gegenstand illegaler Übereignung sind[5]. Es ist sofort zu

3 La bibliografia sull'argomento è, come risulta evidente, sconfinata. Si segnalano, tra gli altri, M.FRIGO, La protezione dei beni culturali nel diritto internazionale, Milano, 1986; Q. BYRNE - SUTION, Le trafic international des biens culturels sous l'angle de leur revendication par l'Etat d'origine, Zurigo, 1988; P.ASKERUD – E. CLÉMENT (a cura di), La lutte contre le traffic illicite des biens culturels. Guide pour la mise en oeuvre de la Convention de l'Unesco de 1970, Parigi, 1997; G.CARDUCCI, La restitution international des biens culturels et des objets d'art volés ou illicitement exportés, Parigi, 1997; M.MARLETTA, La restituzione dei beni culturali (normativa comunitaria e Convenzione Unidroit), Padova, 1997, in particolare p. 4 ss.; I.CARACCIOLO, Analogie e differenze tra la Convenzione UNESCO del 1970 sui mezzi per vietare e prevenire il trasferimento illecito di proprietà del patrimonio culturale e la Convenzione UN1DR01T del 1995 sulla restituzione dei beni culturali rubati o illecitamente esportati, in La protezione internazionale e la circolazione comunitaria dei beni culturali mobili, Napoli, 1999; R.CONFORTI, La prevenzione e la repressione del traffico illecito di beni culturali, in Protezione internazionale del patrimonio culturale: interesse nazionale e difesa del patrimonio comune della cultura, Atti del convegno, Libera università degli Studi Sociali Guido Carli, Roma maggio 1998, p. 187 ss.; P.O'KEEFE Commentary on the UNESCO 1970 Convention on Illicit Traffic, Leicester, 2000; A.GEISINGER A. – F.MARIÉTHOZ Le projet de ratijìcation Suisse de la Convention de l'UNESCO de 1970 sur l'importation, l'exportation et le transfert de proprieté illicites des biens culturels, in Zeitschrift fur schweizerisches Recht, 2000, p. 273 ss..; M.MAZZOLENI, La tutela dei beni culturali nel diritto internazionale e comparato, Venezia, 2005; M.FRIGO, La circolazione internazionale dei beni culturali, Milano, 2007.

4 Il sistema di prevenzione del traffico illecito di beni culturali, istituito dalla Convenzione del 1970, si basa su quattro capisaldi: l'istituzione di servizi nazionali di protezione del patrimonio artistico, il rilascio di certificati di esportazione dei beni culturali, il mutuo riconoscimento delle legislazioni interne e la cooperazione tra Stati.

5 La Convenzione contiene una dettagliata elencazione dei beni culturali considerati parte del patrimonio culturale di ciascuno Stato. Essa non si riferisce soltanto alle opere d'arte, ma si

bemerken, dass das Verbot der Übereignung, des Exports und Imports von Gütern, die in den Geltungsbereich der Konvention fallen, nicht absolut ist. Es kommt jedem Vertragsstaat die Aufgabe zu, die Operationen bezüglich der sich in seinem Hoheitsgebiet befindenden Güter zu regeln, und festzulegen, welche Operationen zulässig und welche unzulässig sind.

Diese Problematiken zusammen mit anderen, die sich aus der Praxis ergeben haben, bestätigen, dass die Konvention sich als Instrument eignet, die Probleme zu lösen, die vom internationalen Verkehr von Kulturgütern gestellt werden, und im Besonderen das Problem der gestohlenen oder aus dem Ursprungsland illegal ausgeführten Kulturgüter[6]. Eine wichtige Rolle spielt, wie bekannt ist, die Unidroit-Konvention vom 24.Juni 1995 (am 1.Juli 1998 in Kraft getreten). Diese beruht nicht auf der Konvention von 1970, sondern legt ein selbstständiges vertragliches Instrument vor, mit dem ein Mindestmaß an gemeinsamen Rechtsvorschriften unter den Vertragsstaaten zum Zwecke der Rückgabe und der Rückführung von Kulturgütern aufgestellt wird, mit dem Ziel die Bewahrung und den Schutz des Kulturerbes im Interesse aller zu fördern[7].

Um den freien Verkehr von Kulturgütern der Mitgliedstaaten mit der Forderung nach Schutz der nationalen Kunstschätze mit künstlerischem, historischem und archäologischem Interesse in Einklang zu bringen, hat die Gemeinschaft die Verord-

---

estende a tutti i beni che presentino una importanza storica, archeologica, letteraria, artistica e scientifica. La sua importanza è legata allo stato di degrado e di pericolo in cui versavano i beni culturali e ambientali, bisognosi di tutela, conservazione e valorizzazione non soltanto in ambito interno,ma anche internazionale. Nella sessione successiva, la Conferenza Generale dell'Organizzazione delle Nazioni Unite adottava la "Convenzione sulla protezione del patrimonio culturale e naturale mondiale", firmata a Parigi il 23 novembre 1976, resa esecutiva in Italia con la L.6 aprile 1977, n.184 ed entrata in vigore il 23 settembre 1978. In questa convenzione si evidenzia che la gestione dei beni culturali e degli ambienti naturali rientra tra le funzioni essenziali ed insostituibili dei singoli Stati ai quali appartengono e alla loro conservazione sono interessati tutti i popoli del mondo.

6 La dottrina ha avuto modo di sostenere che "le maggiori difficoltà risiedono proprio nella oggettiva inidoneità di uno strumento internazionale essenzialmente concepito per operare sul piano della cooperazione diplomatica a superare gli ostacoli posti dall'ordinaria applicazione delle norme di diritto internazionale privato e di diritto civile proprie degli ordinamenti interni". Così, M.FRIGO, op.ult.cit., p.14 e ss. che ha sottolineato l'inidoneità delle norme ad ottenere un'applicazione coerente all'interno degli ordinamenti statali, specie in assenza di norme che ne accompagnino e ne facilitino l'esecuzione in sede di adattamento.

7 La Convenzione dell'UNIDROIT sul ritorno internazionale dei beni culturali rubati o illecitamente esportati è entrata in vigore il 1° luglio 1998 ed è in vigore dalla data del 6 novembre 2002. Essa ha inteso fornire un contributo al superamento dei principali problemi posti dall'applicazione della *lex rei sitae* quale criterio di collegamento generalizzato introducendo, in alternativa e ai fini della determinazione della legge competente a valutare la costituzione di diritti reali sui beni e la loro esportazione, il criterio della *lex originis.* Così, A.ROCCELLA, Ordinamento comunitario ed esportazione di beni culturali, in Diritto del commercio e degli scambi internazionali, 1993, p.539; A.GARDELLA, Nuove prospettive per la protezione internazionale dei beni culturali : la Convenzione dell'Unidroit del 24 giugno 1995, in Diritto del commercio internazionale, 1998, p.997; J.S.BERGE, La Convention d'Unidroit sur les biens culturels:Remarques sur la dynamique des sources en droit international in Journal du Droit International, 2000, p.215.

nung 3911/92 über die Abwanderung von Kulturgut[8] und die Richtlinie 93/7/EWG über die Rückgabe von unrechtmäßig aus dem Hoheitsgebiet eines Mitgliedstaates verbrachten Kulturgütern[9] angenommen. Nach der Verabschiedung des Gesetzes über den Schutz von Gütern mit künstlerischem und historischem Interesse (Gesetz Nr.1089 vom 1.Juni 1939), das dieses Sachgebiet bis zum Inkrafttreten des Einheitstextes Nr.237 vom 12.Juli 1999 und des Gesetzes vom 29.Oktober 1999 über Kultur-und Landschaftsgüter geregelt hat, wird mit dem *Codice dei beni culturali e ambientali* (Kodex der Kultur-und Landschaftsgüter, eingeführt mit der Gesetzesverordnung Nr.42 vom 22.Januar 2004) eine organische Regelung der Richtlinie über Kulturgüter im weiten Sinne versucht. Vom 26.März 2008 stammen die beiden Gesetzesverordnungen Nr.62 und Nr.63 über die ergänzenden und korrektiven Bestimmungen des *Codice dei beni culturali e del paesaggio*. Die erste Maßnahme betrifft die Kulturgüter des Kodex: "Sie greift in den Verkehr von Sachen mit historischem und künstlerischem Interesse ein, überdenkt die Schutzregelung für archivalische Güter, bestimmt einen zwingenderen Schutz des Kulturguts in Besitz von öffentlichen Institutionen, juristischen Privatpersonen und zivilrechtlich anerkannten kirchlichen Einrichtungen". Die zweite Maßnahme betrifft die Landschaft: Sie zeigt "Erneuerungen im Begriff, in der Landschaftsplanung und in der Regelung der Landschaftsgenehmigungen". Es sei darauf hingewiesen, dass der *Codice* von 2004 eine inhaltliche Wiedergabe des Gesetzes Nr.88 vom 30.März 1998 bezüglich der Normen über den Verkehr von Kulturgütern ist, welches sowohl die Verfügungen zur Aufnahme der Richtlinie 93/7/EWG vom 15.März 1993 (bezüglich der Rückgabe von illegal ausgeführten Kulturgütern aus einem Mitgliedstaat der Europäischen Union) in Italien, als auch die Durchführungsbestimmungen der Richtlinie 3911/92/ EWG des Rates über die Ausfuhr von Kulturgütern und die gemeinsamen Durchführungsbestimmungen über die Datenbanken der illegal entwendeten Kulturgüter bereits enthält.

---

8 Con l'ampliarsi dei rapporti commerciali il legislatore ha ritenuto opportuno assicurare la tutela a determinate categorie di merci, come i beni culturali. A questo scopo, sono state previste fonti atte ad impedire la dispersione di tali preziosi beni appartenenti ai patrimoni nazionali dei Paesi della Comunità. La circostanza che le legislazioni dei Paesi europei potessero contemplare disposizioni legislative di forza differente (nel senso che ben può accadere che un bene culturale presente in un Paese CE con legislazione protettiva, possa essere trasferito in altro paese comunitario con criteri più liberisti, per poi essere trasferito in altro paese terzo) ha indotto il legislatore ad emanare il Regolamento CEE del 9 dicembre 1992, n.3911 che disciplina la materia relativa all'esportazione dei beni culturali e alla gestione delle frontiere esterne.

9 La Direttiva 15 marzo 1993, n.93/7 è stata emanata con lo scopo di regolamentare la restituzione dei beni culturali illecitamente usciti dal territorio di uno Stato membro dell'Unione europea. Tale fonte è da ritenersi uno strumento comunitario di protezione del patrimonio artistico e storico di ogni singolo Paese, anche attraverso norme molto semplici ed efficaci, regolando cioè soltanto gli aspetti essenziali e lasciando all'ordinamento del singolo Stato la disciplina specifica.

II. Die Bekämpfung des illegalen Handels mit Kunstgegenständen in der italienischen Gesetzgebung

Die im *Codice dei beni culturali e ambientali*[10] enthaltenen Verordnungen sind nützlich, um die italienischen Maßnahmen zum Schutz der beweglichen Kulturgüter in Friedenszeiten zu verstehen[11]. Der Text weist einige besonders neue Aspekte auf,

---

10 Il Codice dei Beni Culturali e del Paesaggio sostituisce, abrogandolo, il recente Testo Unico in materia di beni culturali approvato con decreto legislativo n.490 del 29 ottobre 1999, entrato in vigore l'11 gennaio 2000, che è stato approvato, dopo un lungo e complesso lavoro affidato ad una commissione ministeriale, in virtù dell'art.1 della legge delega n.352/1997. Il Codice, approvato in virtù della delega contenuta nella legge n.137/2000 (art.10), è entrato in vigore il 1° maggio 2004. Va subito chiarito che nel sistema italiano sono presenti molte norme relative al "diritto" dei beni culturali ed ambientali non contenute nel Codice, come la disciplina dei diritti reali contenuta nel codice civile che è da considerarsi normativa generale rispetto alla normativa speciale dei beni culturali ed ambientali. Vanno considerate, inoltre, le discipline ordinamentali generali, come la Legge n.241/1990 con tutti i suoi principi relativamente al procedimento amministrativo, quali la trasparenza e la democraticità. I punti nodali del nuovo Codice sono i seguenti: l'aggiornamento degli strumenti di individuazione, conservazione e protezione dei beni culturali e ambientali, anche attraverso la costituzione di fondazioni aperte alla partecipazione di Regioni, enti locali, fondazioni bancarie, soggetti pubblici e privati, senza determinare ulteriori restrizioni alla proprietà privata, né l'abrogazione degli strumenti attuali; la riorganizzazione dei servizi offerti anche attraverso la concessione a soggetti diversi dallo Stato mediante la costituzione di fondazioni aperte alla partecipazione di regioni, enti locali, fondazioni bancarie, soggetti pubblici e privati; l'adeguamento della disciplina degli appalti di lavori pubblici concernenti i beni culturali; la ridefinizione delle modalità di costituzione e di funzionamento degli organismi consultivi che intervengono nelle procedure per la concessione di contributi e agevolazioni; individuazione delle possibili forme di collaborazione tra le amministrazioni per i beni e le attività culturali.

11 Il 1° maggio 2004 ha segnato una data fondamentale per la tutela dei beni culturali italiani perché, per la prima volta, dopo anni e anni di interventi normativi, il legislatore ha deciso di realizzare un vero e proprio Codice dei beni culturali. Già i primi articoli del provvedimento forniscono per la prima volta tutta una serie di definizioni - fondamentali - per la materia tra le quali, l'introduzione del paesaggio nell'alveo del patrimonio culturale dello Stato, in quanto espressione dei valori storici, culturali, naturali e morfologici del territorio. Il Codice individua una sorta di prevalenza della tutela nei confronti della valorizzazione e promozione della conoscenza del patrimonio culturale per assicurarne le migliori condizioni di utilizzazione e di fruizione pubblica. La fonte codicistica riconosce in capo ai privati un vero e proprio obbligo di conservazione dei beni culturali di appartenenza: tale profilo confida in una responsabilizzazione del privato che è tenuto in prima persona ad intervenire nell'attività di tutela, ricevendo anche contributi dello Stato e sgravi fiscali. E' prevista la possibilità di dare in comodato il bene culturale a strutture museali statali che, pertanto, finiscono per togliere al privato ogni onere di custodia e di restauro del bene, seppur per un tempo limitato. Un impulso importante è diretto alla possibilità di outsourcing, di esternalizzazione delle attività e dei servizi "culturali", ai fini di garantirne una migliore efficienza, così come alla costituzione di fondazioni e al ricorso a strumenti contrattuali, come la sponsorizzazione, per valorizzare in modo adeguato il patrimonio culturale. Parte della dottrina di settore, pur apprezzando in generale l'intervento del legislatore per la sua azione di razionalizzazione della materia, ritiene che alcuni meccanismi normativi possano o debbano essere migliorati: ci si riferisce a quel procedimento che prende il nome di verifica dell'interesse culturale dei beni demaniali, al quale, in buona sostanza, devono essere sottoposte tutte le cose immobili e mobili appar-

wie die Einführung eines positiven Begriffs des "Kulturerbes" in Art.2 und eine umfassendere Definition der Kulturgüter als Schutzobjekt in Art.10 und 11[12]. Der Verkehr von Kulturgut auf internationaler Ebene wird in Kapitel V des zweiten Teils des *Codice* behandelt. Zum Zweck der Bekämpfung des illegalen Handels ist Abschnitt I den Normen gewidmet, die die Ausfuhr aus Italien (Art.65-72) regeln[13], und Abschnitt II (Art.73 und 74) den Verordnungen, die die Ausfuhr von Gegenständen mit künstlerischem Interesse aus dem Gebiet der Europäischen Union betreffen. Abschnitt I beginnt mit einer Verordnung, die die endgültige Ausfuhr aus dem Hoheitsgebiet der Italienischen Republik von beweglichen Kulturgütern verbietet, die in Absatz 1, 2 und 3 von Art.65 aufgeführt sind. Es handelt sich um bewegliche Güter öffentlichen Eigentums mit künstlerischem, historischem, anthropologischem und ethnoanthropologischem Interesse; es handelt sich um Archiv-und Dokumentengut, Bücher, sowie um Ausstellungssammlungen öffentlichen Eigentums, um private als auch öffentliche Sammlungen und um Güter mit "kulturellem Interesse" oder mit einem besonders bedeutenden Wert, der auf ihrer Verbindung mit den historischen Traditionen der Nation beruht. Art.65 führt ein weiteres endgültiges Ausfuhrverbot für diejenigen Kulturgüter öffentlichen Eigentums ein, deren Autor verstorben ist und deren Entstehung mindestens 50 Jahre zurückliegt. Das Verbot tritt nicht in Kraft, wenn eine Erklärung erfolgt, die das "kulturelle Interesse" des Kunstwerkes ausschließt. Diese Handhabung ändert sich, wenn das betreffende Werk Privateigentum ist: In diesem Fall wird die endgültige Ausfuhr nicht absolut verboten, sondern unterliegt einer dafür vorgesehenen Genehmigung. Die gleiche Genehmigung wird für die endgültige Ausfuhr von privaten Archiven und einzelnen Dokumenten mit kulturellem Interesse erforderlich und für die so genannten kleineren öffentlichen oder privaten Kulturgüter (Fotografien, Exemplare von kinematographischen Werken, Dokumentationen von Veranstaltungen), die in Art.65 des *Codice* aufgeführt sind. Werke der Malerei, Bildhauerei, Graphik und jeder andere beliebige Kunstgegenstand eines lebenden Autors oder dessen Entstehung mindestens 50 Jahre zurückliegt, können frei ausgeführt werden, wenn der Betroffene beweisen kann, dass

tenenti allo Stato, alle regioni, agli altri enti pubblici territoriali, nonché ad ogni altro ente ed istituto pubblico e a persone giuridiche private. Altra critica viene rivolta all'assenza della previsione di un adeguato periodo transitorio nel passaggio dal vecchio sistema al nuovo, che inevitabilmente può comportare difficoltà per chi quotidianamente è chiamato ad applicare le norme relative.

12 Il Codice, all'art.2, definisce il concetto di patrimonio culturale, laddove la Legge 1089/1939 non conteneva nessuna norma definitoria,, ma si limitava ad elencare i beni mobili e i beni immobili in relazione all'interesse da essi ricoperto (storico, archeologico, artistico, ecc.). Anche il decreto legislativo 112/1998 aveva già provveduto ad introdurre la nozione di beni culturali, definendoli concettualmente come quelli che "compongono il patrimonio storico, artistico, monumentale, demo-etno-antropologico, archeologico, archivistico e librario e gli altri che costituiscono testimonianza avente valore di civiltà così individuati in base alla legge".

13 In linea di principio, i beni culturali non possono essere portati fuori dal territorio nazionale, se l'uscita costituisce un danno per il patrimonio storico e culturale nazionale. Ciò vale per i beni culturali descritti in via generale dall'art.10, commi 1, 2 e 3 del Codice. E' fatta salva la possibilità della cd. uscita temporanea, disciplinata dall'art.66 del Codice e consentita a determinate condizioni.

es sich um zeitgenössische Kunst handelt. Die Güter, für welche die endgültige Ausfuhr aus dem Hoheitsgebiet der Republik erlaubt ist, müssen von einer "Bestätigung des freien Verkehrs" begleitet sein[14]: Das jeweilige Gut muss der zuständigen Ausfuhrbehörde gemeldet und vorgeführt werden, wobei auch der Wert angegeben wird. Die Ausfuhrbehörde übermittelt den zuständigen Ämtern des Ministeriums für Kulturgüter und -aktivitäten innerhalb von drei Tagen die stattgefundene Vorführung des Gutes, damit diese in den darauf folgenden zehn Tagen jedes erkennbare Element melden können, das für die Entscheidung über die Erteilung der Bestätigung nützlich ist[15].

Innerhalb von 40 Tagen nach der Vorführung des Gutes muss die Ausfuhrbehörde die Endverfügung über die Verweigerung oder Genehmigung der Bestätigung des freien Verkehrs erlassen. Zu diesem Zweck werden auch eventuelle Mitteilungen von der ministerialen (und regionalen) Behörde berücksichtigt. Eine eventuelle Verweigerung der Bestätigung bringt die Einleitung einer Erklärung des kulturellen Interesses mit sich oder die formelle Anerkennung der Bedeutung, die das Gut für das nationale Kulturerbe hat[16].

Die Ausfuhrbehörde ist ebenso dafür zuständig, die Angemessenheit des vom Ausführenden angegebenen Verkehrswertes des betreffenden Gutes zu beurteilen; der Verkehrswert wird angegeben, um der öffentlichen Verwaltung die Möglichkeit des Zwangskaufsrechts des Gutes, dem kulturelles Interesse zugeschrieben wird, einzuräumen[17].

---

14 Tale documento, a seguito di un'approfondita valutazione della sussistenza o meno del danno al patrimonio nazionale, consente di far uscire definitivamente un bene culturale dal territorio nazionale. Al fine di ottenerlo, gli interessati devono dare comunicazione all'ufficio dell'amministrazione. Una volta rilasciato, l'attestato ha validità triennale. Esso viene redatto in tre originali di cui uno viene depositato agli atti dell'ufficio esportazione; un secondo, viene consegnato al richiedente e deve accompagnare la circolazione del bene; il terzo viene trasmesso all'ufficio centrale del Ministero dove viene tenuto un registro ufficiale degli attestati.

15 Per i beni di proprietà di Enti sottoposti alla vigilanza regionale, l'Ufficio di esportazione acquisisce anche il parere della Regione, che deve essere reso entro 30 giorni dalla data di ricezione della richiesta, ma è vincolante solo se negativo (art.68).

16 Ai sensi dell'art. 69 del Nuovo Codice: "Avverso il diniego dell'attestato è ammesso, entro i successivi trenta giorni, ricorso al Ministero, per motivi di legittimità e di merito (comma l); Il Ministero, sentito il competente organo consultivo, decide sul ricorso entro il termine di novanta giorni dalla presentazione dello stesso (comma 2); dalla data di presentazione del ricorso amministrativo e fino alla scadenza del termine di cui al comma 2, il procedimento di dichiarazione è sospeso, ma i beni rimangono assoggettati alla disposizione di cui all'articolo 14, comma 4 (comma 3); qualora il Ministero accolga il ricorso, rimette gli atti ali 'ufficio di esportazione, che provvede in conformità nei successivi venti giorni (comma 4)".

17 Dal punto di vista del diritto civile, l''istituto dell'acquisto coattivo è assimilabile all'istituto della prelazione disciplinato all'articolo 60; tuttavia, mentre quest'ultima è esercitata quando il privato intende cedere il bene e consiste nel semplice fatto che l'Amministrazione acquista in via preferenziale allo stesso prezzo pattuito nel contratto da perfezionare, nell'acquisto coattivo è sufficiente che il privato voglia trasferire il bene all'estero, anche solo per esporlo nella sua residenza, perché lo Stato possa acquisirne coattivamente la proprietà. Il titolare del bene, per conservare la proprietà, può rinunciare all'esportazione purché provveda alla rinuncia prima di aver ricevuto notifica del provvedimento ministeriale di acquisto coattivo.

Art. 72 des *Codice* führt eine Bescheinigung ein, die die rechtmäßige Präsenz eines aus dem Ausland stammenden Kulturgutes bestätigt.

Abschnitt II regelt die Ausfuhr von Gegenständen mit künstlerischem Interesse aus dem Hoheitsgebiet der Europäischen Union. Art. 68 spricht die Vorschrift der Ausstellung einer Bestätigung des freien Verkehrs aus: Diese ist ausreichend für die Ausfuhr in Mitgliedstaaten der Europäischen Union, sie genügt jedoch nicht für die Ausfuhr in Drittstaaten.

Zur Bekämpfung der illegalen Ausfuhr überträgt Art. 17 des neuen *Codice* dem Ministerium für Kulturgüter und –aktivitäten die Katalogisierung und das Inventar der Kulturgüter unter Mitwirkung der Regionen und anderer öffentlicher Einrichtungen.

Für die noch nicht ausgegrabenen archäologischen Güter ist eine Katalogisierung möglich, wenn die Bergungsarbeiten unter der Leitung von öffentlichen Behörden stattfinden; werden dagegen die Fundstücke zufällig von Privatpersonen gefunden, muss den zuständigen Behörden zum Zweck der Katalogisierung der Fund rechtzeitig gemeldet werden.

Art. 91 des neuen *Codice* verfügt, dass die in Art. 10 aufgeführten Kulturgüter, wenn sie von irgendjemandem auf irgendeine Weise im Boden gefunden werden, immer dem Staat gehören; jeder, der sie zufällig findet, ist dazu verpflichtet, sie innerhalb von 24 Stunden bei den zuständigen öffentlichen Behörden zu melden und für eine zeitweilige Verwahrung derselben zu sorgen (Art. 90)[18]. Um den Entdecker davon abzubringen, das Kulturgut an Dritte weiter zu verkaufen, um daraus Gewinn zu schöpfen, und um zu verhindern, dass dieses den illegalen Handel mit Kunstwerken fördert, hat der Gesetzgeber eine Prämie für die Funde vorgesehen, die ein Viertel des Fundwertes nicht übersteigt und dem Entdecker auszuzahlen ist, der den in Art. 90 (Art. 91 (1) (c)) gesetzlich festgelegten Pflichten nachkommt; keine Prämie steht demjenigen zu, der in ein fremdes Grundstück eingedrungen ist und dort ohne Zustimmung des Besitzers nach dem Gut gesucht hat. Art. 88 des neuen *Codice* erklärt[19], dass die archäologischen Grabungen zur Auffindung der in Art. 10 aufge-

18 La disciplina dettata dal Codice ex art.90 e ss in materia di ritrovamenti fortuiti diverge da quella ordinaria, essendo esclusa la possibilità di divenire proprietario dell'oggetto ritrovato, in quanto tutto ciò che viene ritrovato fortuitamente, appartiene allo Stato, e in particolare al patrimonio indisponibile se bene mobile e al demanio se bene immobile. La norma si applica oltre che ai beni mobili, anche ai beni immobili. In ogni caso il ritrovamento di questi beni fa sorgere l'obbligo di farne denuncia entro 24 ore al soprintendente oppure al sindaco o alle autorità di pubblica sicurezza, che provvedono alla custodia temporanea di essi senza spostarli dal luogo in cui sono stati rinvenuti e senza alterarne lo stato di conservazione.

19 La norma di cui all'art.88 del Codice riserva allo Stato il diritto esclusivo sulle ricerche archeologiche e, più in generale, su tutte le opere necessarie per il ritrovamento dei beni culturali e archeologici, facendo divieto ai privati di effettuare scavi non autorizzati o clandestini, comportamento questo di precisa rilevanza penale. Tale norma prevede che lo Stato possa attribuire ai privati il diritto di effettuare ricerche attraverso un provvedimento ampliativo della sfera giuridica denominato "concessione di ricerca". Esso viene tradizionalmente definito come un provvedimento amministrativo che attribuisce al destinatario nuove posizioni giuridiche attive, con conseguente effetto ampliativo della sua sfera giuridica.

führten Güter dem Ministerium vorbehalten ist. Dieses kann nach freiem Ermessen privaten oder öffentlichen Subjekten dafür eine Konzession erteilen (Art.89).

III. Die jüngste Praxis in der Bekämpfung des illegalen Handels mit Kunstwerken

Am 15. Februar 2006 wurde in Rom eine Vereinbarung zwischen dem Kulturminister der italienischen Republik, dem Referat für Kultur, Umwelt und öffentliches Unterrichtswesen der Region Sizilien und dem Metropolitan Museum of Art von New York getroffen. Aus dem Inhalt des Abkommens geht einerseits die den Kulturinstitutionen zuerkannte Rolle hervor und andererseits wird bestätigt, dass die Kunstschätze einer jeden Kultur zu schützen und in Museen zu zeigen sind, damit die Öffentlichkeit die Gelegenheit habe, mit der Kunst direkt in Kontakt zu treten und von dieser inspiriert zu werden[20].

Mit dieser Vereinbarung hat das amerikanische Museum eingestanden, dass Italien der Eigentümer von einigen archäologischen Fundstücken ist, die sich in dessen Besitz befanden. Ebenso erkannte er deren illegalen Erwerb auf italienischem Hoheitsgebiet und deren spätere rechtswidrige Vermarktung inner- und außerhalb der Grenzen des Ursprungsstaates an.

Unter den zurückgegebenen Gütern ist der Euphronios-Krater aus dem 6.Jahrhundert v. Chr., der von dem Töpfer Euxitheos und dem Vasenmaler Euphronios hergestellt und 1972 von einem Schweizer Händler, Robert Hecht, an das Metropolitan Museum verkauft worden war[21]. Die Verantwortlichen des Museums lehnten es für mehr als 30 Jahre ab, Italien das Fundstück zurückzugeben, mit der Begründung, dass Italien nicht in der Lage sei, dessen illegale Herkunft zu beweisen. Während der Verhandlungen haben die Ermittlungsbeamten des Carabinieri-Kommandos für den Schutz der Kunstschätze eine intensive Zusammenarbeit mit den Schweizer Be-

20 La lettera F) del Preambolo alla Convenzione recita: "Il Museo ritiene che il patrimonio artistico di ogni civiltà dovrebbe essere preservato e messo in mostra in musei artistici, i quali soli offrono al pubblico l'opportunità di entrare in contatto direttamente con beni artistici, nel contesto della loro e di altre culture, e dove tali lavori possono educare, ispirare ed essere fruiti da tutti. Gli interessi del pubblico sono protetti mediante i lavori dei musei artistici in tutto il mondo consistente nella conservazione contestualizzata e nell'interpretazione del nostro condiviso patrimonio culturale".

21 Il "Cratere di Eufronio" rappresenta uno degli esemplari di vaso attico più belli pervenuti sino ai giorni nostri: esso è attribuito ad Euphronios, artista greco ritenuto il più abile del Gruppo dei Pionieri, così come furono denominati i primi pittori attici tardo-arcaici che svilupparono la tecnica a figure rosse. Sul lato principale del cratere è raffigurata la morte di Sarpedonte,l'eroe figlio di Zeus che combatteva come alleato dei Troiani: si tratta di un celebre episodio della guerra di Troia. Il lato secondario del vaso raffigurano giovani che si armano prima della battaglia, un'allusione al destino di morte che potrebbe accomunare questi giovani a Sarpedonte. Pur nei vincoli imposti dalla parsimonia dei mezzi cromatici consentiti dalla tecnica vascolare e dalle forzature obbligate dalla morfologia della ridotta superficie pittorica, Euphronios dispiega la sua abilità nella perfezione naturalistica delle sue figure in cui si rileva la oramai acquisista padronanza dello scorcio, l'accurata resa anatomica, il senso della composizione e la capacità di costruzione della spazialità.

hörden eingeleitet, mittels derer entscheidende Beweise für die illegale Herkunft der Güter eingeholt werden konnten[22].

Im Besonderen hat Robert Hecht zugegeben, dass er das Werk von Giacomo Medici, einem Schweizer Galeristen, erworben habe, der 2005 vom Strafgericht in Rom zu zehn Jahren Haftstrafe für die Hehlerei von Kunstwerken verurteilt worden ist[23].

---

22 La straordinaria ricchezza di opere d'arte presenti sul territorio italiano e la presenza di innumerevoli reperti archeologici custoditi in siti non ancora riportati alla luce, hanno messo in evidenza la necessità che si provvedesse ad un'opera di controllo delle attività illecita dei tombaroli. Per fronteggiare questo fenomeno il Ministero per i beni culturali ed ambientali, con Decreto Ministeriale 5 marzo 1992, ha istituito il Comando Carabinieri per la tutela del Patrimonio Artistico, delegando ad esso le funzioni spettanti al Ministero per tutto ciò che concerne la sicurezza del patrimonio culturale e l'acquisizione di notizie atte a far promuovere le iniziative necessarie per la protezione dei beni interessati; i Carabinieri per la tutela del Patrimonio Artistico, nelle materie demandate alla potestà del Ministero competente, svolgono inoltre attività di prevenzione e repressione per quanto attiene alla tutela ed alla salvaguardia del patrimonio storico, artistico e culturale nonché il recupero dei beni culturali e del materiale scientifico e didattico inerente ai beni stessi, e svolgono anche ogni altra attività che il Ministero ritenga necessaria per l'assolvimento delle funzioni a quest'ultimo attribuite dalla legge". Il personale altamente specializzato di questo nucleo investigativo é stato in grado di rilevare molti casi di reperti di provenienza non documentabile ed ha dimostrato che l'archeologia rubata non rifornisce solo le collezioni private, ma anche i più famosi musei del mondo, alcuni dei quali si stanno dotando di codici deontologici per prevenire l'acquisto di materiale non certificato e per favorire la restituzione della merce di provenienza illecita. Il nucleo operativo Comando Carabinieri per la tutela del Patrimonio Artistico svolge altresì un'intensa attività di collaborazione con l'INTERPOL (v. P.SIMONE, *Il ruolo dell'Interpol nella prevenzione del traffico illecito di beni culturali* e *nel recupero dei beni trafugati,* in *La protezione internazionale* e *la circolazione comunitaria,* cit., p. 139 ss., in particolare p. 196).

23 Come commentarono i giornali dell'epoca, "Il 13 settembre 1995, i Carabinieri del Nucleo Tutela Patrimonio Culturale, insieme alla Polizia federale svizzera, entrano d'autorità in alcuni depositi del Porto Franco di Ginevra intestati alla società Edition Service. Nell'enorme edificio vengono ritrovati 3.800 antichi reperti ed una documentazione altrettanto cospicua (lettere, appunti, foto)". Da un primo sommario sguardo, risulta evidente che la gran parte dei materiali proviene dall'Italia; pertanto, viene avvertita la magistratura italiana e, su sua richiesta, l'autorità giudiziaria svizzera dispone il sequestro dei reperti. Ha così inizio una collaborazione fra i due Paesi che coinvolge l'Ufficio scavi e furti della Soprintendenza dell 'Etruria meridionale ed i Carabinieri della Sed (Sezione Elaborazione Dati) per verificare la presenza di oggetti rubati; vengono immediatamente riconosciuti due capitelli marmorei trafugati a Ostia antica ed un altro depredato a Roma, nella Villa Celimontana. A Ginevra, con l'ausilio di alcuni tecnici italiani, si procede all'esame delle foto per definire le aree di provenienza e si scopre che la maggior parte dei materiali depositati in Svizzera provenivano dal Lazio e dall'Italia meridionale. Da un accurato esame delle fotografie gli esperti della Soprintendenza notano la presenza, su molti oggetti ritrovati, del cartellino "Sotheby's", rinomata casa d'aste londinese. La Sotheby's, al cospetto di una prova così schiacciante, decide di collaborare e, su richiesta della magistratura italiana, invia numerosi documenti relativi all'attività di vendita svolta dall'Edition Service tra la fine degli anni '80 ed il 1994. Grazie a questa ulteriore documentazione si scopre che molti reperti di provenienza illecita, sequestrati a Ginevra, erano stati messi all'asta in Inghilterra in più occasioni per conto della società in questione, e poi da questa riacquistati per "ripulirli". Ma le indagini, concentrate sulla titolarità della Edition Service, conducono ad una scoperta sensazionale: il proprietario è Giacomo Medici, "esperto d'arte" e "consulente presso il Tribunale penale e civile di Roma", ma conosciuto anche come

Im Lager von Giacomo Medici in Genf wurden Briefe und Aufzeichnungen gefunden, die die illegale Herkunft von vielen seiner aus geheimen Standorten stammenden Fundstücke beweisen, und vor allem einige Fotos, die in unmittelbarer Nähe der Fundstücke aufgenommen worden waren. In Hechts Appartement in Paris wurde ein Memorandum beschlagnahmt, in dem der Händler die einzelnen Phasen des Erwerbs des Euphronios-Kraters beschreibt. In diesem Beweisstück erzählt er, dass ihm Giacomo Medici ein Foto von der Vase gezeigt habe, und dass er sie darauf für 1,5 Millionen Schweizer Franken in Lugano erworben habe, wo sie im Safe einer Bank verwahrt war. Später war das wertvolle Fundstück an das Metropolitan verkauft worden, dem Hecht erklärte, dass er es von einem libanesischen Händler erstanden habe, der es wiederum vor 1939 erworben habe, zu dem Zeitpunkt, als Italien die Ausfuhr von bedeutenden Kunstwerken verboten hatte[24]. Angesichts der neuen eingeholten

---

mercante di materiali archeologici e apparentemente non estraneo, secondo indiscrezioni non provate, all'uscita dall'Italia del prezioso cratere greco di Eufronio. La Procura romana della Repubblica decide altresì di avviare una ricerca dettagliata sui reperti ginevrini per stabilrne, nei particolari, caratteristiche e valore. In meno di un anno le perizie sono concluse e vengono trasmesse alle autorità giudiziarie svizzere che, constatando la validità delle argomentazioni e mostrando grande spirito di collaborazione, delegano tutto il procedimento alle autorità giudiziarie italiane. Nel 2000 inviano a Roma sia gli oggetti antichi sia l'intera documentazione scritta. Dall'esame di appunti, corrispondenze, note autografe, spuntano nomi e istituzioni insospettabili. Davanti agli investigatori appaiono coinvolti in acquisti di reperti illegali musei prestigiosi (tra i quali il Paul Getty di Los Angeles, il Metropolitan di New York, il Ny Carlsberg Gliptotek di Copenaghen) e collezionisti privati, per lo più statunitensi. Fra i nomi compare quello di Marion True, senior curator per le antichità del Getty Museum di Los Angeles e direttrice della Villa Getty, responsabile delle acquisizioni per il museo dalla metà degli anni '80 alla fine degli anni '90. Marion True ha infatti avuto contatti con il Medici, sia direttamente sia attraverso il trafficante Robert Hecht (responsabile della vendita del cratere di Eufronio), per acquisti di oggetti di elevato valore, le cui fotografie appaiono inesorabilmente tra i documenti svizzeri. La lunga ricerca, ancora in corso, ha portato a una sentenza senza precedenti emessa, nel dicembre 2005, dal Tribunale di Roma. Giacomo Medici è stato condannato a dieci anni di reclusione, a una multa di 16mila euro, all'interdizione perpetua dai pubblici uffici e al risarcimento di lO milioni di euro in favore del Ministero dei Beni e delle Attività culturali come provvisionale per i danni subiti. Inoltre, a garanzia del pagamento della multa e delle spese processuali, è stato ordinato il sequestro conservativo di una villa a Santa Marinella e di un'auto Maserati di sua proprietà. Dopo qualche mese è stata rinviata a giudizio per associazione a delinquere e ricettazione anche Marion True: questa decisione ha subito fatto scalpore per la notorietà del personaggio e perché l'Italia sembra non più disposta a fare sconti a chi commercia illegalmente beni storici e artistici.

24 Ci si riferisce alla Legge 10 giugno 1939 n. 1089, le cui disposizioni prevedono quanto segue: "Articolo 35: l. E' vietata l'esportazione dallo Stato delle cose indicate nell'articolo 1 quando presentino tale interesse che la loro esportazione costituisca un ingente danno per il patrimonio nazionale tutelato dalla presente legge.
Articolo 36: l. Chiunque intenda esportare dallo Stato cose di cui all' articolo 1 deve ottenere licenza. 2. A tale scopo deve fare denunzia e presentare all' ufficio di esportazione le cose che intende esportare, dichiarando per ciascuna di esse il valore venale [...]. Articolo 66: l. E' punita con la reclusione da uno a quattro anni e con la multa da lire 300 mila a lire 4 milioni e 500 mila l'esportazione, anche soltanto tentata, delle cose previste dalla presente legge e successive modificazioni (Periodo così sostituito dall'articolo 19, L. 44/75): a) quando la cosa non sia presentata alla dogana; b) quando la cosa sia presentata con dichiarazione falsa o do-

Beweise sah sich das amerikanische Museum dazu gezwungen, das erwähnte Abkommen zu treffen und der Rückgabeforderung der italienischen Regierung nachzukommen. Die schnelle Entscheidung des Abkommens wurde auch durch die Absicht des Ministeriums gefördert, das Metropolitan Museum von der italienischen Politik der Leihgaben auszuschließen, und durch das Vorhaben der italienischen Magistratur dieses für das Vergehen der Hehlerei von Kunstwerken gerichtlich zu belangen. Aus den vereinbarungsgemäßen Anordnungen geht jedenfalls hervor, dass sich die italienischen Institutionen im Tausch gegen die zurückgegebenen Güter nicht nur dazu verpflichten, "den gutgläubigen Erwerb des Museums" anzuerkennen, und somit auf jegliches gerichtliches Vorgehen zu verzichten, das auf diese Verschuldensformen zurückführbar wäre, sondern auch, dass das Museum finanzielle Begünstigungen genießen würde. Im Besonderen sollte diese ein bevorzugter kultureller Partner Italiens werden; somit die Institution kann in unserem Territorium archäologische Grabungen durchführen, die Fundstücke untersuchen, restaurieren und ausstellen. Der italienische Staat wollte außerdem mit zahlreichen laufenden Leihgaben dafür sorgen, die leer gebliebenen Schaukästen wieder zu füllen. Die Vereinbarung ist Teil eines dauerhaften Programms der kulturellen Zusammenarbeit zwischen Italien und dem Museum für gegenseitige Leihgaben von archäologischen Kunstschätzen und anderen Kunstwerken gemäß Art.67, Abs.1 d) des italienischen *Codice dei Beni Culturali e del Paesaggio*. In der Vereinbarung bestreitet das Museum "jegliche Anschuldigung über die Kenntnis der behaupteten illegalen Herkunft der von Italien zurückgeforderten Kunstschätze", so dass die Institution, die sich für deren Rückgabe entscheidet, keinerlei Form der zivilrechtlichen, verwaltungsrechtlichen und strafrechtlichen Haftung für den ursprünglichen Erwerb oder Besitz der geforderten Güter zu tragen hat". Die vertraglichen Anordnungen verweisen auf die italienische Gesetzgebung zum Schutz des Kulturgutes und das Metropolitan Museum erkennt an, dass diese letzte ausschließlich die "endgültige oder zeitweilige Ausfuhr von archäologischen Kunstschätzen regelt, die auf nationalem Territorium gefunden worden oder dort gegenwärtig und im Besitz von privaten Subjekten sind". Außerdem erklärt das Museum, dass es die nicht wissenschaftlich durchgeführten Ausgrabungen von antiken Kunstgegenständen, die Zerstörung und Verunstaltung von Denkmälern und den Diebstahl von Kunstwerken zu Schaden von Individuen, Museen oder anderer Standorte verurteilt. Es verpflichtet sich im Besonderen zu "einem verantwortungsbewussten Erwerb von archäologischen Materialien, damit dessen Geschäftstätigkeiten im Sinne der höchsten ethischen und professionellen Kriterien ablaufen"[25]. Diese Erklärungen scheinen im Lichte der Privilegien, die das Museum

---

losamente equivoca, ovvero venga nascosta o frammista ad altri oggetti per sottrarla alla licenza di esportazione e al pagamento della tassa relativa. 2. La cosa è confiscata. La confisca ha luogo in conformità delle norme della legge doganale relative alle cose oggetto di contrabbando. 3. Quando si tratti di cose di proprietà di enti o istituti legalmente riconosciuti, il Ministero della pubblica istruzione può disporre che le cose stesse siano attribuite all'ente o istituto che ne era proprietario [...]".

25 Tale dichiarazione è contenuta nella lettera H del Preambolo alla Convenzione: "Il Museo si impegna nell'acquisizione responsabile dei materiali archeologici e dell'arte antica secondo il

durch die Vereinbarung mit der italienischen Regierung erhalten hat, auf den ersten Blick nicht zu überraschen. In Wirklichkeit sind sie jedoch sehr wichtig, da sie im Vergleich zum "Negationismus", der die Haltung vieler Museen in den letzten 20 Jahren gekennzeichnet hat, einen Wandel bedeuten. Mit dieser Vereinbarung stimmt ein Museum zum ersten Mal einer Rückgabe eines Kunstwerkes zu, dessen illegale Herkunft es mehrere Jahrzehnte lang ablehnte, ohne sich dabei hinter dem Einwand des gutgläubigen Erwerbs zu verstecken. Es handelt sich um eine sehr neue Tendenz, die von der Zusammenarbeit zwischen den Regierungsbehörden des Staates, welcher das Eigentum des Gutes geltend macht, und den ausländischen Museen geprägt wird. Diese Tendenz hat sich auch im folgenden Verfahren bestätigt. Am 28.September 2006 hat unser Ministerium für Kulturgüter und –aktivitäten eine Vereinbarung mit dem Museum of Fine Arts von Boston getroffen, dank derer dreizehn besonders wertvolle archäologische Kunstwerke nach Italien zurückkehren, die in der Vergangenheit entwendet und auf dem ausländischen Markt verkauft worden waren. Mit dieser Vereinbarung verpflichtet sich unsere Regierung, dem amerikanischen Museum Leihgaben von wichtigen Kunstwerken für Ausstellungsprogramme zu überlassen. Zudem enthält sie auch ein neues Verfahren, infolge dessen das Boston Museum und Italien einen konstanten Informationsaustausch über zukünftige Erwerbe von aus unserem Land stammenden archäologischen Fundstücken herstellen; schließlich sieht sie die Einrichtung von Stipendien, Kenntnisaustausch und Ermittlungen zur Wiedererlangung von Kunstwerken vor.

Im Mai 2006 hat das Getty-Museum von Los Angeles eine Vereinbarung mit den griechischen Behörden über die Rückgabe von einigen von Athen reklamierten Meisterwerken getroffen. Laut Los Angeles Times hat die Übereinkunft mit Griechenland die wesentlich komplexeren Verhandlungen mit Italien gefördert[26], das von diesem Museum schon seit langem die Rückgabe von 52 Altertümern gefordert hatte, unter denen die Venus von Morgantina und die Statue des Athleten Lysippus[27],

---

principio che tutta la raccolta avvenga secondo i migliori criteri etici e professionali". In proposito è opportuno ricordare che nel 1986, la XV Assemblea Generale dell'ICOM (International Council ofMuseum) adottò un Codice di Etica Professionale che stabilisce alcune norme deontologiche di base che dovrebbero essere seguite dai professionisti dei musei per l'acquisizione ed il trasferimento delle collezioni.

26 Sotto il governo Prodi, l'allora Ministro dei Beni culturali, Francesco Rutelli, in una conferenza stampa chiarificatrice, sostenne che "il Governo italiano non intende rinunciare alle opere trafugate dall'Italia che il Getty Museum continua a non voler restituire. L'Italia vuole semplicemente recuperare un suo patrimonio che riguarda non lontane contese storiche, ma l'attività di ladri e commercianti senza scrupoli. Oggi l'intera comunità scientifica internazionale e la larga opinione pubblica dei paesi dove le opere sono giunte, concordano sul fondamentale punto che, se le opere in questione sono state trafugate, devono tornare indietro."

27 Il peschereccio "Ferri Ferruccio", nel 1964, ripescò nelle acque fanesi la statua tanto contesa. I marinai non denunciarono la statua alla sovrintendenza, come sarebbero stati tenuti a fare secondo la L. n.1089 del 1939 allora vigente, ma la vendettero per poche migliaia di lire. La storia della vendita è ovviamente confusa: la statua viene rinvenuta a Gubbio, poi in Svizzera; nel 1971 viene acquistata da Heinz Herzer un commerciante di Monaco aderente all'Artemis Group e viene sottoposta ai primi restauri ed analisi. Nel 1974 l'esame del radiocarbonio data

die aus dem Meer bei Fano herausgezogen worden war. Nach zwei Jahren erbitterter und beschwerlicher Verhandlungen, während derer dem Getty Museum ein Embargo drohte, dass dieses von jeglicher Leihgabe italienischer Kunst und von der Konsultation unserer wertvollsten Quellen ausgeschlossen hätte, stimmte das Museum von Los Angeles im Sommer 2007 den Forderungen des Ministeriums zu. 40 der 52 geforderten archäologischen Fundstücke sind Italien zurückgegeben worden, darunter die wunderschöne Aphrodite von Morgantina[28], die in den achtziger Jahren in Sizilien entwendet, in der Schweiz versteckt und an das Getty 1988 verkauft worden war. Die Venus wird erst 2010 nach Italien zurückkehren, während der Rest des "Schatzes" im Dezember 2007 an unser Land zurückgegeben worden war. Im Mittelpunkt der Streitigkeiten steht heute noch der berühmte Athlet Lysippos[29], den das Getty Museum nach unglaublichen Runden bei skrupellosen professionellen Räubern von antiken Gräbern, Händlern und Sammlern für 4 Milliarden und 750 Millionen Lire in den Vereinigten Staaten erworben hatte. Zur gleichen Zeit hat die italienische Diplomatie weitere Erfolge erzielt; acht wertvolle aus den Vereinigten Staaten kommende archäologische Fundstücke sind unserem Land zurückgegeben worden. Diese Werke, die einen Wert zwischen 600.000 und einer Million Euro haben, sind dank einer "spontanen" Rückgabe von Jerome Eisenberg, dem Inhaber der Galerie Athena in New York nach Italien zurückgekehrt. Den letzten Erfolg verzeichnet Italien in einer Vereinbarung mit dem Princeton University Art Museum über die Rückgabeforderung einiger in der Museumssammlung aufbewahrten Gegenstände. Infolge der zwischen den Beteiligten erzielten Vereinbarung werden acht Kunstwerke nach Italien zurückkehren; im Austausch verpflichtet sich das Ministerium, andere wertvolle Artefakte von kunsthistorischem Interesse auszuleihen, die den übergebenen Kunstwerken gleichwertig sind. Die Parteien entscheiden sich außerdem für eine "Beziehung der Zusammenarbeit im Kampf gegen illegale Ausgrabungen und den illegalen Handel mit archäologischen Kunstwerken". Bemerkenswerte Änderungen sind nicht nur in der Zusammenarbeit zwischen Ursprungsstaat und (privaten) Subjekten zum Zweck der Rückgabe von Kulturgütern sichtbar, sondern auch in den

---

la statua approssimativamente al IV sec. a.C. e viene formulata la prima attribuzione a Lisippo. Nel 1977 passa al Getty Museum, dove si trova tuttora.

28 Il riferimento è anche ai famosi "argenti di Morgantina", 15 splendidi pezzi "tra i più fini pezzi ellenici conosciuti dalla Magna Grecia" che appartengono ad un unico corredo, trafugato in Sicilia, ad Aidone, nell'antica Morgantina.

29 In merito alla statua bronzea d'atleta attribuita a Lisippo, il Getty Museum sostenne subito la volontà di non restituirla all'Italia. Un portavoce del museo, contemporaneamente, fece sapere che i vertici dell'istituzione museale speravano che la situazione con le autorità italiane non raggiungesse un livello di rottura, anche se non mostrava alcuna intenzione di cambiare la propria posizione sul Lisippo, considerato uno dei pezzi forti della collezione del museo americano. In altri termini, il diretto del Getty, Michael Brand, si disse disponibile a far tornare in Italia 26 dei 46 pezzi chiesti dal governo italiano, compresa la famosa Venere di Morgantina. A fronte di tale chiusura, il Ministro Rutelli rese noto il parere richiesto all'Avvocatura dello Stato secondo cui le indagini svolte dai Carabinieri avevano condotto alla incontrovertibile certezza che la statua del Lisippo fosse sbarcata in territorio italiano, non presentata all'ufficio della dogana per l'importazione, venduta in territorio italiano ed esportata senza essere presentata all'ufficio per l'esportazione, configurando una ipotesi di contrabbando.

Systemen der Reaktion auf den Schwarzhandel mit Kunstwerken, auf die die nationalen Gerichte zurückgreifen. Diese zeigen sich wesentlich bereiter, Verfahren zu Lasten von ausländischen Kulturinstitutionen einzuleiten, die in den illegalen Handel von Kunstwerken verwickelt sind. Bekannt ist die Verwicklung von Marion True in einige von der italienischen Magistratur eingeleiteten Ermittlungen, der ehemaligen Verantwortlichen für die Altertümer des Getty Museum von Los Angeles. Die Ermittlungen haben zuerst zur Verhaftung dieser Frau geführt und danach zur Eröffnung des Hauptverfahrens, in dem sie der kriminellen Vereinigung zum Zweck des illegalen Handels mit Kunstwerken angeklagt wird.

Interessant ist auch der Fall der "Biga von Monteleone"[30], einem kleinen Ort in Umbrien in der Nähe von Spoleto. In diesem Ort fand ein Bauer vor ungefähr 100 Jahren eine Biga vermutlich etruskischer Herkunft und verkaufte sie an einen Antiquitätenhändler aus Norcia zum Preis von Dachpfannen, die er für die Reparatur des Daches seines Bauernhauses benötigte. Nach einigen Zwischenstationen gelangte die Biga in die Hände des Bankiers JP Morgan, der sie, mit der Komplizenschaft der damaligen Regierung Giolitti, an die Vereinigten Staaten verkaufte. Der Erwerb der Biga fand nicht in Italien, sondern in Frankreich und zwischen Privatpersonen statt: In Italien war 1903 ein Gesetz in Kraft getreten, das die Ausfuhr unter den Schutz des Staates stellte[31]. Der Verkauf von Seiten des Bauern aus Monteleone hatte somit keine juristische Gültigkeit. Die Verlagerung der Biga verlief folgendermaßen: Sie wurde zerlegt, in Fässern, die Getreide transportierten, versteckt und ohne die notwendige Ausfuhrgenehmigung zuerst nach Paris und dann nach New York gebracht. In den Annalen des Ministeriums ist keine Spur des archäologischen Fundstückes zu finden, was beweist, dass die Biga entwendet worden war[32]. 2004 hat die Gemeinde Monteleone das MET offiziell um die Rückgabe des archäologischen Fundstückes, das als italienisches Eigentum galt, gebeten. Montebello hatte informell geantwortet, dass die Umbrier die Biga "nur über seine Leiche wiederhaben könnten". Im April 2007 hat das MET nach einem langen und teuren Restyling wieder seine Türen geöffnet und der Star dieses Ereignisses war die Biga, auch "The golden chariot" genannt, der etruskische Wagen, der von einem unbekannten Genie vor 2006 Jahren erbaut worden war und ein Werk von außergewöhnlicher Schönheit und unschätzbarem Wert ist.

---

30 Secondo una interessante ricostruzione (M.LA FERLA, La Biga rapita, Viterbo, 2007), la biga finì nelle mani dei fratelli Riccardi, famosi falsari d'arte, che curarono la vendita illegale a Roma, poi a Firenze dai falsari Ietti e di seguito si recarono a Tolone. In questa circostanza, l'acquirente fu il banchiere J.P.Morgan il quale, nel contempo, acquistò terreni e ville sul Gianicolo e le donò all'Accademia americana sostenuta da Giolitti. Quest'ultimo, al fine di mantenere buoni rapporti tra Governo Italiano e Stati Uniti, chiuse un occhio sulle vicende concernenti la biga. L'acquisto della biga non avvenne in Italia, ma in Francia e tra privati.

31 Nel 1903 era in vigore in Italia la legge che poneva le esportazioni sotto l'egida dello Stato: la vendita da parte del contadino di Monteleone non aveva dunque validità giuridica.

32 Ciò dimostra – come sostenuto dal La Ferla - che la biga etrusca fu trafugata in spregio delle leggi vigenti e col favore e la complicità di persone influenti.

IV. Schlussfolgerungen

Die Untersuchung der Praxis hat die Bedeutung der Grundsätze des guten Glaubens, der Loyalität und der Korrektheit im Handel mit Kunstwerken hervorgehoben. Wie man gesehen hat, hat die Konvention von 1970 eine umfassende Regelung zur Bekämpfung des illegalen Handels mit Kunstwerken eingeführt und daneben auch einige Bestimmungen zu der Phase, in der der Ursprungsstaat für die Rückgabe des illegal ausgeführten beweglichen Kulturguts eintritt. Die Konvention ist jedoch nicht imstande, das Gebiet des internationalen Staatsrechts zu überschreiten, und beschränkt sich somit darauf, Verpflichtungen von allgemeiner Tragweite ausschließlich zu Lasten der Staaten festzulegen. Mit anderen Worten, diese normative Quelle behandelt nicht die Probleme der Privatrechtsvergleichung und des internationalen Privatrechts, die in dem Moment entstehen, in dem das gestohlene und illegal ins Ausland ausgeführte Gut an einen gutgläubigen Dritterwerber verkauft wird. Diese Hypothese – die sich im Fall des Euphronios-Kraters ergeben hat – bringt einen Interessenkonflikt zwischen dem enteigneten Besitzer und dem gutgläubigen Erwerber mit sich, insofern sich die Erwerbsarten des Eigentums von Regelung zu Regelung verändern. Während einige nationale Bestimmungen den enteigneten Besitzer schützen, erkennen andere Regelungen im guten Glauben des Erwerbers eine abstrakt geeignete Berechtigung zur Verlagerung des Eigentums trotz der illegalen Herkunft des Gutes. Diese Unterschiede in den Schutzmaßnahmen haben in der Praxis die Methoden gezeigt, aus denen die Händler von Kunstgegenständen Vorteile schöpfen können, um die von ihnen begangenen Vergehen zu rechtfertigen. Es ist hier vom Fall Winkworth v. Christie's, Manson & Woods Ldt. die Rede. Eine Sammlung von japanischen Miniaturen, in Besitz eines Engländers, waren in England gestohlen und darauf nach Italien ausgeführt worden. Die in unser Land gelangten Miniaturen waren an einen italienischen Sammler verkauft worden, der sie wieder nach London schickte, um sie bei Christie's zum Verkauf anzubieten. Der bestohlene englische Besitzer erkannte seine Sammlung wieder und verklagte das Auktionshaus, um die Rückgabe der Gegenstände zu erwirken. Dem Klageantrag wurde von den englischen Richtern nicht stattgegeben, da diese die Gesetzgebung des Staates als anwendbar betrachteten, in den das Gut nach dem Diebstahl gelangt war. Mit anderen Worten, die englischen Richter hielten Art.1153 des *Codice civile* für anwendbar. Damit erkannten sie an, dass der italienische Erwerber der rechtmäßige Eigentümer des Gutes ist, und lehnten die Rückgabe desselben an den englischen Bürger ab[33].

---

33 L'art.1153 c.c. recita: "Wirkungen des Besitzerwerbs. – Derjenige, dem bewegliche Güter von Seiten dessen, der nicht deren Besitzer ist, veräußert werden, erwirbt deren Eigentum durch den Besitz, vorausgesetzt dass er in dem Moment der Übergabe in gutem Glauben stattfindet [1147] und ein geeigneter Rechtstitel zur Übereignung des Eigentums besteht [1161].
Das Eigentum wird frei von Rechten anderer auf die Sache erworben, wenn diese nicht aus dem Rechtstitel hervorgehen und der gute Glauben des Erwerbers besteht." L'art.1153 c.c., comma 1°, prescrive che colui al quale venga alienata una cosa mobile da parte di chi non ne è proprietario ne acquista la proprietà mediante il possesso, purchè sia in buona fede al momento della consegna e sussista un titolo idoneo al trasferimento della proprietà. La norma

Mit der Konvention Unidroit von 1995, die von weniger als 30 Staaten ratifiziert worden ist, wurde versucht, die Probleme hinsichtlich der Unterschiede zwischen den Normen der einzelnen nationalen Regelungen zu überwinden. Die partielle Übereinstimmung zwischen den Mitgliedsstaaten der EU und den Vertragsstaaten der internationalen Abkommen über den Verkehr von Kulturgütern, die an inhaltlich verschiedene Normen gebunden sind, hat große Probleme der Vereinbarkeit aufgeworfen. Die italienische Regelung hat mit dem *Codice* eine Vereinfachung der Gesetzgebung im Vergleich zur vorher bestehenden Ordnung versucht, indem sie ein Instrument zum Schutz und zur Förderung des italienischen Kulturguts, auch durch die Einbeziehung der kommunalen Körperschaften, geliefert hat. Das Phänomen des illegalen Handels mit Kunstwerken in Friedenszeiten verzeichnet also keine Bestätigung eines allgemeinen Grundsatzes. Deshalb werden die Bekämpfung und Unterdrückung des Verkehrs von beweglichen Gütern illegaler Herkunft weiterhin von Bestimmungen vertraglicher Art geregelt. Die Richtlinien der Unesco-Konvention, die auf den Grundsätzen der Loyalität, der Korrektheit und des guten Glaubens beruht, haben die spätere internationale Regelung gewiss beeinflusst und auch die Politik vieler Staaten in der Bekämpfung des illegalen Handels mit Kunstwerken gefördert. Die oben genannten Grundsätze haben daneben auch die Verbreitung von Pflichtkodexen in den Vereinigungen der Antiquare, Sammler und Museumsfachleuten ermöglicht. Diese Kodexe sind zwar nicht rechtsverbindlich, bringen aber dennoch die Bedeutung des professionellen Verhaltens der Beteiligten des Kunstmarkts ans Licht[34].

---

prevede, pertanto, per i beni mobili un particolare modo di acquisto della proprietà, attraverso il quale la buona fede dell'acquirente e l'esistenza di un titolo idoneo al trasferimento permettono di superare il vizio del diritto del trasmittente. L'ambito della norma è esplicitamente circoscritto all'ipotesi dell'acquisto dal non proprietario: non possono, pertanto, farsi rientrare in esso le ipotesi di acquisto da un falsus procurator o dal rappresentante di un incapace non debitamente autorizzato, non concretandosi in tali fattispecie il presupposto dell'acquisto a non domino. Va posto in rilievo che la norma prevede il requisito della consegna della cosa e che questa si realizza con l'effettiva apprensione fisica del bene da parte dell'acquirente. La norma richiede la buona fede dell'acquirente al momento della consegna. Non vi è dunque l'esigenza di riscontrarla già al momento della conclusione del negozio di trasferimento. La prova della conoscenza dell'illegittimità dell'acquisto è a carico del rivendicante; quella dell'eventuale sanatoria viene fatta incidere sul convenuto. In dottrina è stato sostenuto che la presunzione di buona fede giovi al possessore non solo in relazione al proprio possesso, ma anche in relazione a quello del proprio autore e dei precedenti possessori e che essa dovrebbe implicare la presunzione che il vizio di circolazione sia stato sanato.
La dottrina sul punto è sconfinata. Si ricordino, tra gli altri, R.SACCO, La buona fede nella teoria dei fatti giuridici di diritto privato, Torino, 1949; R.DE MARTINO, Del possesso. Della denunzia di nuova opera e di danno temuto, nel Commentario al codice civile, a cura di Scialoya e Branca, libro terzo, Bologna Roma 1966; L.MENGONI, Acquisti a non domino, Milano, 1968; R.SACCO, Il possesso, nel Tratt. Dir.civ. e comm. diretto da Cicu, Messineo e Mengoni, Milano, 1988; U.NATOLI, Il possesso, Milano,1992; C.M.BIANCA, Diritto civile, vol.6°, La proprietà, Milano, 1999; P.RESCIGNO, Trattato di diritto privato, vol.8, La proprietà, Torino, 2002.

34 Oltre all'assenza del carattere della vincolatività, i codici di condotta prevedono soltanto in pochi casi l'indicazione, come possibili sanzioni in caso di inosservanza delle regole prescrit-

Auch im Vorwort der abgeschlossenen Vereinbarungen zwischen Italien und dem Getty oder dem MET über die Rückgabe von archäologischen Fundstücken wird auf die in der Konvention enthaltenen Richtlinie Bezug genommen: Den Inhalt der Konvention haben sogar die Richter in der Eröffnung des Hauptverfahrens gegen Marion True wegen illegalem Handel und Hehlerei von Kunstwerken vorgetragen.

Diese Episode ist besonders wichtig, da sie der erste Fall der Eröffnung eines Hauptverfahrens gegen den Verantwortlichen eines amerikanischen Museums vor einem ausländischen Berufungsgericht wegen illegalen Handels mit Kunstwerken ist.

Dies signalisiert einen nicht zu verkennenden Tendenzumschwung in der verstärkten Bekämpfung des illegalen Handels mit Kunstwerken und findet auch in den Verfügungen des europäischen Haftbefehls Bestätigung, der die betreffende Straftat unter denjenigen aufführt, für die eine doppelte Anklage entfällt, wobei auch die Anti-Sozialität und die Schwere des Sachverhalts betont wird.

Italien befindet sich in einer Reflexionsphase über die eigene kulturelle Identität und der *Codice* ist ein greifbares Zeichen dieses Wachstums[35].

---

te, la sospensione dell'associazione o la perdita della qualità di membro.

35 Si ricordi, in questa sede, la riflessione di un Ministro dei Beni culturale della passata legislatura nella circostanza della chiusura della Domus Aurea" ("Casa Dorata" in latino, era un grande palazzo costruito dall'imperatore romano Nerone dopo il grande incendio che devastò Roma nel 64 d.C. Costruita (in mattoni, non in marmo), nei pochi anni tra l'incendio e il suicidio di Nerone nel 68 d.C., gli estesi rivestimenti in oro che le diedero il suo nome non erano gli unici elementi stravaganti dell'arredamento: vi erano soffitti stuccati incrostati di pietre semi-preziose e lamine d'avorio. Plinio il Vecchio assistette alla sua costruzione (come si legge nella sua opera "*La Storia Naturale*" xxxvi. 111). La residenza dell'imperatore giunse a comprendere il Palatino, le pendici dell'Esquilino (Oppio) e parte del Celio, per una estensione di circa 2,5 km quadrati. La maggior parte della superficie era occupata da giardini, con padiglioni per feste o di soggiorno. Al centro dei giardini, che comprendevano boschi e vigne, nella piccola valle tra i tre colli, esisteva un laghetto, in parte artificiale, sul sito del quale sorse più tardi il Colosseo. Nerone commissionò anche una colossale statua in bronzo di 37 metri raffigurante sé stesso, vestito con un abito del dio-sole romano Apollo, il *Colossus Neronis*, che fu posto di fronte all'entrata principale del palazzo sul Palatino. Il colosso fu successivamente riadattato con le teste di vari successivi imperatori, prima che Adriano lo spostasse per far posto al tempio di Venere e Roma e l'Anfiteatro Flavio prese quindi il nome di *Colosseo* nel Medio Evo, proprio da questa statua. La vera residenza di Nerone rimase comunque nei palazzi imperiali del Palatino. I successori di Nerone, morto nel 68 d.C., si affrettarono a distruggere e modificare la *Domus Aurea*, teatro di tante dissolutezze e simbolo della personalità esaltata del primo proprietario: sul sito del lago artificiale che si apriva al centro dei giardini, Vespasiano fece erigere il Colosseo; nell'area della villa Tito e Traiano fecero costruire complessi termali e Adriano edificò il tempio di Venere e Roma. Abbandonata e sprofondata nel terreno nel corso dei secoli, la residenza di Nerone fu riscoperta alla fine del Quattrocento: numerosi artisti rinascimentali presero a esplorarla, attingendo all'enorme repertorio di forme e motivi di quegli ambienti un tempo sontuossissimi e poi divenuti "grotte". Ne derivò il genere, fortunatissimo, delle grottesche. Nel 1999, al termine di un'imponente campagna di scavi e risanamento, alcune zone della *Domus Aurea* sono state aperte al pubblico) per rischio di crolli: "Abbiamo già avuto un crollo al Palatino e problemi gravi riguardano anche Caracalla, dove le visiste erano già state ristrette". Nel prosieguo, il Ministro ribadisce che il "problema è politico: l'Italia deve decidere se vuola farsi carico dei suoi beni culturali."

Die Umsetzung des UNESCO-Übereinkommens von 1970 aus der Sicht des Kunsthandels

Karl-Sax Feddersen[*]

I. Einleitung

Die Pariser UNESCO-Konvention von 1970 wurde vom deutschen Kunsthandel lange mit großer Skepsis betrachtet. Auf das Ziel des internationalen Kulturgüterschutzes, nämlich die Bewahrung der für eine Nation wichtigen Kulturgüter in ihrem historischen Zusammenhang, die Verhinderung einer weltweiten Zerstreuung, konnte man sich einigen – über die Wahl der Mittel wurde heftig gestritten.

Einer Umsetzung in deutsches Recht stand der Kunsthandel ablehnend gegenüber, da man empfindliche Beeinträchtigungen des Handels befürchtete. Die Aussicht auf Regelungen, die dem inländischen Handel neue Pflichten auferlegen und die Ein- und Ausfuhr von Waren verschärfen, erschien unerfreulich.

Bereits der verwendete Begriff des Kulturgutes bereitete Unbehagen, da er zu weit gefasst schien und zu einseitig den Interessen der Quellenstaaten entgegenkam. Die Initiative für die UNESCO-Konvention war ausgegangen von den Quellenstaaten Asiens, Afrikas und Lateinamerikas, die dem Handel in den großen Handelsnationen Grenzen setzen wollten, da sie den schleichenden Ausverkauf ihrer kulturellen Identität befürchteten.

Es standen sich zwei konträre Auffassungen von Eigentum gegenüber: die Vorstellung, dass – etwa über ein Schatzregal – Bodenfunde grundsätzlich dem Staat zufallen und somit Privateigentum und Handelbarkeit weitgehend eingeschränkt werden, widersprach dem in Deutschland vorherrschenden Grundgedanken, dass sich auch bedeutendes Kulturgut in Privathand befinden kann.

Weitere Einwände betrafen speziell die Vereinbarkeit wichtiger Instrumentarien der Konvention mit der deutschen Privatrechtsordnung. So ist das Kernstück der UNESCO-Konvention – der Rückgabeanspruch eines Vertragsstaates – mit deutschem Recht nur schwer in Einklang zu bringen, da er wichtige Eigentumserwerbstatbestände aushebelt und den Schutz des Guten Glaubens ignoriert. Die in Aussicht gestellte Entschädigung ist da meist nur ein schwacher Trost für den Verlust des Eigentums.

Für mehr als 30 Jahre hielt man diese Hindernisse für unüberwindbar und war – offen gesagt – froh darüber, dass die Bundesregierung keinen ernsthaften Versuch zur Umsetzung der UNESCO-Konvention unternommen hatte.

---

* Karl-Sax Feddersen, Justiziar Kunsthaus Lempertz, Berlin/Köln.

Als die Rot-Grüne-Koalition sich Ende der 90er Jahre die Umsetzung der UNESCO-Konvention in nationales Recht zum Ziel setzte, nahm der Kunsthandel diese Pläne zunächst mit Unbehagen zur Kenntnis. Als das Vorhaben jedoch konkreter wurde, bemühten sich die Kunsthandelsvertreter darum, das laufende Gesetzgebungsvorhaben in ihrem Sinne zu beeinflussen.

Die in der Öffentlichkeit vorherrschende Stimmung war für das Anliegen des Handels ungünstig. Besonders in den Jahren 2002 und 2003 hatten Presseberichte über Plünderungszüge durch ungeschützte Museen und bestürzende Bilder von umfangreichen Raubgrabungen im Irak die internationale Öffentlichkeit schockiert. Besorgniserregende Meldungen vernahm man auch seit Jahren aus den ehemaligen Ostblockstaaten, deren Museen zeitweise Selbstbedienungsläden für korrupte Angestellte glichen. Beflügelt von diesen Berichten kursierten überzogene Spekulationen über den Umfang von Schwarzmarktgeschäften mit unrechtmäßig außer Landes geschafften Kulturgütern. Obwohl Zahlen über das Volumen des illegalen Handels mit Kulturgütern nicht zuverlässig sein können, wurden hier immer wieder Milliardensummen in den Raum gestellt, um so die Notwendigkeit eines staatlichen Eingriffs zu betonen. Man schreckte nicht einmal davor zurück, den Handel mit illegal ausgeführten Kulturgütern in die Nähe des Drogen- und Waffenhandels zu rücken.

II. Einflussnahme auf die Gesetzgebung

Auch in diesem Klima versuchten die Kunsthandelsverbände und engagierte Händler, auf die Gesetzgebung einzuwirken. Man wollte im Gesetzgebungsverfahren wenigstens erreichen, dass die dem Gesetzgeber bei der Umsetzung zur Verfügung stehenden Spielräume im Sinne des deutschen Handels genutzt würden. Hinter diesen Bemühungen stand stets die Befürchtung, dass eine rigorose Umsetzung den Handel hierzulande übermäßig beeinträchtigen könnte und schlimmstenfalls die Abwanderung ganzer Branchen ins Ausland zur Folge haben könnte. Denn in der EU ist Deutschland bisher das einzige Land, das ein Ausführungsgesetz verabschiedet hat.

Erklärtes Ziel des deutschen Handels war es daher, dafür zu sorgen, dass die deutschen Regelungen zumindest nicht strikter ausfallen als die der europäischen Nachbarn. Der Blick wanderte dabei zum Vergleich immer wieder auf das neue schweizerische Kulturgütertransfergesetz .[1]

Die wichtigste Gelegenheit für eine gezielte Beeinflussung des Gesetzgebungsverfahrens bot sich anlässlich einer Expertenanhörung am 27. September 2006. Der Ausschuss für Kultur und Medien hatte an diesem Tag Experten geladen, um aus verschiedenen Blickwinkeln das Gesetzesvorhaben zu beleuchten. Gekommen waren Prof. Kurt Siehr, Experte für internationales Kunstrecht, Günther Schauerte von den Staatlichen Museen Berlin, Dr. Astrid Müller-Katzenburg als juristische Beraterin des Arbeitskreis deutscher Kunsthandelsverbände, Henrik Hanstein vom Kunst-

1 Bundesgesetz über den internationalen Kulturgütertransfer KGTG vom 20.6.2006.

haus Lempertz und Guido Carducci, der Leiter der Abteilung für Kulturelles Erbe bei der UNESCO in Paris.

Im Interesse der Museen und der archäologischen Wissenschaft wurde für eine möglichst streng an die Vorgaben der Konvention angelehnte Umsetzung plädiert. Gefordert wurde daher die Einführung einer umfassenden Aufzeichnungspflicht, möglichst lange Aufbewahrungspflichten und strenge Ein- und Ausfuhrregelungen. Um einen effektiven Kulturgüterschutz zu gewährleisten, sprach man sich zudem für die Unterzeichnung des UNIDROIT-Abkommens durch Deutschland aus.

Die Vertreter des Handels widersprachen deutlich den Forderungen nach einer strengen Ausführung der UNESCO-Konvention. Man hielt entgegen, dass der Kulturgüterschutz zunächst von den Ländern gewährleistet werden müsse, deren Kulturgüter es zu schützen gelte – also von den Quellenländern. Die beste Gewähr gegen den Handel mit unrechtmäßig ausgeführtem Kulturgut sei die Sicherung der Ausgrabungsstätten und die effektive Erfassung von Funden im Ursprungsland. Diese Aufgabe nun den Handelsnationen aufzubürden befördere den Zweck allenfalls indirekt und behindere nur den seriösen Handel durch immer neue Pflichten. Um zu belegen, wie gering der Umsatz unrechtmäßig eingeführter Kulturgüter auf dem deutschen Markt tatsächlich ist, verwies man auf den Umstand, dass die vorhergesagte Überschwemmung des Marktes mit illegal aus dem Irak ausgeführten Objekten ausgeblieben war.

Statt dem Handel neue gesetzliche Pflichten aufzuerlegen, verwiesen die Handelsvertreter auf das bestehende Instrumentarium umfassender Selbstverpflichtungsstatuten der verschiedenen Kunsthandelsverbände. In diesem Zusammenhang wurde als besonders strikte Regelung mehrfach der Verhaltenskodex der C.I.N.O.A. (Confédération Internationale des Négociants en Oeuvres d'Art) genannt, dem sich auch der deutsche BDKA (Bundesverband des Deutschen Kunst- und Antiquitätenhandels) unterworfen hat. In naher Anlehnung an die Vorgaben der UNESCO-Konvention verpflichten sich die Mitglieder dazu, keinen Handel mit Objekten zu betreiben, die unter Verletzung der Exportregeln des Ursprungslandes ausgeführt wurden. Ebenso wird den Mitgliedern der Handel mit Objekten aus unrechtmäßigen Grabungen untersagt. Als empfindlichste Strafe bei Zuwiderhandlungen sieht der Verhaltenskodex den Ausschluss des Händlers aus dem Verband vor.

Von den Befürwortern einer gesetzlichen Regelung wurde entgegengehalten, dass Selbstverpflichtungen nicht behördlich überprüfbar und gerichtlich durchsetzbar sind.

Im Detail besonders umstritten war zunächst die Definition des Kulturgutbegriffs. Von den Vertretern des Handels wurde bemängelt, dass der Begriff des Kulturgutes im Gesetz nicht einheitlich definiert wird. Die Begriffsbestimmung des § 6 „Voraussetzungen der Rückgabepflicht" knüpft bei der Definition an die Kategorien des Art. 1 der UNESCO-Konvention und die Eintragung im Verzeichnis des Ursprungslandes an. Hingegen bezieht sich der § 18 bei der Statuierung der Aufzeichnungspflicht auf den Anhang der Verordnung EWG 3911/92 des Rates vom 9. Dezember 1992 über die Ausfuhr von Kulturgütern. Der Verzicht auf einheitliche Voraussetzungen für den Begriff des Kulturgutes führe zu unnötigen Komplikationen für den Adressaten des Gesetzes.

Besonders einschneidende Auswirkungen für den Handel waren von § 18 KultGüRückG zu erwarten. Immer wieder betonte der Handel, dass man bereits durch handels- und steuerrechtliche Vorschriften (u.a. § 240 ff HGB und § 143 AO) zu Aufzeichnungen verpflichtet sei, die den Zwecken der Konvention vollauf genügen. Für das Versteigerungsgewerbe kommen noch die Aufzeichnungspflichten gemäß §§ 2 und 8 VerstVO hinzu.

Die Verfechter einer umfassenderen Aufzeichnungspflicht wiesen jedoch darauf hin, dass der UNESCO-Konvention ein gesondert zu führendes Verzeichnis über Beschaffenheit, Herkunft und Käufer vorschwebte. Ihnen konnten die Aufzeichnungen im Dienste des Kulturgüterschutzes kaum weitreichend genug sein. Während man eine möglichst umfangreiche Aufzeichnungspflicht aus museologischer und archäologischer Sicht für unverzichtbar hielt, wehrte sich der Handel gegen immer neue und umfangreichere Aufzeichnungspflichten.

Hier hätte der deutsche Gesetzgeber die Möglichkeit gehabt, von der ihm gegebenen Freiheit bei der Umsetzung Gebrauch zu machen, um eine Schlechterstellung des deutschen Handels zu verhindern. Keine neuen Aufzeichnungspflichten hielt man z.B. in Großbritannien für erforderlich, wo bei der Umsetzung die bestehenden Aufzeichnungspflichten für hinreichend befunden wurden. Der deutsche Gesetzgeber hielt jedoch zum Bedauern des Handels an der neuen Aufzeichnungspflicht fest.

Eine Erleichterung war nur noch durch die Einführung einer Bagatellgrenze zu erreichen, die im Gesetzentwurf nicht vorgesehen war. Es darf zu Recht bezweifelt werden, dass auch der Verkauf eines attischen Salbgefäßes für 80 € wirklich genau mit Objektbeschreibung, Provenienz und Käuferangaben verzeichnet werden muss. Von Seiten des Handels wurde daher die Einführung einer Bagatellgrenze gefordert, unterhalb derer eine Aufzeichnungspflicht entfallen sollte. Auch das schweizerische Kulturgütertransfergesetz verzichtet für Objekte unter 5000 SF, die keine archäologischen Funde sind auf die Aufzeichnungspflicht. Nachdem die Einführung dieser Bagtellgrenze grundsätzlich beschlossen war, wurde vehement um deren Höhe gestritten. Anfängliche Forderungen nach einer Grenze von € 5000 wurden heruntergeschraubt, bis am Ende § 18 Abs. 2 KultGüRückG die Grenze bei € 1000 fixierte. – Immerhin ein Teilerfolg für den Handel!

Dass Vertreter der Museen diese Einschränkungen ungern sahen, liegt auf der Hand. In einem Beitrag in den ICOM-Mitteilungen 2007/10 bezeichnete Prof. Schauerte die „1000 €-Bagatellgrenze des § 18 aus museologischer und archäologischer Sicht [als] Desaster, eine nur schwer hinnehmbare Schwächung des Gesetzes".

Neben die Aufzeichnungspflicht tritt die Aufbewahrungspflicht. Der Gesetzesentwurf sah in § 18 Abs. 1 die Aufbewahrung in den Geschäftsräumen für die Dauer von 10 Jahren vor. Es wurde die Verlängerung der Aufbewahrungspflicht auf 30 Jahre gefordert, um die Aufbewahrungsfrist der Verjährungsfrist für Rückgabeansprüche aus § 11 anzupassen. Nur so könne gewährleistet werden, dass im Falle einer Berufung auf die Verjährungsregel angesichts eines Rückgabeverlangens die rechtmäßige Verbringung nach Deutschland auch bewiesen werden könne. Zudem berief man sich darauf, dass auch das Schweizer Ausführungsgesetz (KGTG) eine Frist von 30 Jahren vorsieht.

Der Handel sprach sich jedoch deutlich gegen eine Verlängerung der Frist auf 30 Jahre aus, da man die Papierberge in den Kellern der Handlungen immer stärker anschwellen sah. Dass es am Ende bei der Zehnjahresfrist des Entwurfes blieb, ist angesichts der engagierten Fürsprecher einer Verlängerung einer der größten Erfolge der Verhandlungsführer.

Kernstück des Ausführungsgesetzes ist der in zwei Varianten geregelte Rückgabeanspruch in § 6 KultGRückG. Die Durchsetzung kann dazu führen, dass gutgläubig erworbenes Eigentum im Zug gegen eine Entschädigung preisgegeben werden muss. Da die Etablierung dieser Anspruchsgrundlage aber den eigentlichen Zweck der Umsetzung darstellt, war diese rechtsdogmatische Kröte zu schlucken.

Nicht erforderlich war es jedoch, dass der Gesetzgeber dem Rückgabeanspruch mittels einer Fiktion auch in Fällen zur Geltung verhilft, in denen sich nicht nachweisen lässt, dass ein Kulturgut bereits vor Inkrafttreten des Gesetzes am 26.April 2007 nach Deutschland gelangte. Durch diese Regelung wird dem Eigentümer oder Händler im Rückforderungsfall die Pflicht auferlegt, zu beweisen, dass das Kulturgut bereits vor Inkrafttreten des Gesetzes nach Deutschland gelangte. Kann er dies nicht, so gilt das Objekt als nach Inkrafttreten des Gesetzes nach Deutschland verbracht. Aus keinem anderen Vertragsstaat ist bisher eine solch rigorose Regelung bekannt – der deutsche Gesetzgeber geht mit dieser Regelung weit über die Anforderungen der Konvention hinaus. Dass es auch anders geht, zeigt Art 33. schweizerisches KGTG, der die Rückwirkung ausdrücklich ausschließt.

Zu Recht sieht der Handel in dieser Fiktion des § 6 KultGüRückG eine schwere Belastung gerade des privaten Sammlers. Wer nicht über die erforderlichen Papiere verfügt, könnte angesichts eines Rückgabeanspruches in Zukunft sein Eigentum verlieren. Diese Gefahr, die dem im Umgang mit seinen Belegen laxen Sammler droht, hat sich in Käuferkreisen noch nicht herumgesprochen – sie könnte aber durchaus Auswirkungen auf das Kaufverhalten deutscher Kunden entfalten.

Es passt ins Schema der oft entgegengesetzten Positionen, dass diese Regelung aus museologischer Sicht als „Glanzleistung des Ausführungsgesetzes“ bezeichnet wurde.[2]

Angesichts der ungünstigen Grundstimmung und der oft heftigen Gegenwehr von Seiten der Museen und Archäologen konnten die Interessenvertreter des Handels mit den erzielten Ergebnissen durchaus zufrieden sein. Zwar wurden die Beweislastumkehr und die Möglichkeit der nachträglichen Aufnahme in ein Verzeichnis gegen den Willen des Handels eingeführt. Es war aber immerhin gelungen, bei der Aufzeichnungsfrist eine Bagatellgrenze einzuführen, die dafür sorgt, dass der bürokratische Aufwand auf ein erträgliches Maß reduziert wird. Durch die Begrenzung der Aufbewahrungspflicht auf 10 Jahre konnte erreicht werden, dass der Handel nicht noch größere Papiermengen verwalten muss.

---

2 *Schauerte*, ICOM-Mitteilungen 2007/11.

III. Erfahrungen des Handels mit dem KultGRückG.

Seit Inkrafttreten des Gesetzes am 26. April 2007 hält sich nun der deutsche Handel an die neuen Normen. Um den Mitgliedern die neuen Regelungen zu erläutern, haben die Verbände umfangreiche Aufklärungsarbeit geleistet. Besonders der BDKA (Bundesverband des Deutschen Kunst- und Antiquitätenhandels) hat hier vorbildlich gehandelt. In mehreren Rundschreiben und auf der Homepage des Verbandes wurden die gesetzlichen Regelungen und die daraus für den Handel erwachsenden Konsequenzen fundiert erläutert. Auch auf den Sitzungen des Bundesverbandes Deutscher Kunstversteigerer (BDK) stand das Thema wiederholt auf der Tagesordnung. Man kann also mit Fug behaupten, dass der Handel seine Hausaufgaben gemacht hat.

Es ist, gerade ein gutes Jahr nach Inkrafttreten, noch nicht möglich, ein abschließendes Urteil über die Auswirkungen des Gesetzes zu treffen. In der Praxis haben die neuen Regelungen aber durchaus Konsequenzen. So ist die vom Handel befürchtete Belastung durch bürokratischen Mehraufwand auch eingetreten. Zudem ist deutlich zu merken, dass die Umsetzung auf Seiten der Behörden – gerade der Zollbehörden – noch unter Kinderkrankheiten leidet.

Anhand von Beispielen aus unterschiedlichen Branchen soll ein kursorischer Überblick über die jüngsten Erfahrungen gegeben werden.

1. Münzhandel

Münzhändler und Sammler sahen in dem neuen Gesetz bereits das Todesurteil für den Münzhandel in Deutschland. Da ein Großteil der gehandelten Münzen aus archäologischen Grabungen stammen - und damit zum engeren Kreis der Schutzobjekte des neuen Gesetzes gehören - befürchtete man eine unverhältnismäßig hohe Belastung durch Ein- und Ausfuhrgenehmigungen, Aufzeichnungspflichten und auch konkrete Rückgabegesuche. In den Nachbarländern Schweiz und Frankreich wurde der Münzhandel durch neue Regelungen teilweise empfindlich beeinträchtigt.

Immer wieder wurde daher darauf hingewiesen, dass Münzen als Vervielfältigungsstücke nicht den Stellenwert eines Unikates beanspruchen könnten, und dass sie angesichts viel hundertfachen Vorkommens nicht als besonders bedeutsames Kulturgut klassifiziert werden dürften. Es war abzusehen, dass hier Komplikationen bei der Subsumtion unter den Begriff des Kulturgutes auftreten würden.

Für den Münzhandel haben sich die Befürchtungen meist jedoch nicht erfüllt. Die lähmende Wirkung der Einfuhrgenehmigungspflichten ist ausgeblieben. Einer Einfuhrgenehmigung bedarf es auch nach Inkrafttreten des Gesetzes nur, wenn das Kulturgut von einem Vertragsstaat in das Verzeichnis des bedeutenden Kulturgutes aufgenommen wurde. Um aber eine ausufernde Auflistung durch Quellenstaaten zu verhindern, wurde vom Gesetzgeber die individuelle Identifizierbarkeit des Kulturgutes zur Voraussetzung gemacht. Diese Voraussetzung erfüllt die überwiegende

Vielzahl der Münzen nicht, eben weil es vervielfältigte Stücke sind. Auch heute bedürfen daher nur wenige Münzen oder Medaillen einer Einfuhrgenehmigung.

Die weitere Sorge galt den Aufzeichnungspflichten. Auch hier sah sich der Münzhandel besonderen Nachteilen ausgesetzt. Im Gegensatz zur UNESCO-Konvention erwähnt das KultGüRückG Münzen nicht gesondert. Es ist unklar, ob auch für Münzen gemäß § 18 Abs. 2 der Teil A der Verordnung 3911/92 und die € 1000 Bagatellgrenze gelten, oder ob sie gemäß Teil B der Verordnung 3911/92 zu behandeln sind – mit der Folge, dass sie als „archäologische Gegenstände" der Wertgruppe Null angehören. Dann würde für jede Münze – unabhängig von Ihrem Wert – die Aufzeichnungspflicht gelten! Man könnte in Ermangelung einer expliziten Erwähnung der Münzen aber auch auf die Auffassung vertreten, dass Münzen einfach als „sonstige Antiquitäten" zu klassifizieren sind – dann würde die Aufzeichnungspflicht erst ab einem Wert von € 50.000 gelten.

Für den Fall, dass die Aufzeichnungspflicht auch für nahezu wertlose Objekte gelten sollte, ist die Ansicht vertreten worden, dass § 18 KultGüRückG wegen eines Verstoßes gegen die Berufsausübungsfreiheit des Art 12 Abs 1 GG verfassungswidrig sei.[3] In der Tat ist die Argumentation nachvollziehbar, die in einer solch umfassenden Aufzeichnungspflicht eine unverhältnismäßige Einschränkung der Berufsausübung erkennt.

Tatsächlich ist es heute so, dass der Münzhandel in Übereinstimmung mit den zuständigen Behörden von der Gültigkeit der € 1000-Grenze ausgeht.

Aus dem Münzhandel ist bisher ein Fall bekannt, in dem ein Vertragsstaat die Rückgabe einer Münze verlangte. Dass sich solche Fälle aber in Zukunft häufen könnten, belegt ein Schreiben des leitenden Numismatikers des italienischen Kultusministeriums: er bittet darin die Münzhandlung Fritz Rudolf Künker, zukünftig die Auktionskataloge an die Römischen Behörden zu senden. Dieser Vorgang belegt, dass die Kulturbehörden anderer Vertragsstaaten den deutschen Münzhandel durchaus auch mit dem Blick auf Rückgabeforderungen beobachten.

2. Autographenhandel

Der Markt für Autographen ist sehr überschaubar und steht daher auch nicht im Fokus der Behörden. Bei einigen Detailfragen der Umsetzung bewegen sich daher Handel und Behörden noch in einer Grauzone.

Mit Blick auf die Aufzeichnungspflicht ist auch hier nicht endgültig geklärt, in welche Kategorie der Verordnung 3911/92 Handschriften und Autographen gehören. Sowohl in Teil A als auch in Teil B des Anhangs werden Handschriften erwähnt – in Teil B sogar in der Wertgruppe 0. Diese Einordnung erscheint durchaus sinnvoll im Hinblick auf Handschriften, die für die Bundesrepublik Deutschland von großem Belang sind. Wie ordnet man aber die große Menge von beiläufig gemachten Schriftzeugnissen ein? Soll auch für ein signiertes Foto oder die Visitenkarte mit

3 *Tade Matthias Spranger*, Münzrevue 6/2007.

dem hingeworfenen Gruß Thomas Manns die Aufzeichnungspflicht bei einem Wert von einem Euro beginnen?

Wir sind der Auffassung, dass auch hier die Bagatellgrenze gelten muss, da der Handel andernfalls mit unverhältnismäßigen Aufzeichnungspflichten belastet würde. Erfreulicherweise teilen die Behörden diese Auffassung.

3. Antikenhandel

Der Handel mit Antiken stand bei der Zielsetzung und der Diskussion um die Umsetzung der UNESCO-Konvention stets im Mittelpunkt. Beflügelt wurden die Hoffnungen auf ein erfolgreiches Einschreiten gegen die Machenschaften des illegalen Handels durch teilweise maßlos überzogene Vermutungen über deren Umfang.

Diese Spekulationen verkennen aber oft die tatsächlichen Mechanismen des sensiblen Marktes mit Antiken. Um sich vor Fälschungen oder illegal ausgeführten Objekten zu schützen, ist die Provenienz eines Objektes heute wichtiger denn je. Der Markt ist ein weitgehend geschlossenes System, in dem die Objekte meist von einer Sammlung in die andere vermittelt werden. Die Käufer sind sehr darauf bedacht, nur Objekte mit einer möglichst lückenlosen Provenienz aus angesehenen Sammlungen zu erwerben. Der Anreiz, auch Stücke mit zweifelhafter Herkunft in das Angebot aufzunehmen, ist gering, da der Händler das Objekt nicht offen bewerben kann – und unter der Ladentheke erzielt es einen geringeren Preis.

Aus den genannten Gründen erfüllt der seriöse Antikenhandel die Aufzeichnungspflichten vorbehaltlos. Man sieht darin eine weitere vertrauensbildende Maßnahme gegenüber dem Kunden, der mehr denn je genau wissen möchte, woher das Objekt seiner Wahl stammt. Die Händler gehen mit Ihren Aufzeichnungen oftmals sogar über die gesetzlich geforderten Angaben hinaus.

Nicht zu leugnen ist, dass die Aufzeichnungspflichten gerade für die grundsätzlich kleinen Unternehmen der Branche eine nicht unerhebliche Mehrbelastung des Personals nach sich gezogen haben.

Bisher keine Konsequenzen hatte die vom Gesetz des § 6 Abs 2 Nr. 1 KultGüRückG geschaffene Möglichkeit, archäologische Gegenstände binnen Jahresfrist nach ihrem Auftauchen in einem Vertragssaat nachträglich in das nationale Verzeichnis aufzunehmen. Durch diese Regelung soll die Möglichkeit eröffnet werden, illegal ausgegrabene Objekte, die das Herkunftsland naturgemäß nicht registrieren konnte, auch nach ihrem Auftauchen in einem Vertragsstaat zurückzufordern. Obwohl die Zollbehörden verschiedenster Staaten die internationalen Messen mit dem konkreten Blick auf solche Objekte besuchen, ist für diese Norm bisher kein Anwendungsfall bekannt geworden.

Beklagt werden allerdings auch in dieser Branche, dass bei der Umsetzung noch immer Schwierigkeiten im Umgang mit unzureichend informierten Behörden auftauchen. Aus Unkenntnis der Ausfuhrbestimmungen werden von den Zollbehörden auch Objekte mit korrekter Ausfuhrerlaubnis bisweilen über Monate festgehalten.

Von bestehenden Unsicherheiten im Umgang mit den Vorschriften zeugen auch wiederholte Fälle, in denen auch für nicht genehmigungsbedürftige Objekte bei Verbringung aus dem Zollraum der EU von den ausländischen Zollbehörden ein Unbedenklichkeitsnachweis verlangt wurde. Da eine solche Ausfuhrerlaubnis jedoch nicht vorgesehen ist, gibt es auch keine dafür zuständige Behörde. In einigen Fällen begnügten sich die ausländischen Behörden dann auch mit der Bescheinigung des Landesmuseums.

4. Versteigerungsgewerbe

Zunächst stellen die Aufzeichnungspflichten für das Versteigerungsgewerbe keine Neuerung dar. Der Versteigerer erfüllt die Voraussetzungen schon gemäß §§ 2 und 8 VerstVO. Mit wenigen Handgriffen lassen sich die Daten aus Annahmequittung, Versteigerungsauftrag und Versteigerungsprotokoll ablesen. Der allenthalben beklagte bürokratische Mehraufwand ist hier also nicht zu spüren.

Während die Kunstversteigerer die Auswirkungen des neuen Gesetzes gut überschauen können, mag das bei den Kunden unserer Häuser – insbesondere bei Privatleuten - durchaus anders aussehen. Man kann nicht davon ausgehen, dass das Wissen über die Voraussetzungen und Konsequenzen des Rückgabeanspruches zum Allgemeinwissen gehört. Bei Lempertz machen wir daher unsere Kunden vor jeder Versteigerung darauf aufmerksam, dass es im Hinblick auf mögliche Rückgabegesuche ratsam ist, Kaufbelege aufzuheben, um angesichts der Beweislastumkehr nicht in Beweisschwierigkeiten zu geraten.

In diesem Zusammenhang machen wir unsere Kunden zudem auf die geltenden Ausfuhrbeschränkungen für den Kulturguttransfer in Staaten außerhalb der EU aufmerksam. In einem solchen Fall ist vor kurzem ein französischer Kollege zu einer Geldstrafe verurteilt worden, weil er seinen Kunden nicht über die für die Ausfuhr in die Schweiz bestehenden Beschränkungen aufgeklärt hatte.

IV. Fazit

Es kann festgehalten werden, dass die Einhaltung der neuen Vorschriften dem deutschen Handel grundsätzlich keine besonderen Schwierigkeiten bereitet. Vielleicht lässt sich sogar sagen, dass die gesteigerte Aufmerksamkeit, die der Handel dem Thema gewidmet hat, zu einer erhöhten Glaubwürdigkeit gegenüber Kunden und Behörden führt.

Wir sind zuversichtlich, dass sich die geschilderten Probleme mit zunehmender Erfahrung im Einvernehmen mit den zuständigen Behörden beseitigen lassen werden.

Die Vertreter des Handels sind jedoch nach wie vor der Auffassung, dass die wichtigsten Aufgaben des Kulturgutschutzes in den Quellenländern liegen. Dort müssen Ausgrabungsstätten gesichert, Raubgrabungen verhindert und der illegale

Handel unterbunden werden. Solange hier keine entscheidenden Verbesserungen erzielt werden, kann unser Beitrag nur geringe Wirkung haben. Ob man den Zielen des internationalen Kulturgüterschutzes mit dem novellierten deutschen KultGüRückG wirklich näher kommt, bleibt abzuwarten. Der Bundesrat hat in seiner Sitzung am 9. März 2007 beschlossen, dass die Bundesregierung drei Jahre nach Inkrafttreten des Gesetzes einen Evaluierungsbericht über dessen Auswirkungen vorlegen soll. Dann wird sich genauer sagen lassen, ob die gesetzlichen Instrumentarien eine Verbesserung des Kulturgutschutzes bewirkt haben, oder ob sie nur eine überflüssige Belastung darstellen.

Teil 2: Künstlerschutz

Regietheater als Rechtsproblem

Erik Jayme[*]

I. Einführung

Das „Regietheater", wie es die deutschen Bühnen seit ungefähr zwei Jahrzehnten beherrscht, wertet den Theaterregisseur auf. Dieser tritt aus der dienenden Rolle heraus, die er vorher innehatte. Die Regie wird eigenständig; sie führt auch zu Eingriffen und Veränderungen des Werkes, das „bühnenmäßig" dargestellt wird.[1] Besonders deutlich zeigen sich die Wesenszüge des Regietheaters im Bereich der Oper.[2] Gelegentlich wird ein anderes Stück gespielt als dasjenige, das durch Libretto und Musik vorgegeben ist. In der Heidelberger Aufführung von Puccinis „La Bohème" in der vergangenen Spielzeit war Schauplatz des Geschehens ein sonniger Platz vor einem Supermarkt. Dabei ist diese Oper ein Nachtstück, das eigentlich in künstlicher Beleuchtung abläuft, wenn man von Kaminfeuer, Schneeflocken und Mondstrahlen absieht. Der gesungene Originaltext – man denke an Rodolfos Arie „che gelida manina" – steht dann in offenem Gegensatz zum Geschehen auf der Bühne. Der als „Nachwuchskünstler der Jahres" nominierte Regisseur sagte in einem Zeitungsinterview ganz offen: „Wir wollten...ein Stück erzählen über junge Leute, die versuchen, sich zu positionieren."[3] Und weiter: „Zwischenzeitlich war ich an dem Punkt, wo ich dachte, man könnte daraus auch einen Hartz IV-Porno machen: arm, aber sexy!"[4] Noch ein Beispiel aus der vergangenen Spielzeit. Im Heidelberger „Idomeneo" wird nicht nur die Rachearie der Elektra weggelassen, sondern es wird diese Figur ganz im Sinne einer großen Versöhnung am Schluß umgedeutet: Elektra gibt das eigene Brautkleid der siegreichen Rivalin. Im aktuellen Münchener „Idomeneo" fährt Elek-

---

* Prof. Dr. Dr. h.c. mult. Erik Jayme, Institut für internationales und ausländisches Privat- und Wirtschaftsrecht der Universität Heidelberg. Die Vortragsform wurde beibehalten. Der Verfasser dankt für vielfältige Hinweise Herrn Dr. Carl Friedrich Nordmeier (Heidelberg) sowie für die eigenständige Beschaffung und Auswahl einschlägiger Literatur Frau Gisela Gärtner, Bibliothekarin am Institut.

1 § 19 Abs. 2 UrhG.

2 Vgl. *Alexandra Garaventa*, Regietheater in der Oper – Eine musiksoziologische Untersuchung am Beispiel der Stuttgarter Inszenierung von Wagners Ring des Nibelungen, München 2006, S. 184 ff.; vgl. auch *Sven Friedrich*, Um die „Geburt der Tragödie aus dem Geist der Musik" bittend – Überlegungen zum „Regietheater" auf der Opernbühne, in Wagnerspectrum Heft 2/2005, S. 31 ff.

3 Interview (Matthias Roth) mit dem Regisseur Michael von zur Mühlen unter dem Titel „Man könnte daraus auch einen Hartz-IV-Porno machen", Rhein-Neckar-Zeitung, 18.10.2007, S. 14.

4 Vorige Note.

tra dagegen nach ihrer großen Schlußarie in die Hölle. Nun hatte offenbar schon Mozart selbst an gewisse Alternativen gedacht und die letzte Elektra-Arie zur Disposition gestellt[5]; außerdem hat Richard Strauss Mozarts „Idomeneo“ in einer Weise bearbeitet, dass das ursprüngliche Stück kaum noch erkennbar ist und streckenweise an seine wenige Jahre zuvor entstandene „Ägyptische Helena“ erinnert.[6] Opern weisen also durchaus gewisse Interpretationsspielräume auf. Die rechtlichen Tatbestände, die das Urheberrecht und das Schuldrecht enthalten, verlangen aber nach einer Abgrenzung und Präzisierung. Wo der Kritiker seinen Empfindungen freien Lauf lassen darf, muß der Jurist entscheiden.

II. Werktreue – Rechte der Zuschauer, Rechte des Schöpfers bei Entstellung

Es geht also in diesem Beitrag nicht darum, eine Position zu der künstlerischen Bedeutung des Regietheaters zu erarbeiten[7], sondern um Rechtsprobleme, mögen auch die Proteste gelegentlich unüberhörbar sein.[8] Die Hauptfrage geht dahin, ob und wann einem Theaterregisseur ein Urheberrecht zusteht, das ihn aus der Schar der anderen ausübenden Künstler heraushebt.[9] Hier hat das Regietheater zu vielen neuen Rechtsfragen geführt, von denen einige kurz beschrieben werden sollen, ehe versucht wird, eine etwas andere Perspektive als die bisher übliche zu wählen.

Typischerweise hat man das Regietheater als Rechtsfrage vor allem im Hinblick auf die Verstörung der Zuschauer, die sich in ihren Sehgewohnheiten verletzt sahen, erörtert. Es ging darum, ob die Zuschauer Ansprüche auf Rückerstattung des Eintrittsgeldes haben, weil der zwischen ihnen und dem Theater geschlossene Werkvertrag nicht erfüllt worden war.[10] Diese Frage wurde dadurch gelöst, dass den Zuschauern dann keine Rückerstattungsrechte zustehen, wenn das Theater in hinrei-

---

5 Hinweis von Professor Dr. Dr. h.c. Dieter Borchmeyer in einem Vortrag im Frühjahr 2008 im Städtischen Theater Heidelberg.

6 Richard Strauss begann die Komposition des „Idomeneo“ am 14.9.1930 und schloss sie schon zwei Wochen später am 28.9.1930 in Garmisch ab. Die Uraufführung fand in Wien am 16.4.1931 statt. Diese Daten sind entnommen *Stephan Kohler*, „Dafür plagt man sich, um dem Genius zu huldigen…!“ – Richard Strauss als Bearbeiter von Mozarts Idomeneo, Salzburger Festspiele 2006, Programmheft „Idomeneo“, S. 12 ff., 21; zur Fortführung der „Ägyptischen Helena“, a.a.O., S. 15 f.

7 Vgl. *Martin Geck*, Wollen wir dort „Carmen“ hören? – Überschätztes Regietheater: Der Komponist Wagner kommt in Bayreuth viel zu kurz, Frankfurter Allgemeinen Zeitung, 17.7.2008, S. 31.

8 Vgl. *René Kollo*, Darf man das? – Kritische Anmerkungen zum neuen Bayreuther „Parsifal“, Frankfurter Allgemeine Zeitung, 30. Juli 2008, S. 31.

9 Vgl. hierzu *Eike Wilhelm Grunert*, Götterdämmerung, Iphigenie und die amputierte Csárdásfürstin – Urteile zum Urheberrecht des Theaterregisseurs und die Folgen für die Verwertung seiner Leistung, ZUM 2001, 210 ff.

10 Es handelt sich um einen gemischt-typischen Vertrag mit vorherrschend werkvertraglichen Elementen. Vgl. AG Aachen, 24.4.1997, NJW 1997, 2058 (Werkvertrag mit mietrechtlichem Einschlag; kein Schadensersatz, wenn Besucher verspätet, bei Einlass erst nach der Pause).

chender Weise über die Regie berichtet und informiert hatte.[11] Dabei geht man offenbar zugleich davon aus, dass der Theaterbesucher, der eine Eintrittskarte löst, auch selbst Erkundigungen über die Regie einholt und sich nicht – wie früher üblich – zur Vorbereitung nur mit Libretto und Taschenpartitur beschäftigt. Der Hinweis auf letztere hat heute in diesem Zusammenhang nahezu keine rechtliche Bedeutung mehr.

Hinzu trat dann die Frage, ob die Schöpfer der Werke und ihre Erben sich gegen die Eingriffe in die Werksubstanz wehren können. Bei diesem Problem geht es um das Recht des Werkschöpfers, eine Entstellung seines Werkes zu untersagen. Das Vorliegen einer solchen Entstellung ist über § 14 UrhG oder über § 75 UrhG mit einem Dreistufentest im Wege einer Interessenabwägung zu klären.[12] In der Monographie von Eike Wilhelm Grunert sind diese Probleme sicher erfasst.[13] Sein Koreferat wird darauf eingehen. Im folgenden soll es eher um Rechtsfragen des Regietheaters in Fällen gehen, in denen es sich entweder um gemeinfreie Werke handelt oder aber der Schöpfer keine Bedenken gegen die Regie geäußert hat.

III. Rechtliche Binnenprobleme des Theaters

1. Das Regie-Plagiat

Ein neuer Blick auf das Regietheater zeigt, dass die ungelösten Probleme im Binnenbereich des Theaters auftauchen. Früher betrachtete man den Theaterregisseur wie die anderen Mitwirkenden einer Opernaufführung als ausübenden Künstler; er war auf die verwandten Schutzrechte beschränkt.[14] Nimmt man aber an, dass dem Theaterregisseur, der etwa eine originelle Wiedergabe einer Oper gestaltet hat, ein eigenes Urheberrecht zusteht, dann fragt sich, welche Schutzrechte ihm als Schöp-

---

11 Vgl. LG Salzburg, 10.3.2003, JBl 2003, 587 (Fledermaus"). In der Diskussion wurde die Frage aufgeworfen, welche Recht dem Zuschauer zustehen, der ein Jahr im Voraus Karten für die „Salzburger Festspiele" erwirbt, also zu einem Zeitpunkt, in welcher die Einzelheiten der Regie noch nicht bekannt sind. M.E. müsste er die Karten gegen Erstattung des Preises und Reservierungsaufgeldes zurückgeben können, wenn sich vor Beginn der Festspiele herausstellt, dass die Inszenierung einer klassischen Oper diese völlig bis zur Unkenntlichkeit verfremdet.

12 Da auch dem ausübenden Künstler ein Recht zusteht, „eine Entstellung oder eine andere Beeinträchtigung zu verbieten, die geeignet ist, sein Ansehen oder seinen Ruf als ausübender Künstler zu gefährden" (§ 75 UrhG), muss insoweit nicht entschieden werden, ob dem Theaterregisseur ein Urheberrecht i.S.d. §§ 2 Abs. 2, 3, 23 UrhG oder bloß die Rechtsstellung eines ausübenden Künstlers zukommt. Zur Frage eines unterschiedlichen Schutzniveaus siehe *Michael Grünberger*, Das Interpretenrecht, 2006, S. 127 ff.

13 *Eike Wilhelm Grunert*, Werkschutz contra Inszenierungskunst – Der urheberrechtliche Gestaltungsspielraum der Bühnenregie, München 2002.

14 Zum Bühnenregisseur als ausübendem Künstler siehe *Krüger* in: Schricker (Hrsg.), Urheberrecht, Kommentar, 3. Aufl. 2006, § 73 Rdnr. 32.

fer[15] oder als Bearbeiter[16] eines Kunstwerks zustehen. In Betracht kommt zunächst das Recht des Urhebers auf Anerkennung seiner Urheberschaft.[17] Hinzu treten die Verwertungsrechte des Urhebers.[18] Bei abgeänderter Übernahme einer Inszenierung stellen sich die Fragen der Bearbeitung im Sinne der §§ 3, 23 und 24 UrhG. Bejaht man allerdings ein Urheberrecht des Bühnenregisseurs, so ergibt sich das Problem, ob ihm auch Ausschließlichkeitsrechte in dem Sinne zustehen, dass er etwa eine ähnliche Aufführung verbieten kann.

Jüngstes Beispiel ist die neue Wiesbadener „Salome", eine Aufführung der Oper von Richard Strauss zu der deutschen Übersetzung eines Stückes von Oscar Wilde. Mit der Premiere wurden in diesem Jahr die Wiesbadener Mai-Festspiele eröffnet. Zitat zur Regie des Intendanten aus dem Darmstädter Echo: „Unüblich aber ist es, dass sich just der Regisseur der „Salome" bei einer Inszenierung eines anderen Theatermachers nachweislich großzügig bedient hatte. Carlos Wagner nämlich hatte den Strauss-Einakter in Montpellier auf die Bühne gebracht, und „... der Regisseur der Wiesbadener Aufführung ..." hatte daraus, ohne diesen zu fragen oder die Einflüsse im Programmheft zu erwähnen, Teile für seine Wiesbadener Inszenierung adaptiert, was er erst beschämt zugab, nachdem Plagiatsvorwürfe öffentlich ruchbar wurden."[19]

Rechtlich gesehen stellt sich die Frage, ob in einem solchen Fall dem ursprünglichen Regisseur eventuell Rechte aus § 97 UrhG zustehen, d.h. Ansprüche auf Unterlassung und Schadensersatz, wobei der grenzüberschreitende Sachverhalt weitere Probleme aufwirft.[20] Dies hängt wiederum davon ab, wann man eine Bühnenregie als schutzfähig ansehen kann, um sie überhaupt als plagiatsfähig einstufen zu können. Schließlich stellt sich die Frage nach dem Plagiat als Rechtsbegriff.[21]

---

15 §§ 2 Abs. 2, 7 UrhG.

16 § 3 UrhG.

17 § 13 UrhG.

18 §§ 15 ff. UrhG.

19 Aus dem Aufsatz von *Heinz Zietsch*, Würze für das Neue – Musiktheater – Das Darmstädter Staatstheater kann sich neben den Nachbarbühnen durchaus sehen lassen, Darmstädter Echo 12.7.2008, S. 9.

20 Diese können hier nur angedeutet werden. Der Regisseur Carlos Wagner wird als Südamerikaner bezeichnet. Es käme über § 121 Abs. 4 Satz 1 UrhG darauf an, ob Staatsverträge mit seinem Heimatstaat bestehen, welche eine Inländergleichbehandlung gewähren.

21 Siehe *Loewenheim*, in: Schricker (Hrsg.), Urheberrecht, Kommentar, 3. Aufl., 2006, § 23 UrhG Rdnr. 22 mit vielen Nachweisen. Vgl. auch *Mathias Dieth*, Musikwerk und Musikplagiat im deutschen Urheberrecht, Baden-Baden, 2000, S. 36 ff.; *Markus Kiesel*, Plagiat, Zitat und Selbstzitat in der Musik, in: Gerte Reichelt (Hrsg.), Original und Fälschung im Spannungsfeld von Persönlichkeitsschutz, Urheber-, Marken- und Wettbewerbsrecht, Wien 2007, S. 41 ff.

2. Mitwirkende

Wertet man den Regisseur in dieser Weise auf, so treten ferner weitere Hilfspersonen aus ihrem Schattendasein hervor, etwa der Regieassistent, der Operndramaturg und andere, die „an einer solchen Darbietung künstlerisch" mitwirken.[22]

3. Opernsänger insbesondere

Schließlich ist an die Sänger zu denken, deren Arbeitsverträge gewisse Rollen vorsehen mögen. Es kann sich die Frage stellen, ob Ihnen bestimmte Veränderungen klassischer Opernfiguren zugemutet werden können, bzw. ob ihnen Verweigerungsrechte zustehen. Eine besondere Rolle spielt diese Frage dann, wenn der Regisseur der Oper vom Schauspiel herkommt, keine Noten lesen kann und insgesamt opernfremd ist.[23] Zur Zumutbarkeit bestimmt § 275 Abs. 3 BGB:

> „Der Schuldner kann die Leistung ferner verweigern, wenn er die Leistung persönlich zu erbringen hat und sie ihm unter Abwägung des seiner Leistung entgegenstehenden Hindernisses mit dem Leistungsinteresse des Gläubigers nicht zugemutet werden kann."

Im Schrifttum wird immer wieder die Sängerin genannt, deren Kind schwer erkrankt ist und der es deshalb nicht zuzumuten sei, in einer Oper aufzutreten.[24] Das Leistungshindernis liegt hier in der Sphäre des Schuldners. Es taucht aber ferner die Frage auf, ob die Übernahme gewisser durch die Regie festgelegter Rollenprofile auf eine Zumutbarkeitsgrenze stößt. Als rechtliche Verankerung kämen hier § 315 BGB und die Kontrolle einseitiger Leistungsbestimmungsrechte in Betracht sowie bei Arbeitsverträgen das Direktionsrecht des Arbeitgebers gemäß § 106 GewO und seine Schranken. Das Bundesarbeitsgericht hat aber im Falle einer Filmschauspielerin in diesem Zusammenhang zusätzlich auch § 275 Abs. 3 BGB geprüft.[25]

Beim Regietheater ergibt sich als Frage die Zumutbarkeit bei Verträgen mit Sängern, die eine gewisse Vorstellung von den von ihnen einstudierten Rollen mitbringen, die sich an dem Libretto und der Musik orientieren. Einseitige Leistungsbestimmungen durch den Regisseur sind nach billigem Ermessen zu treffen und unterliegen gemäß § 315 BGB der Kontrolle durch das Gericht. Eine weites, noch offenes Feld.

---

22 Vgl. § 73 UrhG.

23 Anschaulich hierzu das von Jakob Buhre geführte Interview mit dem Opernsänger René Pape, Frankfurter Allgemeine Sonntagszeitung 7.9.2008, S. 31.

24 Es handelt sich um das Schulbeispiel zu § 275 Abs. 3 BGB, siehe *Unberath* in: Bamberger/Roth, Kommentar zum BGB, Band 1, 2. Aufl. 2007, § 275 Rdnr. 58 mit Hinweis in Fußnote 110 auf BT-Drucks. 14/6040, S. 130.

25 BAG, 13.6.2007 – 5 AZR 564/06 (unter Nr. 43), NJW 2008, 780 ff., 782.

4. Das Verhältnis zwischen Bühnenregisseur und Intendant

Die bisher bekannten Prozesse betreffen vor allem Änderungen der Regie durch das Theater selbst, gegen welche sich der Regisseur wehrt.[26] Sowohl im Fall der Frankfurter „Götterdämmerung“ [27] als auch bei der Dresdener „Csárdásfürstin“ haben die Gerichte Urheberrechte des Regisseurs und damit Unterlassungsansprüche gegen Veränderungen mit verschiedenen Begründungen grundsätzlich bejaht,[28] allerdings im Fall der „Götterdämmerung“ weitgehende Änderungsrechte der Theaterleitung aus § 39 Abs. 2 UrhG angenommen.[29] Es geht hier um einen Anspruch des Urhebers gegen Entstellung aus § 14 UrhG, der allerdings den dort angelegten Dreistufentest bestehen muß. Hinzu tritt die Gestaltung der Regieverträge, die aber offenbar bisher keine Klauseln über Veränderungen durch den Nutzungsberechtigten i.S. d § 39 UrhG enthalten.[30]

Man kann also hier kaum eine Auseinandersetzung darüber vermeiden, wann eine Inszenierung eine Werkhöhe erreicht hat, die sie von nicht geschützten Regieleistungen unterscheidet. Dieser Frage soll nunmehr nachgegangen werden.

IV. Der Theaterregisseur als eigenständiger Schöpfer eines Werkes

1. Einführung

Es ist in der Lehre und Rechtsprechung umstritten, ob und wann ein Theaterregisseur als Inhaber eines Urheberrechts angesehen werden kann, wobei die jeweiligen Auffassungen für und gegen ein solches Urheberrecht stets auch Ausnahmen zulassen.[31] Bei der Opernregie, die in diesem Referat im Vordergrund steht, ist zu beachten, dass Libretto und Musik gewisse Vorgaben enthalten, deren bloße Umsetzung keine eigenschöpferische Leistung verlangt, mag auch im Schrifttum immer wieder auch hier der Schutz der „kleinen Münze“ angemahnt werden.[32] Man denke nur an die vielen Opernkompagnien, die mit „Aida“ und „Nabucco“ durch die kleinen Sommerfestspiele touren. Das Problem liegt darin, justiziable Kriterien zu entwi-

---

26 OLG Dresden, 16.5.2000, NJW 2001, 622 („Csárdásfürstin“).

27 OLG Frankfurt am Main, 4.12.1975, GRUR 1976, 199.

28 LG Leipzig, 23.2.2000, ZUM 2000, 331.

29 OLG Frankfurt am Main, 4.12.1975, GRUR 1976, 199 ff., 200 verneinte im konkreten Fall des Eilverfahrens, dass die erforderliche eigenschöpferische Gestaltungshöhe glaubhaft gemacht worden war.

30 Vgl. den Wortlauts des Regievertrags in LG Leipzig, vorige Note, S. 331.

31 Für die Bejahung eines „Inszenierungswerks“ siehe *Bullinger* in: Wandtke/Bullinger, Praxiskommentar zum Urheberrecht, 2. Aufl. 2006, § 2 UrhG Rdnr. 55 mit Nachweisen zum Streitstand. Zur Gegenauffassung siehe *Loewenheim*, in Schricker (Hrsg.), Urheberrecht, Kommentar, 3. Aufl. 2006, § 3 Rdnrn. 18 – 20.

32 *Eike Wilhelm Grunert*, Götterdämmerung, Iphigenie und die amputierte Csárdásfürstin – Urteile zum Urheberrecht des Theaterregisseurs und die Folgen für die Verwertung seiner Leistung, ZUM 2001, 210 ff., 215.

ckeln, um eine solche Selbstständigkeit der Regieleistung zu begründen, welche die vom Urheberrecht geforderte Gestaltungshöhe erreicht.[33] Entscheidend sei – so das Landgericht Leipzig[34] –

> „die objektiv zu bestimmende Ansicht der mit künstlerischen Fragen einigermaßen vertrauten und hierfür aufgeschlossenen Verkehrskreise...darüber, ob die Bearbeitungsfassung inhaltlich oder in ihrer äußeren Formgestaltung eine eigene schöpferische Ausdruckskraft aufweist".

Für die Konkretisierung dieser Formel gibt es m.E. zwei Wege. Man kann versuchen, Anleihen bei anderen Kunstrechtstheorien zu machen oder aber regietechnische Gegebenheiten in den Vordergrund zu stellen.

2. Verfremdungstheorie

In anderem Zusammenhang, nämlich bei der Konkretisierung der Kunstfreiheit, hat das Bundesverfassungsgericht die sogenannte „Verfremdungstheorie" entwickelt.[35] Je mehr der Künstler die Wirklichkeit verfremdet, desto eher hat der Persönlichkeitsschutz bei der Auffindung einer praktischen Konkordanz der Grundrechte zurückzutreten. Der Kunstschutz setzt sich durch. Wie der BGH im Fall „Esra II" ausführt[36]:

> „Je stärker der Autor eine Romanfigur von ihrem Urbild löst und zu einer Kunstfigur verselbständigt, umso mehr wird ihm eine kunstspezifische Betrachtung zugute kommen."

Überträgt man diesen Gedanken – mutatis mutandis – auf die Bühnenregie, so lässt sich feststellen, dass die Verfremdung des Originals für die Eigenständigkeit der Regieleistung spricht. Es muß sich aber bei der Regie, wie das OLG Frankfurt am Main betont und ausgeführt hat, um eine „schöpferische Umgestaltung" handeln.[37] Nun sind gewisse Grundzüge des Regietheaters so üblich geworden, dass man kaum noch von einer eigenschöpferischen Leistung sprechen kann, wenn sich die Regie z.B. darauf beschränkt, dass der Regisseur die Handlung in die Entstehungszeit des Werks verlagert oder aber eine alte Oper in unsere Tage verlegt oder sie – wie es heutzutage häufig anzutreffen ist – in einem zeitlosen Einheitsraum ablaufen läßt.[38] Es gibt mittlerweile Gemeinplätze des Regietheaters, deren Wiederho-

---

33 Vgl. *Grunert*, vorige Note, 215 ff.

34 LG Leipzig, 23.2.2000, 331 ff., 333 („Csárdásfürstin").

35 BVerfG, 24.2.1971, BVerfGE 30, 173, 195 („verfremdet"); BVerfG, 13.6.2007, NJW 2008, 39.

36 BGH, 10.6.2008, NJW 2008, 2587 ff., 2588.

37 OLG Frankfurt am Main, 4.12.1975, GRUR 1976, 199ff., 201, Götterdämmerung. Eine solche Umgestaltung wurde verneint, wenn Handlungsabläufe verändert werden, bzw. wenn der Regisseur sich nicht an die Regieanweisungen Richard Wagners hält.

38 Es gibt natürlich Opern, deren Handlung bereits vom Librettisten und Komponisten nicht an einen bestimmten Ort oder an eine bestimmte Zeit gebunden sind, wie z.B. die Rossini-Oper „L'equivoco stravagante", „Dramma giocoso per musica", die gerade mit großem Erfolg in Pesaro beim „Rossini Opera Festival" aufgeführt wurde; vgl. das Programmheft, „L'equivoco stravagante", Pesaro 2008, S. 75: „Die Handlung spielt an einem unbekannten Ort zu unbe-

lung urheberrechtlich irrelevant ist. Im Übrigen ist die leere Bühne als solche noch keine eigenschöpferische Leistung im Sinne des Urheberrechts. Für eine solche Regie reichen die Rechte des ausübenden Künstlers aus. Der Ausschließlichkeitsanspruch des Urhebers passt m. E. nicht für solche Regieleistungen. Andernfalls wäre jede Übernahme einer solchen Regie in ein anderes Theater genehmigungspflichtig.

3. Regiekonzeption

Entscheidend werden m.E. die individuelle Regiekonzeption, die Einheit zwischen Personenregie, Kostümen und Bühnenbild, welche eine neue Sicht auf das ursprüngliche Werk bietet.[39] Hierzu ein Beispiel: In der Stuttgarter Aufführung der Oper „Elektra“ von Richard Strauss nach dem Theaterstück von Hugo von Hofmannsthal, in welcher es um die Rache an der Ermordung des Agamemnon geht, tritt dieser leibhaftig auf. Nicht nur badet Agamemnon mit seinen Kindern in einer Wanne an der Rampe der Bühne, sondern er raucht auch eine Zigarette mit Klytemnestra auf einem Sofa in der Mitte der Bühne. Die Präsenz des toten Königs wird durch seine leibhaftige Erscheinung deutlich. Sie bleibt der Bezugspunkt aller Handlungsabläufe. Man mag zu einer solchen Regie stehen wie man will; eine eigenschöpferische Leistung des Regisseurs ist aus der Sicht der kunstinteressierten Kreise kaum zu leugnen.

Es stellt sich jetzt die Frage, ob ein Plagiat vorläge, wenn ein anderer Regisseur in einem anderen Theater Agamemnon in der Oper „Elektra“ ohne Genehmigung des Stuttgarter Regisseurs auftreten ließe.

4. Das „Plagiat“ im Urheberrecht

a) Allgemeines zur rechtlichen Verankerung des Plagiats im Urheberrecht

Das „Plagiat“ kommt als Begriff im Urheberrechtsgesetz nicht vor. Es gehört eher in das Recht des Unlauteren Wettbewerbs. Allerdings haben Rechtsprechung und Lehre das Plagiat auch im Urheberrecht verankert.[40] Verlangt wird die „Anmaßung fremder Urheberschaft“.[41] Wird der Urheber genannt, liegt aber keine Genehmigung vor, dann handelt es sich um eine Urheberrechtsverletzung; es liegt jedoch kein Plagiat vor. Dieses ist erst gegeben, wenn bewusst eine Übernahme fremder Regie erfolgt und der Urheber nicht genannt wird. Dieses subjektive Merkmal grenzt zu-

---

kannter Zeit…“.

39 Zur „strukturalistischen“ Konzeption der Frankfurter Inszenierung der „Götterdämmerung“ siehe OLG Frankfurt am Main, 4.12.1975, GRUR 1976, 199 ff., 200.

40 Vgl. hierzu *Mathias Dieth*, Musikwerk und Musikplagiat im deutschen Urheberrecht, Baden-Baden 2000, S. 194 ff.

41 *Loewenheim*, in Schricker (Fn. 31), Rdnr. 22 zu § 23 UrhG.

gleich das Plagiat von der „unbewußten Doppelschöpfung“ ab. Urheberrechtlich irrelevant ist natürlich das Selbstzitat.[42] Zwar irritierte – so heißt es in einer Besprechung der neuen Amsterdamer „Frau ohne Schatten“ –, dass die Ausstattung „bis in Einzelheiten der Farbgebung hinein an den vom selben Team produzierten „Rigoletto“ an der Hamburgischen Staatsoper erinnerte…[43]“. Die Gleichsetzung des Kaiserreichs der Fernöstlichen Inseln mit dem Hof zu Mantua durch denselben Regisseur und Bühnenbildner ist aber keine Rechtsfrage. Im Übrigen sind bei der an sich unberechtigten Übernahme einer fremden Regieleistung gewisse Schranken des Urheberrechts zu beachten, wie die Zulässigkeit des Zitats[44] oder die Vervielfältigung eines Werks, wenn dieses neben dem eigentlichen Gegenstand als „unwesentliches Beiwerk“ anzusehen ist.[45] Schließlich ist daran zu erinnern, dass ein Kunststil im Interesse der allgemeinen künstlerischen Entwicklung als gemeinfrei anzusehen ist, wie der Bundesgerichtshof im Nolde-Fall entschieden hat.[46]

b) Kriterien für den Plagiatsvorwurf beim Regietheater

Beim Regietheater wird man für den Plagiatsvorwurf die präzise Übernahme einer ganzen Regiekonzeption mit allen ihren Einzelheiten verlangen müssen. Nicht jede Aufführung der Oper „Elektra“, in welcher Agamemnon als zusätzliche stumme Figur leibhaftig erscheint, stellt ein Plagiat der Stuttgarter Aufführung dar.

III. Schlussbemerkungen

Zurück zum „Regietheater als Rechtsproblem“. Das Aufkommen des Regietheaters hatte zunächst dazu geführt, dass sich eine Tendenz ergab, Urheberrechte des Bühnenregisseurs zu bejahen, auch wenn die Einzelheiten umstritten blieben. Die jüngst aufgetauchte Frage des Plagiats wiederum lässt die Zuerkennung solcher Urheberrechte in einem anderen Licht erscheinen. Eine zu weitgehende Anerkennung eines Urheberrechts des Bühnenregisseurs könnte zu einer Versteinerung des Theaterlebens führen, weil Ausschließlichkeitsrechte und Genehmigungspflichten bei originellen Aufführungen entstünden, welche die Entwicklung des Kulturlebens hemmen könnten. Man kann dieses Problem auf zweifache Weise lösen, indem man entweder eine besondere Originalität für die Schutzfähigkeit der Erstregie verlangt oder aber den Plagiatsvorwurf gegenüber der Zweitregie durch vielfältige Ausnahmen – bloße Übernahme eines Stils, Zitat – auflockert. Wahrscheinlich führen erst beide

---

42 Vgl. hierzu *Markus Kiesel*, Plagiat, Zitat und Selbstzitat in der Musik, in Gerte Reichelt (Hrsg.), Original und Fälschung im Spannungsfeld von Persönlichkeitsschutz, Urheber-, Marken- und Wettbewerbsrecht, Wien 2007, S. 41 ff., 45.

43 *Christian Wildhagen*, Sorgenkind mit Januskopf, Frankfurter Allgemeine Zeitung, 5.9.2008, S. 37.

44 § 51 Nr. 3 UrhG.

45 § 57 UrhG.

46 BGH, 8.6.1989, BGHZ 107, 384 ff., 394 – 395.

Ansätze zu überzeugenden Lösungen. Letztlich ist vor allem die Opernregie eben doch dem ursprünglichen Werk – Libretto und Musik – verhaftet. Der Regisseur bleibt „Nachschöpfer“[47] auch im Zeitalter des „Regietheaters“. In diesem Zusammenhang sollte man aus der Bayreuth-Debatte dieser Tage das mahnende Wort von Joachim Kaiser zitieren, der darauf hinweist, „dass es Regisseure gibt, die nicht von der wohlfeilen Möglichkeit Gebrauch machen, als neuer Autor in ein Kunstwerk einzubrechen statt ihm als helfender Interpret zu dienen“.[48] Auf das Recht bezogen bedeutet dies: man sollte vielleicht nicht das „Regietheater“ und den Bühnenregisseur durch allzu leichte Gewährung eines Urheberrechts zu Extremlösungen ermutigen.

47 So der Wiesbadener Regisseur der „Salome“ in einem Interview gegenüber „Kulturzeit“.
48 *Joachim Kaiser*, Mehr Askese, mehr Unpopuläres – Mahnung eines besorgten Kritikers, Süddeutsche Zeitung, 2.9.2008, S. 2.

Hauptmanns „Weber“ und „Hartz IV“ – Strenger Werkschutz des Autors oder freier Gestaltungsspielraum der Bühnenregie?

*Eike W. Grunert**

I. Einleitung

1. Der Dresdner „Weber“ Fall

Mit einem Beschluss des Kammergerichts Berlin fand der jüngste Dresdner Theaterskandal[1] um die Inszenierung von Gerhard Hauptmanns „Die Weber“ seinen – juristischen – Abschluss. Das 1893 in Berlin uraufgeführte Stück stellt bekanntermaßen die soziale Not der schlesischen Weber zu Beginn des 19. Jahrhunderts dar, historisches Vorbild der Handlung war ein Aufstand der schlesischen Leinenweber im Juni 1844. 111 Jahre nach der Uraufführung verband Regisseur Volker Lösch für das Dresdner Staatsschauspiel das Stück mit aktuellen Stimmungen in Deutschland in Zeiten von Arbeitslosigkeit und „Hartz IV“. Er kürzte einzelne Szenen und konzipierte einen „Chor der Arbeitslosen“ aus 33 Dresdner Bürgern, allesamt Laiendarsteller. Diese raunten, sprachen und skandierten in neu eingefügten Chorszenen teils sehr provokative Texte, die auf aktuelle gesellschaftliche und politische Verhältnisse Bezug nahmen, darunter deftige Beschimpfungen von Politikern, aber auch Gewalt- und Tötungsphantasien in Bezug auf prominente Medienvertreter sowie Sachbearbeiter in Arbeitsämtern[2]. Den Dresdner Theatermachern ging es dabei nach eigenem Bekunden um eine Aktualisierung und Fortschreibung „des verzweifelten wütenden Gestus des Stücks in die heutige Zeit“[3], aber auch darum, „Stammtischparolen und

---

* Dr. jur., Rechtsanwalt, Gibson, Dunn & Crutcher LLP, München, Mitautor und Gesamtredakteur des Praxiskommentars zum Urheberrecht von *Wandtke / Bullinger*, C.H. Beck, 3. Auflage München 2009. Die Vortragsform wurde beibehalten und lediglich um einige Literaturhinweise und -nachweise ergänzt.

1 Erinnert sei an dieser Stelle nur an den Streit um die Änderung von Peter Konwitschnys Inszenierung der „Csárdásfürstin“ durch die Semperoper Dresden, vgl. *Grunert*, Götterdämmerung, Iphigenie und die amputierte Csárdásfürstin, Urteile zum Urheberrecht des Theaterregisseurs und die Folgen für die Verwertung seiner Leistung, ZUM 2001, S. 210 ff.

2 Vgl. nur die wenigen Zitate bei *Schönfeld*, Die Weber – subversiv oder volksverhetzend?, Stern v. 29.11.2004: “Das Verräterschwein Schröder wird wie ein Hamster in ein Laufrad gesperrt… Gemisch aus Diktatur und Demokratie muss her. Hartz IV-Befürworter, Anhänger großer Parteien werden interniert und mit Peitschen zur Arbeit getrieben. (…) Wen ich sehr schnell erschießen würde, das wäre Frau Christiansen, weil sie so oft die Chance gehabt hätte, eben diese Leute auch wirklich zu schlagen.”

3 So Regisseur Volker Lösch, zitiert bei *Schönfeld* (s. oben Fn. 2); ähnlich auch Dramaturg

Gewaltphantasien auch als solche zu entlarven"[4]. Die Enkelin Hauptmanns und der Bühnenverlag Felix Bloch Erben sahen in den Ergänzungen jedoch „Beleidigungen, Morddrohungen und Gewaltphantasien", „die mit dem Original nichts zu tun hätten und unter Berufung auf Hauptmann ausgelebt würden"[5]. Der Verlag erwirkte eine einstweilige Verfügung gegen weitere Aufführungen[6], das Landgericht Berlin bestätigte die Verfügung anschließend durch Urteil[7]. In einem den Rechtsstreit im Berufungsverfahren abschließenden Kostenbeschluss gab das Kammergericht Berlin dem Verlag im Ergebnis Recht[8], wenn auch mit einer vom Landgericht abweichenden Begründung: das Theater hatte bei der Anfrage der Aufführungsrechte dem Verlag die Inszenierungsidee mitgeteilt und der Verlag hatte dieser auch – mündlich – zugestimmt. Das Landgericht wollte hierin dennoch keine wirksame Änderungsvereinbarung nach dem Aufführungsvertrag erblicken. Das Kammergericht hingegen nahm – meines Erachtens völlig zu Recht – eine wirksame Änderungsvereinbarung an, welche die Kürzungen von Hauptmanns Text und die eingefügten Chorszenen einschließlich (fast) aller dort ergänzten Texte deckte. Die Morddrohungen und Tötungsphantasien jedoch überschritten nach Ansicht des Kammergerichts das vereinbarte Änderungsrecht des Theaters, weil sie der geistigen Tendenz des Stückes und der Intention Hauptmanns zuwider liefen, für das Anliegen der Weber beim Publikum um Wohlwollen zu werben. Das ist rechtlich gut begründet und vertretbar, aber in der Sache doch diskutabel[9].

2. Fragestellung

Der Dresdner Fall zeigt exemplarisch einen in der Bühnenpraxis häufigen Konflikt zwischen Bühnenautor und Theater über die „richtige" Inszenierung eines Bühnenwerkes. Die konkreten Anlässe sind vielfältig, man streitet etwa um die Textintegrität (Streichungen, Umstellung von Szenen), um Regieeinlagen oder -zutaten wie die Hinzufügung von Figuren[10], um geschlechtsändernde Rollenbesetzungen[11], um Büh-

---

Stefan Schnabel, wiedergegeben bei *Broder*, Geisterbahn Ost, Spiegel-Online vom 26. November 2004, 15:03 Uhr.

4 So die Laiendarsteller in einem Interview mit 3Sat, vgl. http://www.3sat.de/kulturzeit/themen/73479/index.html.

5 Siehe Zitate bei *Broder*, Geisterbahn Ost (s. oben Fn. 3), *Schönfeld*, Die Weber – subversiv oder volksverhetzend? (s. oben Fn. 2) sowie der 3Sat Kulturzeit Artikel (s. oben Fn. 4).

6 LG Berlin, Beschlussverfügung vom 23.11.2004 (nicht veröffentlicht).

7 LG Berlin, Urteil vom 11.1.2005 (16 O 708/04 – nicht veröffentlicht).

8 KG Berlin, Beschluss zu 5 U 15/05 vom 21. Juni 2005, ZUM-RD 2005, S. 381 ff.

9 Dazu unten III.

10 Etwa die von Regisseur Hans Neuenfels in García Lorcas „Bernarda Albas Haus" eingefügte Christusfigur, dazu LG Hamburg v. 16. Mai 1980 – 74 O 20/80 (unveröffentlicht), berichtet bei *Raschèr*, Für ein Urheberrecht des Bühnenregisseurs, Baden-Baden 1989, S. 136 f.

11 Erinnert sei nur an die zahlreichen gerichtlichen und außergerichtlichen Auseinandersetzungen im die Besetzung der Hauptrollen in Samuel Becketts „Warten auf Godot" mit weiblichen Darstellern in mehreren europäischen Ländern, vgl. *Grunert*, Werkschutz contra

nenbild und Kostüme, ja sogar um die Einbindung in den Spielplan[12]. Solche Auseinandersetzungen werden meist in aller Stille erledigt oder öffentlich mit Presseerklärungen und dergleichen ausgetragen. Zuweilen werden auch die Gerichte in Anspruch genommen, typischerweise klagt dann der betroffene Autor, dessen Erben oder auch der Bühnenverlag auf die Unterlassung weiterer Aufführungen[13].

Wie ist der beschriebene Konflikt urheberrechtlich zu bewältigen? Bei Sichtung der Literatur und Rechtsprechung zum Thema fällt immer wieder eine Argumentationslinie auf, die dem Regisseur mit Vehemenz jeglichen Gestaltungsspielraum versagen will. Diese Argumentationslinie beginnt mit einem Urteil des Reichsgerichts, zieht sich aber bis in die aktuelle Kommentar- und Lehrbuchliteratur. Anlass der Ausführungen ist in aller Regel die Frage, ob denn der Regisseur selbst auch Urheber ist oder dies zumindest sein kann: (i) der Regisseur sei nur der „Gehilfe des Dichters", das Bühnendrama sei „fix und fertig zum Gebrauch vom Verfasser hergestellt"[14]; (ii) im Regelfall erfolge eine „werkgetreue Wiedergabe" des Bühnenwerkes, im Ausnahmefall könne der Regisseur ein Stück auch bearbeiten[15], was aber der doch wünschenswerten Werktreue widerspreche[16]; (iii) das Interesse des Autor sei die unveränderte Aufführung seines Werkes, daher sei jede Abweichung von diesen Vorgaben zustimmungsbedürftig[17]; (iv) bei der Inszenierung eines Bühnenwerkes entstünde „nichts eigentlich Neues"[18]; (v) im Zweifel sei der Wille des Autors maßgeblich, wenn die Art und Weise der Interpretation oder die Zulässigkeit von Strichen im Streit stünde[19]; (vi) der Autor müsse sich keine Abwägung mit den künstlerischen Interessen des Regisseurs oder mit der Kunstfreiheit der Interpreten gefallen lassen[20]; und (vii) bei der Abwägung zwischen den Interessen des Urhebers und des Nutzungsberechtigten gehe grundsätzlich die Werktreue vor[21].

Inszenierungskunst – Der urheberechtliche Gestaltungsspielraum der Bühnenregie, C. H. Beck, München 2002, S. 54 mit weiteren Nachweisen in den Fußnoten 267 bis 273.

12 Etwa der Widerstand David Mamets gegen die Gegenüberstellung seines Stückes „Oleanna" zu Frank Wedekinds „Musik" im Rahmen eines Doppelabends, hierzu *Raue*, Jahrbuch Theater heute 2000, S. 150, 151 f.

13 Vgl. die Zusammenfassung von 33 gerichtlichen Auseinandersetzungen bei *Grunert* (s. oben Fn. 11), S. 45 bis 60 mit Nachweisen aus Rechtsprechung und Literatur.

14 RGZ 107, 62, 64; zum häufig verkürzt wiedergegebenen Hintergrund und zur Bewertung ausführlich *Grunert* (s. oben Fn. 11) S. 62.

15 *Ulmer*, Urheber- und Verlagsrecht, 3. Auflage, Berlin u. a. 1980, S. 160; *Schack*, Urheber- und Urhebervertragsrecht, 2. Auflage, Tübingen 2001, Rn. 604.

16 *Schack*, Brecht, der Theaterregisseur und sein Publikum: Wer verletzt wen?, GRUR 1983, 555, 558; *Schack* (s. oben Fn. 15) Rn. 603 f.; *Peifer*, Individualität im Zivilrecht, Tübingen 2001, S. 109 f.; *Bayreuther*, Fälle zum Urheberrecht und Gewerblichen Rechtsschutz, München 2001, S. 27.

17 Fromm / Nordemann / *Vinck*, Urheberrecht – Kommentar, 9. Auflage, Stuttgart u. a. 1998, § 39 Rn. 4 (5. Absatz).

18 *Bayreuther* (s. oben Fn. 16) S. 25.

19 Fromm / Nordemann / *Vinck* (s. oben Fn. 17) § 39 Rn. 4; *Schack* (s. oben Fn. 16) GRUR 1983, 555, 556.

20 Fromm / Nordemann / *Hertin* (s. oben Fn. 17) § 14 Rn. 8; *Schack* (s. oben Fn. 15) Rn. 353; Fromm / Nordemann / *Vinck* (s. oben Fn. 17) § 39 Rn. 4.

21 Fromm / Nordemann / *Vinck* (s. oben Fn. 17) § 39 Rn. 4 (5. Absatz).

Dem Theaterpraktiker mag sich ob solcher Stimmen die bange Frage stellen, ob damit nahezu jede Inszenierung jenseits der Praxis des Meininger Hoftheaters im 19. Jahrhundert durch das Urheberrecht bedroht ist, und vom Autor oder dem Verlag verboten werden kann? Ich meine: dem ist nicht so, und ich möchte den wiedergegebenen Meinungen entgegentreten. Hierzu gehe ich auf die folgenden drei Fragen kurz ein: Erstens: Wie lässt sich das Verhältnis zwischen Autorenschaffen und Regieschaffen angemessen beschreiben (unten II.1 und 2)? Zweitens: Aus welchen urheberrechtlichen Normen folgt der Schutz des Autors und damit indirekt der Gestaltungsspielraum der Regie (unten II.3). Drittens: Welchen Einfluss hat die vom Bundesverfassungsgericht in jüngerer Zeit zu Gunsten nachschaffender Künstler postulierte „kunstspezifische Betrachtung des Urheberrechts“[22] für die Bewertung unseres Themas (unten II.4)?

II. Werkschutz des Autors oder Gestaltungsspielraum der Regie?

1. Vom Autorentext zum Bühnenspiel

Zur ersten Frage: Wie lässt sich das Verhältnis zwischen Autorenschaffen und Regieschaffen angemessen beschreiben? Im Normalfall schreibt oder schrieb ein Autor eingebettet in den historischen, gesellschaftlichen, politischen und künstlerischen Kontext seiner Zeit einen Bühnentext, der Jahre oder Jahrzehnte später von einem Regisseur, Dramaturgen oder Intendanten erneut gelesen wird mit dem Ziel, den Text erneut „auf die Bühne zu bringen“. Hierbei sind dann zunächst einige Vorgaben zu berücksichtigen, etwa der Aufführungsort, die vorhandenen personellen (und auch finanziellen) Mittel für die Besetzung und Ausstattung, der zeitlicher Rahmen, usw.[23]. Außerdem sind zahlreiche künstlerische Entscheidungen zu treffen, etwa zur konkreten Rollenbesetzung, zur Personenregie, zum „Timing“, zur Ausstattung, nicht selten auch zur verwendeten Textfassung, zu Kürzungen, sprachlichen Glättungen etc. Aus dem abstrakten Text des Autors wird so während der Proben – typischerweise unter maßgeblicher und prägender Leitung der Regie – ein konkretes Bühnenspiel erarbeitet, welches von Auge und Ohr des Publikums wahrgenommen wird.

2. Einordnung in urheberrechtliche Kategorien

a. Die Bühnenproduktion ist im deutschen Urheberrechtsgesetz[24] („UrhG“) nicht gesondert geregelt, und ist damit in die allgemeinen Regelungen für die verschiedenen

---

22 Vgl. BVerfG NJW 2001, 598 ff. (Germania 3).

23 Vgl. ausführlich *Grunert* (Fn. 11) S. 103 ff.

24 Gesetz über das Urheberrecht und verwandte Schutzrechte (Urheberrechtsgesetz) vom 9.9.1965, zuletzt geändert durch Art. 6 des „Gesetzes zur Verbesserung der Durchsetzung von Rechten des geistigen Eigentums“ vom 7.7.2008.

Werkarten einzuordnen. Übertragen auf unseren Gegenstand der Betrachtung scheint die systematische Zweiteilung des UrhG in Urheberrechte[25] und verwandten Schutzrechte[26] eine gedankliche Zweiteilung der künstlerischen Tätigkeit vorzugeben: hier das urheberrechtlich relevante „Werkschaffen" des Autors einerseits, dort die nur leistungsschutzrechtlich relevante „bloß interpretierende Wiedergabe" durch die ausübenden Künstler (Regisseur, Schauspieler, etc.) andererseits. Diese gedankliche Zweiteilung stößt bei der arbeitsteiligen Bühnenproduktion wie soeben beschrieben aber an ihre Grenzen.

b. Zur besseren begrifflichen Erfassung des Vorganges der Bühnenproduktion ist zunächst der – vieldeutige – Begriff des „Bühnenwerkes" zu vermeiden: soll damit der bloße „tote Text" des Dichters bezeichnet sein? Oder das geistiges Substrat des Dichtertextes, wie es sich durch die gängige Inszenierungspraxis herausgebildet hat? Oder der Dichtertext in Gestalt der konkreten Inszenierung als multimediales Gesamtkunstwerk? Vorzunehmen ist vielmehr eine begriffliche Unterscheidung zwischen dem abstrakten Text als Werk des Autors einerseits, im Folgenden *Spielvorlage* genannt, sowie dem typischerweise unter maßgeblicher Leitung des Regisseurs erprobten Ergebnis des arbeitsteiligen Schöpfungsprozesses bei der Theaterproduktion andererseits, der *Aufführung*. Zur Vermeidung von Missverständnissen bei der urheberechtlichen Bewertung ist darüber hinaus für den Vorgang der Umsetzung des abstrakten Dichtertextes (der Spielvorlage) in das konkrete Bühnenspiel (die Aufführung) neben der „bloßen Wiedergabe" und der „schöpferischen Bearbeitung" eine dritte Kategorie im Sinne eines verwertungsrechtlichen Vorganges einzuführen, nämlich diejenige der *Realisation*. Die Aufführung ist demnach die Realisation (oder auch die realisierende Wiedergabe) der Spielvorlage[27].

3. Lösung durch urheberrechtliche Werkschutznormen

Zur zweiten Frage: Aus welchen urheberrechtlichen Normen ergibt sich der Gestaltungsspielraum der Regie? Der Gestaltungsspielraum der Bühnenregie hat keine positive gesetzliche Regelung erfahren, er ist vielmehr indirekt aus seiner Begrenzung durch die Urheberrechte und etwaige sonstige Rechte des Autors zu ermitteln:

a. Fraglich ist, ob sich eine solche Begrenzung aus einem wie auch immer ausgestalteten „allgemeinen urheberrechtlichen Änderungsverbot" ergibt, wie es von Teilen der Rechtsprechung und Literatur angenommen wird[28]. Neben den gesetzlichen Inte-

---

25 So §§ 1 ff. UrhG mit der Überschrift „Erster Teil. Urheberrecht".

26 So §§ 70 ff. UrhG mit der Überschrift „Zweiter Teil: Verwandte Schutzrechte".

27 Ausführlich zum Ganzen *Grunert* (Fn. 11) S. 70 ff. mit Nachweisen.

28 Vgl. nur BGH GRUR 1982, 107, 109 (Kirchenraum-Innenraumgestaltung); BGH GRUR 1974, 675, 676 (Schulerweiterung); BGH GRUR 1971, 35, 37 (Maske in Blau); *Krüger-Nieland*, Die Rechtsstellung des Bühnenregisseurs aus urheberrechtlicher Sicht, UFITA 64 (1972) S. 129 f.; *Schmieder*, Werkintegrität und Freiheit der Interpretation, NJW 1990, 1945, 1946; Fromm / Nordemann / *Vinck* (Fn. 17) § 39 Rn. 1, 7; Fromm / Nordemann / *Hertin*

gritätsschutznormen (vor allem §§ 14, 39 UrhG) ist jedoch für ein weder nach den Voraussetzungen noch nach den Rechtsfolgen näher bestimmtes allgemeines Änderungsverbot kein Raum[29]. Die Annahme eines allgemeinen, „aus dem Wesen des Urheberrechts" folgenden Änderungsverbotes ist ein Relikt aus den Zeiten vor der Einfügung des allgemeinen Beeinträchtigungsverbotes nach § 14 mit der Urheberrechtsreform 1965, ist spätestens seitdem obsolet und aus den genannten Gründen abzulehnen[30].

b. Im Zentrum der Lösung des beschriebenen Konfliktes stehen vielmehr die Werkschutznormen § 39 UrhG und § 14 UrhG. Nach § 39 UrhG darf der Inhaber eines Nutzungsrechts (in unserem Fall das Theater) ein Werk (in unserem Fall den Autorentext, also die Spielvorlage) nicht ändern, wenn (i) nichts anderes vereinbart ist (§ 39 Abs. 1), oder (ii) der Urheber seine Einwilligung zu Änderungen nach Treu und Glauben nicht versagen kann (§ 39 Abs. 2). Nach § 14 UrhG hat der Urheber das Recht, eine Entstellung oder eine andere Beeinträchtigungen seines Werkes zu verbieten, die geeignet ist, „seine berechtigten geistigen oder persönlichen Interessen am Werk" zu gefährden.

c. Das Verhältnis zwischen § 14 und § 39 ist umstritten, im Mittelpunkt der Frage steht dabei die Funktion des (nur zwischen Urheber und vertraglich berechtigtem Werknutzer geltenden, verwertungsrechtlich geprägten) § 39 UrhG neben dem (gegenüber jedermann geltenden, persönlichkeitsrechtlich geprägtem) § 14 UrhG. Hintergrund der Diskussion ist die Normengeschichte, § 39 UrhG gab es in der deutschen Rechtsordnung in dieser Form bereits in den Vorgängergesetzen des UrhG[31], § 14 UrhG kam aufgrund der völkerrechtlichen Verpflichtung nach Art. 6bis RBÜ erst 1965 hinzu. Teils wird § 39 UrhG als eigenständige Verbotsnorm und konstitutive Anspruchsgrundlage angesehen, teils wird eine Gesamtschau und kombinierte Anwendung beider Vorschriften vorgenommen[32]. Nach richtiger Ansicht ist eine Gesamtschau vorzunehmen: § 39 stellt dabei einerseits die grundsätzliche Geltung des § 14 UrhG auch gegenüber dem Werknutzer klar (Begrenzungsfunktion), ermöglicht dabei aber zwei Ausnahmen zu Gunsten des vertraglich berechtigten Wer-

---

(Fn. 17) § 14 Rn. 2; *Paschke*, Strukturprinzipien eines Urhebersachenrechts, GRUR 1984, 858.

29 Zutreffend *Hubmann* Schulze BGHZ 174, 25 ff. (Anmerkung zu BGH Maske in Blau); Schricker / *Dietz*, Urheberrecht – Kommentar, 3. Auflage München 2006, § 14 Rn. 2 mit weiteren Nachweisen; *Federle*, Der Schutz der Werkintegrität gegenüber dem vertraglich Nutzungsberechtigten im deutschen und US-amerikanischen Recht, Baden-Baden 1998, S. 38 f.; *Dieselhorst*, Was bringt das Urheberpersönlichkeitsrecht?, Urheberpersönlichkeitsrechtsschutz im Vergleich: Deutschland - USA, Frankfurt am Main 1995, S. 120 f.; *van Waasen*, Das Spannungsfeld zwischen Urheberrecht und Eigentum im deutschen und ausländischen Recht, Frankfurt am Main 1994, S. 41 f.; *Schilcher*, Der Schutz des Urhebers gegen Werkänderungen, München 1988, S. 49 ff.

30 Näher *Grunert* (Fn. 11) S. 165 mit weiteren Nachweisen.

31 Insbesondere § 9 des Gesetzes betreffend das Urheberrecht an Werken der Literatur und Tonkunst (LUG) vom 19.6.1901, s. *Grunert* (s. oben Fn. 11) S. 37 mit Nachweisen.

32 Ausführlich *Grunert* (Fn. 11) S. 165 ff. mit weiteren Nachweisen.

knutzers, nämlich (i) die anderweitige Vereinbarung sowie (ii) nach Treu und Glauben zulässige Änderungen (doppelte Ermöglichungsfunktion).
d. Die Rechtsprechung ist in der Tendenz autorenfreundlich, wegweisend ist nach wie vor das bisher einzige Urteil des Bundesgerichtshofes[33] zur Fragestellung. Das Urteil betraf allerdings einen Extremfall, in dem die beteiligten Regisseure bewusst eine „Verhohnepiepelung" und Verdeutlichung der fragwürdigen literarischen, künstlerischen und dramatischen Qualität und Oberflächlichkeit des Stückes anstrebten[34]. Nach Auffassung des Bundesgerichtshofes habe der Regisseur zwar einen gewissen „Modernisierungsspielraum", dieser sei aber durch das Urheberrecht des Autors begrenzt, wobei der „Wesensgehalt" des Stückes als Grenze anzusehen sei. Im Zweifel sei bei Meinungsverschiedenheiten stets die Auffassung des Autors maßgebend, wenn die vom Regisseur gewünschte Form das Werk in seinem wesentlichen Aussagegehalt verändert[35].

4. Kunstfreiheit des Interpreten?

Zur dritten Frage: Welchen Einfluss hat die Kunstfreiheit des nachschaffenden Künstlers (hier: des Regisseurs) gegenüber dem Urheberrecht des Autors am vorbestehenden Werk?

Im Rahmen eines Urteils zum Zitatrecht[36] macht das Bundesverfassungsgericht allgemeine Ausführungen über das Verhältnis des Urheberrechts an vorbestehenden Werken zur Kunstfreiheit nachschaffender Künstler. Demnach erfordere das Grundrecht der Kunstfreiheit eine kunstspezifische Betrachtung urheberrechtlicher Normen, „das Urheberrecht dürfe die Möglichkeit nachschaffender Künstler, sich mit schon vorhandenen Werken künstlerisch auseinanderzusetzen, nicht zu sehr einschränken". Vielmehr habe der Künstler in gewissem Maße Eingriffe in sein Urheberrecht durch andere Künstler als Teil der sich mit seinem Kunstwerk auseinander setzenden Gesellschaft hinzunehmen[37].

In der hier untersuchten Konstellation leisten Regie und Theater ihren Anteil an der Aufführung in Ausübung ihrer Kunstfreiheit. Diese hat nach zutreffender Ansicht auch Auswirkungen auf private Rechtsverhältnisse. Insbesondere müssen Zivilgerichte nach Art. 1 Abs. 3 GG bei der Auslegung von Generalklauseln Verfassungsrecht und Grundrechte beachten. Vorliegend geht es um die Anwendung zweier urheberrechtlicher Generalklauseln, nämlich § 39 Abs. 2 (Änderungen durch Werknutzer zulässig nach „Treu und Glauben") sowie § 14 UrhG (Schutz nur der „berechtigten Interessen"). Die berechtigten Interessen des Autors können bei grundrechtskonformer Auslegung nicht soweit gehen, dass die freie Interpretation

33 BGH GRUR 1971, 35 ff. (Maske in Blau).
34 Siehe *Grunert* (Fn. 11) S. 52 mit weiteren Nachweisen.
35 BGH GRUR 1971, 35, 39; zu weiteren Urteilen siehe oben Fn. 13.
36 BVerfG GRUR 2001, 149 ff. (Germania 3).
37 BVerfG GRUR 2001, 149, 151 f. (Germania 3); ausführliche Darstellung bei *Grunert* (Fn. 11) S. 203 ff.

der Spielvorlage durch den Regisseur nach dessen eigenem Verständnis und künstlerischem Anliegen unmöglich würde[38].

5. Ergebnisse

a. Der urheberrechtliche Gestaltungsspielraum der Bühnenregie ergibt sich indirekt aus seiner Begrenzung durch das Urheberrecht des Autors.
b. Änderungen können dem Theater (und damit der Regie) kraft ausdrücklicher oder konkludenter Vereinbarung im Sinne des § 39 Abs. 1 UrhG erlaubt sein.
c. Änderungen können nach Treu und Glauben zulässig sein (§ 39 Abs. 2 UrhG). Hierzu ist eine Abwägung erforderlich, welche Änderungen sich der Autor „nach Treu und Glauben" gefallen lassen muss, bzw. inwieweit sich persönliche und geistige Interessen des Autors als „berechtigt" gegenüber den Interessen des Theaters durchsetzen (§ 14 UrhG).
d. Bei der Abwägung sind die Besonderheiten des arbeitsteiligen Schöpfungs-prozesses bei der Theaterproduktion zu berücksichtigen. Das Werk des Autors (die Spielvorlage) muss bei jeder Inszenierung erneut „realisiert", also von der abstrakt-schriftlichen Geistesgestalt in ein sinnlich fassbares lebendiges Spiel umgesetzt werden. Hieraus ergibt sich eine weitestgehende Freiheit in Bezug auf die realisierenden Elemente. In aller Regel sind Änderungen zulässig, die notwendig sind, um die Spielvorlage an die objektiven Bedingungen der jeweiligen Realisation anzupassen, etwa an räumliche Verhältnisse, das künstlerische Personal und die finanziellen Mittel der Realisierung.
e. Aus der kunstspezifischen Betrachtung (im Sinne einer grundrechtskonformen Anwendung) der urheberrechtlichen Generalklauseln unter Berücksichtigung der Kunstfreiheit der nachschaffenden Theaterkünstler folgt die Freiheit des Regisseurs, ein Stück auch anders als der Autor zu lesen, „gegen den Strich" zu inszenieren und dabei auch Anpassungen für die eigene Inszenierung vorzunehmen.
f. Die Grenze der Freiheit der Regie folgt aus dem gegenseitigen Rücksicht-nahmegebot nach Treu und Glauben (§ 242 BGB, § 39 Abs. 2 UrhG). Danach muss sich der Autor keinen „Missbrauch" gefallen lassen, etwa wenn der Regisseur die geistige Aussage des Stückes in ihr Gegenteil verkehrt. Bei der Bestimmung hat aber nicht etwa „im Zweifel der Autor (bzw. dessen Erbe) Recht". Vielmehr ist eine objektive Entscheidung durch das Gericht erforderlich, wie sich beanstandete Änderungen konkret auf das geistige Substrat der Spielvorlage auswirken, und ob die Missbrauchsgrenze überschritten wird.

---

38 Ausführlich zur Berücksichtigung der Kunstfreiheit im Rahmen der Abwägung nach § 14 UrhG *Grunert* (Fn. 11) S. 201 ff. mit weiteren Nachweisen.

III. Einordnung der Entscheidung des Kammergerichts zu den Dresdner „Webern"

Im Dresdner „Weber" – Fall hatte das Kammergericht nicht etwa einen Missbrauch oder eine Verkehrung der Tendenz des Stückes durch die besagten Hinzufügungen angenommen. Es hat vielmehr das Änderungsverbot des Aufführungsvertrages geprüft und aus dem vertraglichen Rücksichtnahmegebot eine Pflicht des Theaters konstatiert, im Falle von skandalösen und „nicht in Kontinuität mit der geistigen Tendenz" des Werkes stehenden Änderungen nochmals gesondert die Erlaubnis des Rechteinhabers einzuholen[39]. Das ist dogmatisch gut begründet und vertretbar. In der Sache hätte man aber auch anders entscheiden können. Wenn das Kammergericht schon so weit geht und mit Recht konstatiert, der Verlag habe aufgrund der ihm mitgeteilten Inszenierungsidee durchaus und gerade auch mit akzentuierten Äußerungen zur aktuellen politischen Lage in Deutschland zu Zeiten emotionaler Diskussionen um Arbeitslosigkeit und „Hartz IV" rechnen müssen, erscheint es nicht zwingend, in den besonders akzentuierten Textstellen dann doch eine Überschreitung des vereinbarten Änderungsrechtes zu sehen. Darüber hinaus ist die vom Kammergericht in der tragenden Begründung vorgenommene Reduzierung oder auch nur Akzentuierung des geistigen Aussagegehaltes bzw. der Grundtendenz des Stückes auf die Erzeugung von Sympathie beim Zuschauer für das Anliegen der Weber durchaus fragwürdig und erscheint einseitig.

39 KG ZUM-RD 2005, S. 381 ff.

Künstler und Sammler - Konflikte aus jüngster Zeit

*Gerhard Pfennig**

Bildende Künstlerinnen und Künstler sind schon aus eigenem Interesse an einer guten Zusammenarbeit mit den Sammlern ihrer Werke interessiert, unabhängig davon, ob es sich um öffentliche oder private Sammlungen handelt. Verläuft die Zusammenarbeit zwischen Künstler und Sammler auch meist positiv und nutzbringend für beide Seiten, sollen dennoch im Rahmen einer kurzen Übersicht Konflikte zwischen Künstlern und Sammlern mit urheberrechtlichem Hintergrund erörtert werden, die in letzter Zeit aufgetreten sind.

I. An- bzw. Aberkennung der Urheberschaft an Werken, die in der Frühzeit der künstlerischen Karriere geschaffen wurden

Durch die Presse ging kürzlich die Nachricht, dass die Kunstakademie in Dresden bei Renovierungsarbeiten in der Mensa ein Wandbild freigelegt hatte, das der Maler Gerhard Richter zu Anfang seiner Karriere als Auftragsarbeit geschaffen hatte. Das Gemälde war in der DDR-Zeit übermalt worden und seither nicht sichtbar.

Richter lehnte den Wunsch der Eigentümer ab, dies Gemälde dauerhaft sichtbar zu machen und distanzierte sich von seiner frühen Arbeit. Das Gemälde wurde daraufhin erneut mit weißer Farbe übermalt und verdeckt.

In ähnlicher Weise verfährt der nicht weniger bekannte Maler Neo Rauch, wichtigster Exponent der „Leipziger Schule" mit seinen frühen Arbeiten: Rauch erkennt als gültige Werke nur solche Bilder an, die nach 1992 geschaffen wurden. Dennoch sind frühe Werke im Umlauf bzw. befinden sich in Sammlungen.

Zunächst ist anzuerkennen, dass bildende Künstlerinnen und Künstler im Laufe ihrer künstlerischen Entwicklung zu der Erkenntnis gelangen können, dass Werke aus bestimmten Phasen ihres Schaffens weder ihrem künstlerischen Anspruch noch einer möglicherweise geänderten Ausdrucksform der aktuellen Werke entsprechen. Die rechtswirksame Distanzierung von solchen Arbeiten ist allerdings schwierig.

Ein Werk der Bildenden Kunst tritt wie alle anderen Werke auch mit der Erstveröffentlichung gem. § 12 UrhG in die Welt; allein der Urheber hat das Recht zu bestimmen, ob und wie sein Werk zu veröffentlichen ist. Hat er es allerdings einmal veröffentlicht, so gibt ihm das Urheberpersönlichkeitsrecht keine Handhabe, diese Veröffentlichung wieder rückgängig zu machen. Hat die Kugel den Lauf verlassen, so nimmt sie ihren Weg.

---

* Prof. Dr. Gerhard Pfennig, Geschäftsführendes Vorstandsmitglied der Verwertungsgesellschaft Bild-Kunst, Bonn.

Eine Möglichkeit, die Verbreitung des Werks zu einem späteren Zeitpunkt zumindest einzuschränken, ergibt sich nur aus der konsequenten Nutzung der Verwertungsrechte: Die Ausstellung kann der Künstler nicht verhindern, wenn sein Werk verkauft ist, denn das Ausstellungsrecht gem. § 18 ist mit der ersten Ausstellung bzw. mit der Veräußerung des Werkes ebenfalls erloschen. Er kann jedoch die Reproduktion, die Verbreitung über Internet bzw. das Einstellen des Werkes in Datenbanken, die öffentlich zugänglich sind, verhindern und auf diese Weise zumindest die Verbreitung einschränken, soweit keine Ausnahmetatbestände vorliegen (Zitatrecht, Katalogprivileg). Hinsichtlich bereits erfolgter und genehmigter Veröffentlichungen kommt weiterhin die Ausübung des Rückrufrechts wegen gewandelter Überzeugung gem. § 42 in Betracht, wenn es darum geht, neue Auflagen bereits erfolgter Veröffentlichungen zu verhindern.

Das wirksamste Mittel, das zumindest prominenten Künstlern zur Verfügung steht, ist allerdings, die bestehende Marktmacht zu nutzen bzw. Ausstellungs- und Publikationswünsche an die Bedingung zu knüpfen, frühe Werke nicht auszustellen.

Es gibt auch einen anderen Weg: Gelassen auf die bisherige Entwicklung zurückzuschauen und den Nutzern und der Kunstgeschichte das Urteil darüber zu überlassen, ob die Qualität des Frühwerks tatsächlich so sehr von der des späteren Werks abweicht, das ihre weitere Verbreitung einen Imageschaden darstellt.

II. Freilegung eines unveröffentlichten Werkes

Ein Sammler erwarb bei einer Auktion ein Werk eines verstorbenen berühmten Meisters des frühen 20. Jahrhunderts. Bei genauerer Betrachtung entdeckte er, dass die Rückseite mit weißer Farbe bemalt war. Die Rückseite trug - auf diesem weißen Untergrund - die Signatur des umseitigen Originalgemäldes des Meisters.

Der Sammler ließ die Leinwand spalten, wodurch es möglich wurde, die weiße Übermalung der Rückseite zu entfernen und das darunter befindliche Gemälde freizulegen. Allerdings wurde bei dieser Freilegung auch die rückseitige Signatur des auf der anderen Hälfte der gespaltenen Leinwand erhalten gebliebenen unstrittigen Originals vernichtet. Als Ergebnis der Freilegung der abgespaltenen Rückseite wurde eine weitere Arbeit des Meisters entdeckt. Der Sammler fordert vom Nachlass Aufnahme dieser Entdeckung in das Werkverzeichnis.

An anderer Stelle dieser Tagung wird durch Prof. Ullmann dargestellt werden, dass kein Rechtsanspruch auf Aufnahme eines Kunstwerks in ein Werkverzeichnis besteht; diese Frage soll hier deshalb nicht weiter behandelt werden.

Interessant sind aber die urheberrechtlichen Konsequenzen des Vorgehens des erwähnten Sammlers.

Zunächst ist festzustellen, dass die Spaltung einer Leinwand durch den Eigentümer im Rahmen der Ausübung seiner Sachherrschaft zulässig und nicht zu beanstanden ist.

Im vorliegenden Fall allerdings hatte diese Spaltung urheberrechtliche Konsequenzen: Durch die Entfernung der auf der Rückseite des Originalgemäldes angebrachten Signatur wurde der Tatbestand der Entstellung eines Kunstwerks gem. § 14 UrhG erfüllt, denn die Signatur gehört unzweifelhaft zum Gesamtbestand des Kunstwerks. Darüber hinaus wird durch die Entfernung der Signatur - ebenso wie durch die Hinzufügung der Signatur zu einer Fälschung - das aus dem allgemeinen Persönlichkeitsrecht fließende Namensrecht des Künstlers verletzt, der Anspruch darauf hat, dass sein Name im Zusammenhang mit dem vom ihm geschaffenen Werk erscheint.

Schließlich ist auch die Freilegung des vom Künstler selbst übermalten Objekts bedenklich: Solange nicht eindeutig erwiesen ist, dass die übermalte Arbeit im Sinne des § 12 veröffentlicht war, es sich also bei dem später verworfenen Bild um ein vom Künstler anerkanntes und der Öffentlichkeit übergebenes Werk gehandelt hat, das, möglicherweise aufgrund späterer Entwicklungen erst zu einem späteren Zeitpunkt vom Künstler verworfen wurde - siehe die Fälle Richter und Rauch -, sondern um eine missglückte Arbeit, die eben nicht veröffentlicht wurde, handelt es sich bei der auf der freigelegten Rückseite enthaltenen Abbildung nicht um ein Werk im Sinne des Gesetzes. Die Veröffentlichung und Verbreitung dieses Objekts unter dem Namen des Künstlers, der es nicht veröffentlichen wollte, verletzt sein Veröffentlichungsrecht und damit sein Urheberpersönlichkeitsrecht, das auf seine Erben übergegangen ist, die ebenfalls der Veröffentlichung widersprochen hatten. Sie können also die weitere Verbreitung und Verwertung der freigelegten Rückseite mit Aussicht auf Erfolg unterbinden.

III. Verbreitung von Atelierbildern

In jüngster Zeit tauchen Pressemeldungen auf, nach denen eine Reihe von Werken des im Jahre 2007 an einer schweren Krankheit verstorbenen Künstlers Jörg Immendorff zwar mit seiner Signatur versehen, aber im übrigen nicht von seiner Hand gefertigt worden seien. Die Nachlassverwalter des Künstlers, sein Galerist, der an der Verbreitung der genannten Werke nicht beteiligt war, verneinte bei Vorlage einer Reihe dieser Arbeiten die Urheberschaft des verstorbenen Künstlers mit dem Ergebnis, dass die betreffenden Sammler erhebliche Wertverluste erlitten. Die fraglichen Arbeiten wurden ausweislich der Presseberichte von Mitarbeitern des Künstlers angefertigt, die im Atelier arbeiteten und unter Verwendung markanter Stilelemente Immendorffs eine Reihe seiner bekannten Werke „wiederholten", jedoch nicht in der Form exakter Reproduktionen, sondern mit ähnlicher Bildgestaltung.

Inwieweit der Künstler in diesen Fällen präzise Vorgaben zur Ausführung dieser Arbeiten machte, ist umstritten, weshalb eine Beurteilung des Vorgangs sich auf Annahmen stützen muss, um zu Ergebnissen in typisierten Fällen zu gelangen.

Grundsätzlich erfordert der Werkbegriff des Urheberrechtsgesetzes nicht, dass Künstlerinnen und Künstler Werke eigenhändig schaffen. Die jüngste Arbeit Christos im New Yorker Central Park („The Gates") konnte - ebenso wie die Reichstagsverhüllung - nur durch die Mitarbeit hunderter freiwilliger Helfer entstehen; dennoch handelt es sich unstreitig um eine Arbeit des Künstlers, die seine Konzeption und seinen Gestaltungswillen ausdrückt und die erforderliche Originalität enthält, die neben anderen Kriterien ein Kunstwerk ausmacht. Unstreitig ist auch, dass große Meister der Vergangenheit ihr Arbeitspensum nur bewältigen konnten, weil ihnen hilfreiche Hände bei der zumindest teilweisen Ausführung ihrer Gestaltungsideen zur Seite standen.

Nimmt man jedoch in unserem Falle an, dass Werke vollständig, wenn auch in Anlehnung bestehender Originalgemälde von Assistenten geschaffen und vom Meister lediglich abschließend handsigniert oder eigenhändig gestempelt wurden, so wird man das Vorliegen eines Werkes wohl bezweifeln müssen: Zumindest diejenigen Produkte, die auf vorhandene Werkoriginale zurückgehen, stellen im urheberrechtlichen Sinne Bearbeitungen gem. § 23 UrhG dar, die möglicherweise ein Urheberrecht der bearbeitenden Assistenten begründen, nicht jedoch ein Urheberrecht des bei der Erstellung untätigen Meisters. Seine Signatur allerdings verdeckt dieses Bearbeiterurheberrecht der Assistenten, seine fehlende Mitwirkung schließt die eigene Urheberschaft trotz Signatur jedoch aus. Es handelt sich also um falsch deklarierte Bearbeitungen.

Anders verhält es sich allenfalls dann, wenn die Assistenten präzise Anweisungen des Meisters befolgt und seine Gestaltungsvorhaben exakt ausgeführt haben: In diesem Falle könnte man das Vorliegen von Originalen annehmen.

Im Einzelnen ist die Entscheidung nur bei genauer Inaugenscheinnahme durch Experten zu treffen. Es ist zu erwarten, dass die beteiligten Kreise wenig Interesse an einer Aufklärung im Einzelfall haben werden und, entsprechend dem Grundsatz „Zeit heilt alle Wunden“, ihre Hoffnung darein setzen, dass Zweifel an der Urheberschaft der inkriminierten Werke mit Zeitablauf verblassen werden. Problematisch ist die Angelegenheit allerdings für den Kunstmarkt, denn Versteigerungshäuser werden äußerste Vorsicht walten lassen bzw. gutachterlichen Rat einholen müssen, wenn es um Einlieferungen von Werken des verstorbenen Künstlers geht; diese Haltung hat bereits zu mehreren Rücknahmen angebotener Arbeiten geführt.

IV. Das Original wird zur Fälschung

Weniger problematisch ist der umgekehrte Fall. Zwei Malerfreunde aus der DDR bereisten in den frühen Fünfziger Jahren Europa und besuchten berühmte Künstler in Italien und Frankreich. Wie damals üblich, wurden Reisetagebücher geführt, Skizzen erstellt und die prominenten Zeitgenossen gebeten, sich ihrerseits mit Zeichnungen in den Skizzenbüchern zu verewigen. Unter ihnen war auch der italienische Bildhauer Marino Marini.

Viele Jahre später entschied sich einer der in die Jahre gekommenen Wandervögel, sein Reiseskizzenbuch zu zerlegen und einzelne dieser künstlerischen Geschenke in einer Galerie anzubieten. Ein Erwerber sah die Chance, eine Zeichnung von Marino Marini günstig zu erwerben, schlug zu und bot diese Zeichnung kurze Zeit später in einem Auktionshaus zur Versteigerung an, in der Hoffnung auf einen schönen Gewinn. Nach der Versteigerung kamen dem Erwerber Zweifel an der Echtheit des Werkes. Er wandte sich an die mit der Wahrung der Echtheit des Werkes Marino Marinis in Rom befassten Stiftung. Diese Wächterin der künstlerischen Ehre Marino Marinis erklärte die Zeichnung - die unzweifelhaft von seiner Hand stammte - für falsch.

Sie bewegte sich damit durchaus auf der Linie der Nachlassverwalter auch anderer berühmter Klassiker, die mit zunehmendem zeitlichen Abstand ignorieren, dass Künstler in günstiger Stimmung nicht zögern, auf Tischtüchern, Servietten und ähnlichen Unterlagen Gefälligkeitsarbeiten anzufertigen. Allerdings erwarten diese auch nicht, dass die auf diese Weise beschenkten Autogrammjäger anschließend sofort oder später diese hingeworfenen Produkte leichthändigen künstlerischen Schaffens auf dem Kunstmarkt zu Geld machen. Die Konsequenz ist, dass derartige Vorlagen als Fälschungen erklärt werden, um den Markt zu bereinigen.

Im erwähnten Falle Marinis kam für den Erwerber, auch den verklagten Verkäufer erschwerend hinzu, dass der als Gutachter eingeschaltete angesehene Direktor eines bedeutenden deutschen Museums der Bildhauerkunst - ohne über die Hintergründe im Einzelnen informiert zu sein - bei stilkritischem Vergleich mit anderen Arbeiten Marinis ebenfalls zu dem Ergebnis gelangte, es handele sich um eine Fälschung. Im Ergebnis überzeugten diese gutachterlichen Stellungnahmen das angerufene Landgericht, das durch Urteil die Arbeit zur Fälschung erklärte. Ergebnis: Frustration auf allen Seiten und hohe Prozesskosten.

V. Exhibition copy

Die Fragilität zeitgenössischer Kunstwerke verleitet Sammler und Museen dazu, anstelle der Werkoriginale Kopien in Ausstellungen zu zeigen. So zu sehen in einer Ausstellung französischer Gegenwartskunst im Jahre 2006 im Grand Palais in Paris. Dort wurde eine Leihgabe des MMK Frankfurt gezeigt, nämlich die „Go-go Dancing Platform" des Künstlers Félix González-Torres in der Appropriation-Art-Version der Künstlerin Elaine Sturtevant. Aus urheberrechtlicher Sicht handelt es sich bei den Werken der Appropriation Art um nichts anders als Reproduktionen, allerdings mit ausführlicher kunstwissenschaftlicher Identität ausgestattet und im Kunsthandel sowie im Museumsbetrieb durchaus als eigenständige Kunstwerke anerkannt und bewertet. Das Erstaunliche am Ausstellungsobjekt war jedoch nicht der Effekt der Appropriation Art, sondern ein kleiner Zusatz auf dem Identifizierungsschild: Als „exhibition copy" wurde das Werk dort bezeichnet. Tatsächlich handelte es sich um eine vom Restaurator des Museums erstellte, originalgetreue Kopie der von Frau Sturtevant vorgenommenen Kopie des Werkes von González-Torres. Urheberrechtlich gesehen ist dies sicherlich nicht zulässig; je nach Auffassung hätte entweder die Reproduktionsgenehmigung von Elaine Sturtevant, richtiger die von Félix González-Torres eingeholt werden müssen, denn dieser ist der ursprüngliche Urheber der „Go-go Dancing Platform". Immerhin war die „exhibition copy" deutlich deklariert und bei genauem Hinsehen zumindest als solche erkennbar.

Diese Fälle der bezeichneten „exhibition copies" sind allerdings selten; so hat ein japanischer Mäzen ein groß dimensioniertes Museum in einem Schacht errichtet, in dem Meisterwerke der zeitgenössischen Kunst in Form von Reproduktionen eine umfassende Gemäldegalerie bilden, die den Besuchern weite Reisen zu den größten Museen der Welt ersparen. In diesem Hause sind die Arbeiten - angefertigt nach eingeholter Genehmigung der Künstler bzw. ihrer Nachlässe - als Kopien deklariert; sie erfüllen die gleiche Funktion wie der Nachbau der Höhle von Lascaux.

Problematischer ist allerdings die Verwendung von „exhibition copies" in deutschen Museen ohne Deklarierung. Um „exhibition copies" handelt es sich - zumindest aus urheberrechtlicher Sicht - auch bei posthumen Güssen, die im Idealfall unter Verwendung der ursprünglichen Gussform nach dem Tode des Urhebers geschaffen wurden und ohne Information über das Gussjahr dem Besucher Originalität im urheberrechtlichen Sinne vortäuschen. Auch hier wäre eine klare Deklarierung der Präsentation nicht schädlich. Solange tatsächlich die Übereinstimmung mit dem Original und dem Willen des Schöpfers belegt werden kann, wird den meisten Besuchern gleichgültig sein, ob der Meister tatsächlich den entstandenen Guss noch überprüfen konnte oder nicht. Das Verschweigen der Information über das Entstehungsjahr führt die Besucher allerdings in die Irre und schadet dem Ruf des Hauses mehr als die Tatsache, dass es „nur" einen posthumen Guss besitzt.

VI. Entstellung von Kunstwerken durch Sammler

Im Gebäude der Europäischen Zentralbank in Frankfurt, dessen Eigentümer eine große Versicherungsgesellschaft mit bedeutender Kunstsammlung ist, befand sich eine wandfüllende Raumarbeit der bekannten Künstlerin Katharina Grosse, die als Auftragsarbeit im Entstehungsjahr des Gebäudes entstanden war.

Als der Bauherr einen Erweiterungsbau anfügte, der die Öffnung der bemalten Wand und den Einbau einer Tür erforderte, entfernte er den störenden Bildausschnitt, ließ diesen fachgerecht auf einen anderen Werkträger aufziehen und hängte ihn als eigenständiges Gemälde in den hinter der Öffnung entstehenden Gang.

Die Künstlerin, alarmiert durch die Information über diesen Eingriff in ihr Werk, verlangte Beseitigung der Entstellung: Dies war lediglich möglich durch Entfernung des restlichen, an der Wand verbliebenen Teils der Arbeit und Vernichtung des herausgeschnittenen, auf einen Bildträger montierten Werkausschnitts. Beides wurde vorgenommen, im Ergebnis wurde eine wichtige und wesentliche Arbeit der Künstlerin zerstört. Letzteres berührt eine offene Wunde des Persönlichkeitsrechts bildender Künstler und anderer Urheber: Während die Entstellung ebenso wie die ungenehmigte Bearbeitung unzulässig ist und mit den zur Verfügung stehenden Instrumenten des Urheberrechts ggf. rückgängig gemacht werden kann, ist die totale Zerstörung eines Kunstwerks nach wie vor entschädigungslos möglich. Viele Stimmen beklagen diesen Zustand und schlagen Auswege vor: in der Realität jedoch ist die - zumindest spurenlose - totale Beseitigung eines Kunstwerks zulässig.

VII. Anspruch des Künstlers auf Information über die Käufer seiner Werke

Nur im Zusammenhang dieses Referats soll unter Bezugnahme auf einen Artikel von *Benjamin Raue*[1] hingewiesen werden auf ein Urteil des Landgerichts Hamburg vom 30. Juni 2006,[2] das einen häufigen Konfliktfall zwischen Künstlern und Galerien klärt.

Galerieverträge, wenn sie überhaupt abgeschlossen werden, bilden nicht immer die Grundlage harmonischen Miteinanders von Künstler und Galerist. Fehlt das Vertrauen auf der einen oder anderen Seite, besteht die Gefahr, dass der Galerist nicht korrekt abrechnet; ihr begegnet der Künstler dadurch, dass er hinter dem Rücken des Galeristen aus dem Atelier verkauft. Dies geht umso leichter, wenn dem Künstler bekannt ist, wer in der Galerie seine Werke erworben hat. Deshalb hat in den genannten Fällen gestörten Vertrauens der Galerist wenig Interesse, den Künstler über die Erwerber seiner Werke zu informieren, um nämlich zu verhindern, dass der Künstler diesem Erwerber weitere Werke auf direktem Wege anbietet.

Vor allem nach Beendigung von Galerieverträgen - selbst solchen, die auf Vertrauensbasis beruhten - kann ein berechtigtes Interesse der Künstler an der Herausgabe der Namen von Erwerbern bestehen, z.B. dann, wenn veräußerte Werke für Ausstellungen oder die Erstellung von Werkverzeichnissen benötigt werden und hierzu der Aufenthaltsort ermittelt werden muss. Selbst solche seriösen Anfragen werden mitunter ungern oder gar nicht beantwortet, möglicherweise auch mangels vorliegender Unterlagen in den Galerien.

In dem bekannt gewordenen und entschiedenen Fall nun verklagte der Künstler seinen Galeristen auf Herausgabe des Namens des Erwerbers und hatte Erfolg: Gestützt auf § 384 II, Halbsatz 1 HGB sprach das Gericht dem Künstler den Auskunftsanspruch zu.

Vertragspartner von Galerieverträgen werden nun zukünftig darauf achten müssen, dass auch die Frage der Herausgabe der Namen der Erwerber in diesen Verträgen erwähnt und ggf. die handelsrechtliche Nennungspflicht zugunsten des Galeristen durch vertragliche Vereinbarung abbedungen werden. Auf diese Weise wäre dann Rechtssicherheit geschaffen, andererseits aber der Künstler einiger wichtiger Informationen beraubt sein.

1 *Benjamin Raue*, Diskretion im Kunsthandel?, KUR 1/2007.

2 LG Hamburg, Urt. v. 30.06.2006 – 332 O 275/05, ZUM-RD 2008, 27.

Kunstfreiheit versus Persönlichkeitsrecht: Nachlese zum Fall „ESRA“

Achim Krämer[*]

Der frühere Verfassungsrechtler Prof. Dr. Grimm antwortete auf die Frage, ob das Bundesverfassungsgericht in der ESRA-Entscheidung der Kunstfreiheit engere Grenzen gezogen habe, wie folgt:

> „Verglichen mit der Leitentscheidung des Gerichts in Sachen Kunstfreiheit, dem Mephisto-Beschluss von 1971, ist die Kunstfreiheit durch den ESRA-Beschluss erweitert worden.“

Dies trifft m.E. zu, wobei man allerdings die unterschiedlichen Sachverhalte vor Augen haben muss.

1. Der Roman Mephisto von Klaus Mann schildert den Aufstieg des hochbegabten Schauspielers Hendrik Höfgen, der seine politische Überzeugung leugnet und alle menschlichen und ethischen Bindungen abstreift, um im Pakt mit den Machthabern des nationalsozialistischen Deutschlands eine künstlerische Karriere zu machen. Der Roman schildert die psychischen, geistigen und soziologischen Voraussetzungen, die diesen Aufstieg möglich machen. Dabei ist unstreitig, dass Gustav Gründgens – Generalintendant der Preußischen Staatstheater während der Zeit des Nationalsozialismus – der Romanfigur des Hendrik Höfgen als Vorbild gedient hat, Gründgens aber nicht „nachgezeichnet“ hat. Zahlreiche Einzelheiten der Romanfigur entsprechen zwar dem äußeren Erscheinungsbild und Lebenslauf von Gustav Gründgens, gleichwohl ist er nicht ohne weiteres „identifizierbar“.

Der Bundesgerichtshof hat in letzter Instanz Vervielfältigungen und Veröffentlichungen des Romans Mephisto verboten.[1] Die hiergegen eingelegte Verfassungsbeschwerde wurde bei Stimmengleichheit von 3:3 zurückgewiesen;[2] der seinerzeitige Berichterstatter Dr. Stein sowie Frau Rupp-von Brünnek verfassten wichtige Sondervoten.

Das Bundesverfassungsgericht definiert, von Art. 5 Abs. 3 S. 1 GG ausgehend, die Kunstfreiheit, indem es zwischen „*Werkbereich*“ (das künstlerische Schaffen als solches) und „*Wirkbereich*“ (Veröffentlichung) differenziert. Es betont die Eigengesetzlichkeit der Kunst. Die Art und Weise, in der der Künstler der Wirklichkeit begegnet und die Vorgänge gestaltet, die er in dieser Begegnung erfährt, darf ihm nicht vorgeschrieben werden, wenn sich der künstlerische Schaffensprozess frei soll ent-

---

* RA beim BGH Prof. Dr. Achim Krämer, Karlsruhe. Der Beitrag führt fort *Achim Krämer*, Kunstfreiheit versus Persönlichkeitsrecht – Der Fall „ESRA“, in: *Matthias Weller/Nicolai Kemle/Peter M. Lynen* (Hrsg.), Des Künstlers Rechte – die Kunst des Rechts, Tagungsband des Ersten Heidelberger Kunstrechtstags am 8. September 2007 in Heidelberg, Baden-Baden 2008, S. 11 ff.

1 BGHZ 50, 133.

2 BVerfGE 30, 173.

falten können. Die Kunstfreiheit ist aber nicht vorbehaltlos gewährleistet. Sie darf zwar nicht durch eine „*wertende Einengung des Kunstbegriffs*“ oder durch eine „*erweiternde Auslegung und Analogie aufgrund der Schrankenregelung anderer Verfassungsbestimmungen*“ eingeschränkt werden. Auch aus Art. 2 Abs. 1 Halbs. 2 GG ergibt sich keine Einschränkung. Die Grenzen der Kunstfreiheit können daher „*nur von der Verfassung selbst*“ her bestimmt werden. Eine immanente Begrenzung erfährt die Kunstfreiheit durch die in Art. 1 Abs. 1 GG garantierte Würde des Menschen. Art. 5 Abs. 3 S. 1 GG einerseits und Art. 1 Abs. 1 GG andererseits sind einander als vorbehaltlos eingeräumte Garantien „*zugeordnet*“. Daraus folgert das Bundesverfassungsgericht:

> „Das Menschenbild, das Art. 1 Abs. 1 GG zugrunde liegt, wird durch die Freiheitsgarantien in Art. 5 Abs. 3 S. 1 GG ebenso mitgeprägt, wie dies umgekehrt von der Wertvorstellung aus Art. 1 Abs. 1 GG beeinflusst ist.“

Es bedarf damit einer Abwägung zwischen beiden Freiheitsgarantien, weshalb zu fragen ist, ob es sich trotz Anerkennung der Kunstfreiheit im konkreten Einzelfall um einen *schweren* Eingriff in den schutzwürdigen Persönlichkeitsbereich des Dargestellten handelt. Die Wertung dieser Umstände ist Sache des Tatrichters.

2. Im Unterschied zu dem dem Mephisto-Beschluss zugrunde liegenden Sachverhalt ist die Person der Esra in Maxim Billers Roman ohne Weiteres erkennbar. Da Esra – nämlich: Eyse Romey – aber „dechiffrierbar“ ist, fehlt es an der von Art. 1 Abs. 1, 2 Abs. 1 GG geforderten Distanzierung – mit der Folge, dass der absolute Kern des Persönlichkeitsrechts, der durch die Darstellung intimer Szenen beeinträchtigt ist, der Vorrang im Rahmen der Güterabwägung eingeräumt wird.

3. Das Bundesverfassungsgericht hat die Auffassung des Bundesgerichtshofs[3] bestätigt, soweit es die Person der Esra anbelangt.[4] Die Frage der Erkennbarkeit sei von der Vorinstanz „*zutreffend bejaht worden*“. Auch insoweit bleibt das Bundesverfassungsgericht dabei, dass die Wertung der Umstände des konkreten Einzelfalls Sache des zuständigen Fachgerichts ist, wobei diese Wertung aber im Lichte des Art. 5 Abs. 3 S. 1 GG erfolgen muss.

Zu der damit gebotenen Interessen- und Güterabwägung hält das Bundesverfassungsgericht – in Anknüpfung an den Mephisto-Beschluss – fest:[5]

> „Steht im Streitfall fest, dass in Ausübung der Kunstfreiheit durch schriftstellerische Tätigkeit das Persönlichkeitsrecht Dritter beeinträchtigt wird, ist bei der Entscheidung über den auf das allgemeine Persönlichkeitsrecht gestützten zivilrechtlichen Abwehranspruch der Kunstfreiheit angemessen Rechnung zu tragen. Es bedarf daher der Klärung, ob diese Beeinträchtigung derart schwerwiegend ist, dass die Freiheit der Kunst zurückzutreten hat. Eine geringfügige Beeinträchtigung oder die bloße Möglichkeit einer schwerwiegenden Beeinträchtigung reicht hierzu angesichts der hohen Bedeutung der Kunstfreiheit nicht aus.“

---

3 BGH, Urt. v. 21.06.2005 - VI ZR 122/04, NJW 2005, 2844.

4 BVerfG, Beschl. v. 13.6.2008 – 1 BvR 1783/05, NJW 2008, 39.

5 AaO, Rz. 80.

Bei der Güterabwägung greift das Bundesverfassungsgericht[6] auf die bereits zitierte Formel des Mephisto-Beschlusses zurück, wonach es darauf ankommt, ob und mit welcher Intensität durch die künstlerische Gestaltung des Stoffs das „Abbild" gegenüber dem „Urbild" *„verselbständigt erscheint"* – dergestalt, *„dass das Individuelle, Persönlich-Intime zugunsten des allgemein, zeichenhaften der „Figur" objektiviert ist*". Daher – und dies ist das Neue gegenüber dem Mephisto-Beschluss – streitet nach Auffassung des Bundesverfassungsgerichts eine *Vermutung* für die Fiktionalisierung.

Aufgehoben wurde das Urteil des Bundesgerichtshofs dagegen, soweit es die Figur der Lale – nämlich: Birsel Lemke – betrifft. Hier ist die Distanzierung derart, dass von einem Eingriff in den absoluten geschützten Bereich des Persönlichkeitsrechts keine Rede sein kann. Dem ist der VI. Zivilsenat des Bundesgerichtshofs inzwischen gefolgt und hat die Klage von Birsel Lemke zurückgewiesen.[7]

---

6 Rz. 83 ff.

7 BGH, Urt. v. 10.6.2008 - VI ZR 252/07, NJW 2008, 2587; hierzu *Matthias Weller*, LMK 2008, 269192.

Kunstwissenschaftliche Untiefen in Werkverzeichnissen am Beispiel Albrecht Dürers

Thomas Schauerte[*]

Dass Albrecht Dürers Werk und die damit verbundenen Probleme auf einer Tagung zum Kunstrecht zur Sprache kommt, hat seine doppelte Berechtigung: Abgesehen von den nachstehend besprochenen Fragen zu Werkverzeichnissen und Fälschungspraktiken ist der Nürnberger Meister der erste Künstler, der in einen Urheberrechtsprozeß verwickelt war, und der – damit nicht genug – es auch noch fertigbrachte, in diesem Prozeß gegen seinen venezianischen Rivalen Marcantonio Raimondi 1506 vor der dortigen Signoria zu obsiegen[1]. Streitgegenstand war die Tatsache, dass Raimondi die höchst beliebten und teuer bezahlten Kupferstiche Dürers nicht nur kopierte, sondern dass er darüber hinaus auch noch dessen weltberühmtes Signet – das große A mit dem kleinen eingestellten D – nachahmte. Letzteres wurde ihm untersagt, ersteres hingegen nicht.

Schon daraus erhellt, wie Albrecht Dürer der universale Stichwortgeber einer ganzen Epoche werden konnte. Seine Gemälde, Zeichnungen und vor allem die Druckgraphiken fanden Verbreitung über den gesamten abendländischen Kulturkreis und erzielten auf dem Kunstmarkt unausgesetzt hohe und höchste Preise. Auf diese Weise lieferte Dürers Œuvre für seine Zeitgenossen wie für spätere Jahrhunderte Qualitätsmaßstäbe und zugleich eine unerschöpfliche Fülle von Anregungen zu Nachahmung, Zitat und Reverenz – und eben auch zur Fälschung.[2]

Der folgende Beitrag versteht sich zum einen als ein Überblick über die derzeit greifbaren Werkverzeichnisse, der über die Literaturangaben in den Anmerkungen auch Wissenschaftlern und Interessierten jenseits des Faches Kunstgeschichte Möglichkeiten des Zugangs eröffnen soll; zum anderen sollen an zwei Fallbeispielen kunstwissenschaftliche – nicht jedoch kunsttechnologische – Herangehensweisen an aktuellen Fragen der Echtheit Dürerscher Kunstwerke knapp umrissen werden. Dass hierbei eine auch nur annähernde Vollständigkeit außerhalb des Möglichen lag, liegt

* Dr. Thomas Schauerte, Institut für Kunstgeschichte, Universität Trier.

1 Vgl. *Würtenberger, Thomas,* Das Kunstfälschertum. Entstehung und Bekämpfung eines Verbrechens von Anfang des 15. bis zum Ende des 18. Jahrhunderts, Weimar 1940, S. 113–117.

2 Grundlegend hierzu, wenngleich als Privatdruck schwer greifbar: *Stüwe, Rainer*, Dürer in der Kopie. Die Gemälde und Graphiken der Nürnberger Dürer-Kopisten des 16. und 17. Jahrhunderts zwischen altdeutscher Manier und barockem Stil, 3 Bde., Diss. Heidelberg 1998; ferner der vorzügliche Katalog von *Bartrum, Giulia*, Albrecht Dürer and his Legacy. The Graphic Work of a Renaissance Artist, Ausstellungskatalog British Museum 2002/03, London 2002; vgl. zuletzt: *Vogt, Christine*, Das druckgraphische Bild nach Vorlagen Albrecht Dürers. Zum Phänomen der graphischen Kopie (Reproduktion) zu Lebzeiten Dürers nördlich der Alpen, München-Berlin 2008.

in der Natur der Sache: Die herausragende Qualität ebenso wie die stupende Produktivität Dürers hat eine auch für den Spezialisten kaum noch zu überschauende Masse an Publikationen gezeitigt.[3]

Aktualität bekommen diese Fragen zusätzlich, weil Albrecht Dürer und die sogenannten „Altdeutschen" – jene Malergeneration, die in den Jahrzehnten um 1500 in staunenswerter Dichte Kunstwerke von Weltrang schuf – eine rege und sich offenbar sogar verstetigende Konjunktur haben. Erinnert sei mit den opulenten Werkschauen in London, Wien und Rom an nicht weniger als drei große Dürer-Ausstellungen seit 2003[4]; an die Ausstellungen zum Schaffen Cranachs und seiner Werkstatt in Chemnitz, Halle (Saale), Aschaffenburg, Frankfurt und London oder an die jüngst abgeschlossene Trias der Grünewald-Schauen in Karlsruhe, Colmar und im Berliner Kupferstichkabinett. Und eine Vorausschau auf das Jahr 2010 mag zeigen, dass das Interesse an dieser Epoche, in der die deutsche Kunst einmal Weltrang erreicht hat, ungebrochen ist: Die Essener Villa Hügel wird das „Menschenbild um 1500", die Veste Coburg eine Ausstellung zum Hofkünstler dieser Epoche und die Wiener Albertina die Triumphwerke für Kaiser Maximilian I. zeigen, dem bedeutendsten Auftraggeber Albrecht Dürers[5]. Dabei kommen auch jene Ausstellungen, die nicht ausdrücklich seinem Schaffen gewidmet waren, ohne Referenzwerke des Nürnbergers nicht aus. Dass dies auch in Zukunft kaum nachlassen wird, hängt mit einem kulturellen Großereignis zusammen, für dessen mehrjährigen Vorlauf sich der Auftakt soeben in Wittenberg vollzogen hat. Die Rede ist vom fünfhundersten Reformationsjubiläum im Jahre 2017 und damit einem weltpolitischen Großereignis, das die kunsthistorische Epoche der „Altdeutschen" gewissermaßen zentriert: kaum ein Auftraggeber oder Künstler – allen voran Dürer und Cranach – den dies nicht in irgendeiner Weise betroffen hätte.[6]

Angesichts all dessen mag es den Außenstehenden befremdlich anmuten, dass sich die Situation des Dürerschen Werkverzeichnisses gemessen an seiner Größe und Bedeutung überaus inhomogen darstellt. Derzeit präsentiert es sich in zwölf

---

3 Die über 10000 Titel umfassende Literatur bis 1971 (500. Geburtstag Dürers) ist nahezu vollständig (!) erfasst bei *Mende, Matthias*, Dürer-Bibliographie. Im Auftrage des Germanischen Nationalmuseums Nürnberg zum Dürer-Jubiläumsjahr 1971 (Bibliographie der Kunst in Bayern. Sonderband), Wiesbaden 1971; vgl. ergänzend dazu Stw. „Dürer, Albrecht" in: Saur (Verlag): Allgemeines Künstlerlexikon. Die bildenden Künstler aller Zeiten und Völker, München-Leipzig 1992 ff., Bd. 30 (2001), S. 301-306 (M. Mende). Dürers Werke aller Gattungen sind auf CD-ROM greifbar: Albrecht Dürer. Das Gesamtwerk. Sämtliche Gemälde, Handzeichnungen, Kupferstiche und Holzschnitte (Digitale Bibliothek, Bd. 28), Berlin 2000.

4 *Bartrum*, Legacy 2002 (wie Anm. 2); *Schröder, Klaus Albrecht / Sternath, Marie Luise* (Hg.), Albrecht Dürer, Ausstellungskatalog Albertina Wien 2003, Ostfildern-Ruit 2003; *Hermann Fiore, Christina* (Hg.), Dürer e l'Italia, Ausstellungskatalog Rom, Scuderie del Quirinale 2007, Mailand 2007.

5 Vgl. dazu *Verf.*, Die Ehrenpforte für Kaiser Maximilian I. Dürer und Altdorfer im Dienst des Herrschers (Kunstwissenschaftliche Studien 95), München – Berlin 2001.

6 Deutlich wird dies nicht zuletzt an der Person des Reichserzkanzlers von 1515 bis 1545, vgl. dazu *Verf. / Andreas Tacke* (Hg.), Der Kardinal. Albrecht von Brandenburg, Renaissancefürst und Mäzen, Kat.Ausst. Halle (Saale), Stiftung Moritzburg – Kunstmuseum des Landes Sachsen-Anhalt 2006, 2 Bde., Regensburg 2006.

Bänden für die vier Schaffensbereiche Malerei mit zwei Bänden, Zeichnung mit vier Bänden, Druckgraphik mit drei und der schriftliche Nachlass in noch einmal drei Bänden, wobei jeweils unterschiedliche Autoren zu unterschiedlichen Zeiten und oft ohne allzugroße wechselseitige Fühlungnahme tätig waren.

Chronologisch zu beginnen wäre dabei in den 1930er Jahren, in denen der damalige Direktor des Berliner Kupferstichkabinetts, Friedrich Winkler, sein *opus magnum* eines Gesamtverzeichnisses der Dürer-Zeichnungen in vier voluminösen Bänden als Jahresgabe des Deutschen Vereins für Kunstwissenschaft vorlegte[7]. Im deutschsprachigen Raum sind sie bis heute das meistverwendete Werkverzeichnis zu Dürers Zeichnungen – was wohl auch den Fachfremden erstaunen wird, da ja seither über die Dürer-Bestände vor allem Europas der II. Weltkrieg hinweggegangen ist[8]. Darüberhinaus wäre es heute schlichtweg undenkbar, dass ein einzelner Wissenschaftler ein Opus von über tausend Zeichnungen bewältigen könnte, und so gab Winkler auch in vielen Fällen freimütig zu, manche der Blätter niemals mit eigenen Augen gesehen zu haben. Dies war natürlich auch den damals bereits schwieriger werdenden Reisebedingungen in der NS-Diktatur geschuldet und führte zu Ferndiagnosen, die Winkler nach dem Krieg verschiedentlich wieder zurücknehmen mußte. Auch leidet das Winklersche Werk vielfach unter dem Umstand, dass er – dem herrschenden Zeitgeist nach 1933 entsprechend – sich in einer vehementen Gegnerschaft zu dem jüdischen Kunsthistoriker-Ehepaar Hans Tietze und Erika Tietze-Conrat befand, die Deutschland alsbald in Richtung USA verlassen mußten. Tietzes hatten in den Jahren 1928 bis 1937 ein zweibändiges Gesamtwerkverzeichnis vorgelegt, das sich durch eine Reihe oftmals scharfer und zutreffender Beobachtungen und Schlußfolgerungen, schließlich aber auch durch einige überraschende Zu- und Abschreibungen auszeichnet[9]. Da dem Werk in Deutschland zeitbedingt keine größere Verbreitung möglich war, ist das Verzeichnis keineswegs in allen Instituten und Bibliotheken greifbar und auf dem Antiquariatsmarkt eine echte Zimelie. Dennoch blieb das Opus keineswegs wirkungslos, sondern beeinflußte zunächst den neben Carl Giehlow intellektuell herausragenden Dürerforscher des 20. Jahrhunderts, Erwin Panofsky, der gleichfalls zur Auswanderung genötigt worden war. Seiner bis heute unverzichtbaren großen Dürer-Biographie von 1943 war ein Gesamtwerkverzeichnis angehängt, das vor allem für den angelsächsischen Sprachraum maßgeblich war und ist[10] und das – ebenso wie das Tietzesche – vor allem von Walter Levy Strauss verarbeitet wurde, der 1974 mit Hilfe einiger weniger Mitarbeiter ein sechsbändiges

---

7 *Winkler, Friedrich*, Die Zeichnungen Albrecht Dürers, 4 Bde., Berlin 1936-1939.

8 Vgl. dazu *ders.*, Verzeichnis der seit 1939 aufgefundenen Zeichnungen Dürers, in: Ladendorf, Heinz (Hg.), Festschrift für Erich Trautschold, Hamburg 1965, S. 78–84; ferner *Mende, Matthias*, Seit 1940 veränderte Aufbewahrungsorte der von Friedrich Winkler aufgenommenen Dürer-Zeichnungen, in: *ders.*, Dürer-Bibliographie 1971 (wie Anm. 3), S. XXIII–XXVII.

9 *Tietze, Hans / Erika Tietze-Conrat*, Kritisches Verzeichnis der Werke Albrecht Dürers, 2 Bde in 3 Teilbdn, Augsburg 1928; Basel-Leipzig 1937 und 1938.

10 *Panofsky, Erwin*, The Life and Art of Albrecht Dürer, 2 Bde., Princeton 1943. Deutsch in der Übersetzung von Lise Lotte Möller u. d. T.: Das Leben und die Kunst Albrecht Dürers, Hamburg [2]1995; zahlreiche weitere Auflagen.

Corpus der Dürerzeichnungen vorlegte[11]. Strauss selbst war indes weniger Kunsthistoriker als vielmehr Verlagsinhaber in New York, und seine Affinität zum Ehepaar Tietze zeitigte auf der anderen Seite wiederum eine ausgeprägte Gegnerschaft zum Vorkriegs-Corpus Winklers. Dieser war seinerzeit keineswegs als Regimegegner aufgefallen, was andererseits nun erneut manche Argumentationen und Neudatierungen bei Strauss überspitzt erscheinen läßt[12].

Strauss war zwar um Berücksichtigung der kriegsbedingten Besitzwechsel bemüht, erlegte sich aber andererseits die Bürde einer streng chronologischen Struktur für sein Werk auf. Dies zwang ihn immer wieder auch dort zu Datierungen, wo sie sich mit der gebotenen Präzision überhaupt nicht treffen ließen; dieser Umstand ebenso wie die oft mäßige Qualität der Abbildungen, die vielfach noch hinter den Vorkriegsaufnahmen Winklers zurückblieb, schränkte die Anerkennung und Verwendung des Strausssschen Werkverzeichnisses gerade im Heimatland der Dürerforschung merklich ein – zugunsten eben des Winkler-Corpus, dessen letzter Band vor nunmehr siebzig Jahren erschien.

Die Folgerung liegt auf der Hand: Ein neues Corpus der Dürer-Zeichnungen täte dringend not, und alles andere als eine internationale Spezialistengruppe, die dieses Anliegen über Jahre hinweg als Forschungsprojekt betreiben könnte, entspräche kaum den heutigen Anforderungen von Wissenschaft, Museumsbetrieb und Kunsthandel.

Ungleich besser ist es um Dürers schriftlichen Nachlaß bestellt, dessen dreibändige Edition durch den Wiener Germanisten Hans Rupprich zwischen 1956 und 1969 erfolgte und bis heute als mustergültig bezeichnet werden darf[13]. Doch auch hier ergeben sich Verschiebungen materieller Natur, wenn neue Autographen auftauchen wie etwa das verloren geglaubte, überarbeitete Handexemplar Dürers der „Unterweisung der Messung“, das sich Anfang der 1980er Jahre wohlerhalten in der Bayerischen Nationalbibliothek fand; oder ein kleines Autograph, das der Referent 2002 zufällig in der Herzog August Bibliothek in Wolfenbüttel entdeckte.[14]

---

11 In dem von ihm gegründeten Abaris-Verlag erschien: *Strauss, Walter Levy*, The Complete Drawings of Albrecht Dürer, 6 Bde, New York 1974. Vgl. ergänzend auch *ders.*, Albrecht Dürer. Woodcuts and Woodblocks, New York 1980.

12 Im konkreten Falle heißt dies immer wieder, daß einzelne Werke – etwa die großformatige Zeichnung mit der Begegnung der drei Lebenden mit den drei Toten“ in der Wiener Albertina – bei Tietzes (wie Anm. 9) als nicht eigenhändig abgeschrieben wurden (Nr. A 170), während Winkler (wie Anm. 7) sie als echt anführt (Nr. 162: "...ein Glanzstück unter den frühen Arbeiten..."), wohingegen Strauss (wie Anm. 11) sie s. v. "Drawings formerly attributed to Dürer" erneut als eine Kopie nach verlorenem Vorbild bespricht (Nr. XW.162).

13 *Rupprich, Hans* (Hg.), Dürer. Schriftlicher Nachlass. Autobiographische Schriften, Briefwechsel, Dichtungen. Beischriften, Notizen und Gutachten. Zeugnisse zum persönlichen Leben, 3 Bde., Berlin 1956.

14 *Verf.*, Die Luther-Bibel des Hans Ulrich Krafft. Ein Fund von Autographen Luthers, Melanchthons, Cranachs und Dürers in der Herzog August Bibliothek und ihre illustre Provenienz, in: Wolfenbütteler Beiträge 13 (2005), S. 255-308; *ders.*, Dürer und Spranger: Ein Autographenfund im Spiegel der europäischen Sammlungsgeschichte. Mit einer Transkription der

Das malerische Werk des Meisters fasste im großen Jubiläums-Jahr 1971 Fedja Anzelewsky – als Schüler und Nachfolger Friedrich Winklers in Berlin eigentlich Graphik-Spezialist – in einem Oeuvrekatalog zusammen, der 1991 eine überarbeitete Neuauflage in zwei Bänden erfuhr[15]. Einige Zu- und Abschreibungen hatten hier immer wieder Kritik hervorgerufen, vor allem aber haben sich die technischen Untersuchungsmöglichkeiten für Gemälde seither deutlich verbessert[16], sodass auch der Malerei-Katalog mittelfristig einer Überarbeitung bedürfte. Wiederum wäre anzuempfehlen, dass dies tunlichst in einer internationalen Gemeinschaftsarbeit zu erfolgen hätte. Als vorbildlich könnte dabei die Aufarbeitung der Dürerbestände in der Münchner Alten Pinakothek durch Goldberg, Heimberg und Schawe von 1998 gelten[17].

So entspricht schließlich – neben Rupprichs Edition des schriftlichen Nachlasses – nur das dreibändige, 2004 abgeschlossene Corpuswerk der Kupferstiche, Holzschnitte und Radierungen den Anforderungen eines modernen Werkverzeichnisses[18]. Es ist am Germanischen Nationalmuseum in Nürnberg als Kooperation mehrerer Gelehrter erschienen. Doch auch hier ist die Freude nicht ungetrübt, denn Wissenschaftler, Sammler und Kenner müssen zur Verifizierung der Wasserzeichen noch immer das Verzeichnis Joseph Meders, des seinerzeitigen Direktors der Wiener Albertina, von 1932 heranziehen[19]. Dessen Verdienst ist auch jene akribische Scheidung der unterschiedlichen Zustände der einzelnen Drucke, die vom Nürnberger Katalog nahezu unverändert übernommen werden konnten und nicht zuletzt für den Kunsthandel bis heute Arbeitsgrundlage ist.

Bliebe für den Augenblick knapp festzuhalten, dass sich die Arbeit am Gesamtwerkverzeichnis Albrecht Dürers gleichsam in Permanenz zu vollziehen hätte und dass die gegenwärtig zwölf Corpus-Bände mit einer gewissen Vorsicht und unter Berücksichtigung der Umstände ihrer Entstehung zu benutzen sind. Soweit in Kürze die Präliminarien.

Der zweite Abschnitt wendet sich zwei konkreten Problemen zu, die illustrieren helfen mögen, dass auch in Kernbereichen des Dürerschen Schaffens – dem Kupfer-

---

Amsterdamer Auktionsliste vom Februar 1638, in: Mitteilungen des Vereins für Geschichte der Stadt Nürnberg 93 (2006), S. 25-69.

15 *Anzelewsky, Fedja*, Albrecht Dürer. Das malerische Werk, Berlin 1971; Neuausgabe: 2 Bde, Berlin 1991.

16 Vgl. dazu nachdrücklich *Crawford Luber, Katherine*, Albrecht Dürer and the Venetian Renaissance, Cambridge 2005.

17 *Goldberg, Gisela / Bruno Heimberg / Martin Schawe, Albrecht Dürer*. Die Gemälde der Alten Pinakothek, Heidelberg 1998.

18 *Schoch, Rainer / Matthias Mende / Anna Scherbaum u. a., Albrecht Dürer*. Das druckgraphische Werk, Bd. 1: Kupferstiche, Eisenradierungen und Kaltnadelblätter, München-London-New York 2001; Bd. 2: Holzschnitte und Holzschnittfolgen, ebd. 2002 (mit mehreren Beiträgen d. Verf.); Bd. 3: Buchillustrationen, ebd. 2004.

19 *Meder, Joseph*, Dürer-Katalog. Ein Handbuch über Albrecht Dürers Stiche, Radierungen, Holzschnitte, deren Zustände, Ausgaben und Wasserzeichen, Wien 1932.

stich und der Tafelmalerei – durchaus nicht immer die wünschenswerte Klarheit herrscht.[20]

Zu welchen Weiterungen die Problematisierung von als sicher geltenden Teilen eines künstlerischen Oeuvres führen kann, sei exkursartig an diesem Extrembeispiel demonstriert, das bis 1986 vermutlich die weit überwiegende Mehrzahl der Kunstwissenschaftler ohne zu zögern als eines der wichtigen und besonders typischen Gemälde Rembrandts erkannt hätten: der Berliner „Mann mit dem Goldhelm". Er war indes durch das Raster des groß angelegten RRP – des Rembrandt Research Projects – gefallen, das sich seit 1970 einer Sichtung des Gesamtwerks verschrieben hat und zu teils spektakulären Abschreibungen führte – darunter eben der „Mann mit dem Goldhelm", der damals eilig aus der Berliner Schausammlung entfernt wurde, dann aber infolge allseitigen Protests seinen angestammten Platz zurückerhielt. War es bei Rembrandt vor allem der Kreis seiner hochbegabten und in der Manier ihres Meisters arbeitenden Schüler, die das Bild seines Schaffens verunklärten, so liegen die Dinge bei Dürer nicht ganz so kompliziert: Seine wenigen Schüler – etwa Hans Baldung Grien, Hans Süß von Kulmbach oder Hans Schäufelein – standen ihm entweder in ihrer Begabung deutlich nach oder hatten doch zu einer so eigenständigen Formensprache gefunden, dass sich Verwechslungen in deutlich engeren Grenzen halten.

Wirklich problematisch ist hier indes die sogenannte „Dürer-Renaissance" der Jahrzehnte um 1600, als bedeutende Sammler wie Kaiser Rudolf II. und Kurfürst Maximilian von Bayern mit ihrer vehementen und leidenschaftlichen Nachfrage nach eigenhändigen Werken Dürers das Angebot einerseits verknappten, ihm aber andererseits bisweilen auch zu wundersamen Vermehrungen verhalfen.[21] In diesem Umfeld sind auch die beiden Problemfälle anzusiedeln, auf die der Blick nun kurz fallen soll.

Am meisten trugen zu Dürers Weltruhm bekanntlich seine Graphik-Serien bei, unter denen wiederum die 1507 bis 1513 entstandene Kupferstichpassion einen hervorragenden Stellenwert einnimmt. Die Folge besteht aus fünfzehn Blättern, die in geradezu mustergültigen Kompositionen die wesentlichen Stationen des Leidens und Sterbens Christi ins Bild setzen. Sie beginnen mit einer Darstellung des Schmerzensmannes an der Säule, es folgt die Passion bis zu Geißelung, Kreuzigung und Grablegung und schließlich – als fünfzehntes Blatt – die Auferstehung. Merkwürdig und einzigartig an dieser Passionsfolge ist aber, dass nun noch ein weiterer Kupferstich folgt, der die sonst so gut wie nirgends dargestellte, 1513 datierte Szene „Petrus und Johannes heilen einen Lahmen" zeigt (s. Abb.). Trotz der übereinstimmenden Größe

---

20 Beide Fragestellungen befinden sich in Bearbeitung durch d. Verf. und werden voraussichtlich 2009 publiziert. Damit sind die Ausführungen hier lediglich als skizzenhafte Problemaufrisse gedacht und verzichten auf Einzelnachweise.

21 Vgl. dazu *Stüwe*, Kopie 1998 (wie Anm. 2); tonangebend waren talentierte Künstler wie Hans Hoffmann, Jobst Harrich, Daniel Fröschl oder Aegidius Sadeler; vgl. ferner *Kaufmann, Hans*, Dürer in der Kunst und im Kunsturteil um 1600, in: Vom Nachleben Dürers. Beiträge zur Kunst der Epoche von 1530 bis 1650 (Anzeiger der Germanischen Nationalmuseums 1940–1953), Berlin 1954, S. 18–60.

mit den übrigen Szenen wurde immer wieder gemutmaßt, dass diese – ja auch ikonographisch ungewöhnliche – Episode aus der Apostelgeschichte von Dürer überhaupt nicht als Bestandteil der Passion gedacht war. Doch wurde offenbar bisher niemals gefragt, ob das Blatt überhaupt von Dürer stamme. Die Merkwürdigkeiten dieser Szene sind indes so zahlreich, dass diese Frage gestellt werden muß: Denn dieser Kupferstich gilt nicht nur generell als ausgesprochen selten, sondern er existiert in allen Zuständen durchweg nur auf Papier, das keinerlei Wasserzeichen trägt, mithin also nicht zweifelsfrei datierbar ist. Ungewöhnlich für Dürer und widersprüchlich zu seinen eigenen Maßgaben über die Darstellung des Menschen in der „Porportionslehre“ ist ferner die extreme und inhaltlich ja auch gar nicht motivierte Verhäßlichung des Lahmen, die ansonsten eigentlich nur den Feinden Christi – also seinen Verleumdern oder Henkersknechten – eignet und hier noch von dem Umstand übersteigert wird, dass der Gelähmte überflüssigerweise auch völlig verkrüppelte Arme zeigt.

Unüblich sind für Dürer ferner so offensichtliche Motivzitate wie jenes des Spitzbartes am linken Bildrand, der – ohne jede ikonographische Begründung – die weitverbreitete Paläologen-Medaille Giovanni Pisanos von 1438 mit dem charakteristischen Hutschirm erkennbar aufgreift. Weitere Motive ließen sich anführen, die auf Werke Dürers verweisen, die erst deutlich nach 1513 entstanden sind, deren Nachweis im Detail hier aber den Rahmen sprengen würde.

Indessen verstand man es um 1600 sehr wohl, Kupferstiche im Stile Dürers herzustellen, wie ein Beispiel von der Hand Aegidius Sadelers zeigt, das den Kopf Christi nach einer Zeichnung wiedergibt, die nachstehend noch in einem ganz anderen Zusammenhang eine Rolle spielen wird. Durch die Signatur Sadelers und die Datierung 1598 ist zwar jeder Verdacht auf eine Fälschung auszuschließen; doch zeigt der meisterliche Stich jene enorme Popularität, die Dürer als lohnendes Objekt für begabte Kopisten und Fälscher durchaus in Frage kommen ließ. Letztere scheinen im Falle der „Heilung des Lahmen“ am Werke gewesen zu sein.

Doch auch das malerische Werk des Nürnbergers ist vor solchen Verdachtsmomenten keineswegs sicher: Als eines der widersprüchlichsten Tafelbilder in seinem Oeuvre gilt seit jeher das etwa 64 mal 80 cm messende Gemälde „Christus unter den Schriftgelehrten“, heute eines der Glanzstücke in der Sammlung Thyssen-Bornemisza in Madrid, das in der Wiener Dürer-Schau von 2003 gemeinsam mit allen vorbereitenden Zeichnungen zu sehen war[22]. Ganz nah gesehen, umstehen in der fast drangvoll wirkenden Enge eines äußerst knapp gefassten Bildausschnitts sechs etwa halbfigurige Schriftgelehrte den jugendlichen Christus, der – etwas traumverloren ins Leere blickend – seine Argumente an den Fingern herzählt. In äußerstem Kontrast zu seinem jugendlich weichen Gesicht bedrängt ihn zur Rechten ein fast karrikaturhaft häßlicher Greis mit weißer Kappe, indem er – tiefenräumlich nur schwer nachvollziehbar – seine Linke auf den Arm des Knaben gelegt hat und mit der deutenden Rechten auf vermeintliche Widersprüche in der Argumentation des Knaben

22 Dort Kat.-Nr. 106 (Martin Schawe); vgl. ferner *Lübbeke, Isolde*, Early German Painting 1350–1550 (The Thyssen-Bornemisza Collection 10), London 1991, Inv.-Nr. 1934-38.

hinzuweisen scheint. Auf diese Weise kommt es im geometrischen Zentrum des Bildes zu einer fast ornamentalen Anordnung der vier Hände, die so jenen Dialog andeuten, den die beziehungslos ins Leere gehenden Blicke der Kontrahenten so nachhaltig vermissen lassen. Ausgesprochen passiv verhalten sich dagegen die übrigen fünf Schriftgelehrten. Drei von ihnen verkörpern mit ihren schweren Folianten die tote Buchgelehrsamkeit des Pharisäertums, während ein Vierter – unmittelbar links von Jesus – ohne rechten Bezug zum Geschehen den Betrachter aus dem Bild heraus anblickt, und ein fünfter rechts oben dem Streitgespräch eher unbeteiligt aus dem verschatteten Abseits zu folgen scheint.

Auf einem in ein Buch eingelegten Zettel findet sich unter dem berühmten Dürer-Monogramm und der Jahrzahl 1506 noch die Mitteilung, es sei das Bild ein *opus quinque dierum* – also „ein Werk von fünf Tagen“.[23] Stimmte die Datierung, so wäre das Gemälde während Dürers zweitem Venedig-Aufenthalt entstanden und hätte die Absicht verfolgt, seine neidischen Malerkollegen dortselbst durch ein Beispiel atemberaubender Schnellmalerei zu beeindrucken. Mit diesem Umstand hat man auch die zahlreichen Unzulänglichkeiten des Gemäldes immer wieder zu entschuldigen gesucht. Deren wesentlichste seien kurz umrissen: So fällt zunächst die völlige Beziehungslosigkeit der doch eigentlich szenisch miteinander agierenden Protagonisten ins Auge, die durch die ungeklärte räumliche Situation und einige perspektivisch irreale Überschneidungen noch unterstrichen wird.

Sodann fällt ausgerechnet das Hauptstück, der gemalte Christuskopf, gegenüber der außerordentlich sorgfältig gearbeiteten zeichnerischen Vorstudie qualitativ deutlich ab; er wirkt weichlich, ja teigig und ist vom Kopfumfang her deutlich überproportioniert. Ebenso läßt die perfekte Durcharbeitung der Vorstudie, der noch drei weitere an die Seite zu stellen sind, aber auch das Schicksal des schemenhaften Männerkopfes links oben erhebliche Zweifel an der Absicht einer „Schnellmalerei“ Dürers aufkommen. Der Kopf mußte nämlich dieser Infrarotaufnahme zufolge aufgrund gravierender kompositioneller Fehleinschätzungen noch einmal völlig neu gemalt werden.

Des weiteren verstößt Dürer an einer anderen Stelle deutlich gegen seine eigenen Maximen, die er später in der Proportionslehre zusammengestellt hat: Dort wird ausdrücklich davor gewarnt, das Decorum außer Acht zu lassen, indem etwa einem Greis die Hände eines jüngeren Mannes gegeben werden, wie es das Gemälde bei dem Alten zur Linken Christi ganz unzweifelhaft vorweist. Problematisch erscheint auch, dass die dem häßlichen Kappenträger am nächsten kommende Zeichnung Dürers erst mit dem Jahr 1517 datiert wird.

Doch weitaus mehr als all dies muß erstaunen, dass in den Jahren um 1600 nicht weniger von derzeit sieben weiteren Versionen dieser Szene entstanden sind, die

23 Für erhebliche Verwirrung sorgte ferner der bei einer Reinigung in den 1950er Jahren als nachträgliche Zutat entfernte Zusatz *Romae*, der als ablativus locativus immer wieder die Hypothese einer – sonst nirgends belegten und inzwischen weitgehend abgelehnten – Romreise Dürers hervorrief.

teilweise sogar Dürer-Monogramme und fiktive Datierungen aus Dürers Lebenszeit tragen.[24]

Wie es zu dieser seltsamen Mode gekommen sein kann, erklärt sich zumindest teilweise, wenn man sich vor Augen führt, dass Kaiser Rudolf II. in seiner weltberühmten Kunstkammer auf dem Prager Hradschin seinerzeit die größte Dürer-Sammlung vereinigt hatte, die es je gegeben hat[25]. Hier konnten und sollten sich die Hofkünstler Rudolfs Zutritt zu einem unvergleichlichen Schatz von Anregungen verschaffen, was sie – etwa in Gestalt von Hans Hoffmanns Nachschöpfung von Dürers Berliner Portrait des Hieronymus Holzschuher von 1526 – auch lebhaft in Anspruch nahmen. Und möglicherweise war genau dies eben auch bei dem rätselvollen Madrider Gemälde mit „Christus unter den Schriftgelehrten" der Fall. Denkbare Hypothesen zur dessen tatsächlicher Bewandtnis müßten also dahin gehen, dass entweder

1. Dürer in diesem einzigen Fall all seine sonstigen Gepflogenheiten hintangestellt hatte und tatsächlich als „Schnellmaler" mit einem qualitativ zumindest zweifelhaften Gemälde in einen Wettstreit mit seinen venezianischen Kollegen getreten war; oder – gleichsam als Kompromiß – dass
2. Dürer hier nur eine Skizze und mehrere Vorstudien, eventuell sogar ein angefangenes Bild hinterlassen hatte, das von einer späteren Hand vollendet und mit „AD 1506" willkürlich signiert worden war; und schließlich – als extremste aller Möglichkeiten – dass
3. ein solches Bild von der Hand Dürer niemals oder allenfalls in der schriftlichen Überlieferung existiert hat und von einem begabten Kopisten am Prager Hof aus den vorhandenen Zeichnungen und weiteren Dürermotiven als eine Art Pasticcio mit lukrativer Fälschungsabsicht hergestellt worden ist. Dies hätte zudem Auswirkungen auf die Einschätzung von Dürers zeichnerischem Œuvre, denn es wären so eine Reihe herausragender vermeintlicher Vorstudien einem anderen, unausgeführten oder verlorenen Gemälde zuzuordnen.

Auch wenn diese Untersuchung noch nicht bis zu Ende gediehen ist – und sich ein „Dürer-Research-Project" einstweilen noch nicht abzeichnet –, sollte sie zum einen aufzeigen, wie schnell auch bei einem Oeuvre wie dem Dürerschen sicher geglaubtes ins Wanken geraten kann, und dass sich zum anderen für ein umfassendes, modernes Gesamtwerkverzeichnis des bedeutendsten deutschen Malers Forschungsbedarf auf Jahrzehnte hinaus angestaut hat.

---

24 So etwa als Gemälde Hans Hoffmanns im Braunschweiger Herzog Anton Ulrich Museum, zu dem sich eine gezeichnete und aquarellierte Vorstudie im Budapester Museum der schönen Künste erhalten hat. Eine weitere Variante befindet sich in der Warschauer Nationalgalerie, während ein anderes Bild dieses Inhalts 2003 aus dem Besitz des Hauses Hannover in eine andere Privatsammlung verkauft wurde.

25 Vgl. dazu zuletzt *Bukovinská, Beket,* Bekannte – unbekannte Kunstkammer Rudolfs II., in: Schramm, Helmar / Ludger Schwarte / Jan Lazardzig (Hg.): *Kunstkammer – Laboratorium – Bühne*. Schauplätze des Wissens im 17. Jahrhundert (Theatrum scientiarum 1), Berlin – New York 2003, S. 198-225.

Bildnachweis: Albrecht Dürer (?): *Die Hll. Petrus und Johannes heilen einen Lahmen*. Kupferstich, 11,6 x 7,3 cm. Osnabrück, Kulturgeschichtliches Museum, Konrad Liebmann-Stiftung.

Kunstexpertisen als Machtfaktor – die Position des Außenstehenden

Friederike Gräfin von Brühl[*]

I. Einflussmacht im Kunstexpertenwesen

Einer der entscheidenden Preisbildungsfaktoren auf dem Kunstmarkt ergibt sich aus der Frage, welcher Epoche und welchem Künstler ein Kunstwerk von der Fachwelt zugeschrieben wird. Die Furcht der Sammler, dass sich ein teuer erstandenes Bild nachträglich als wertlose Fälschung erweisen könnte, hat es zur marktüblichen Selbstverständlichkeit werden lassen, bereits vor dem Kauf bzw. Verkauf eines Kunstwerks Expertisen über dessen Echtheit einzuholen. Dabei hat sich das Phänomen herauskristallisiert, dass sich das Vertrauen des Kunstmarkts vielfach auf Einzelpersonen konzentriert, deren Fachurteil wegen ihrer prominenten Reputation ein besonders starkes Gewicht hat. Oft wird ein einziger Experte oder ein spezifisches Expertengremium aufgrund seiner speziellen Fachkompetenz im Hinblick auf einen bestimmten Künstler oder eine bestimmte Epoche als so überragende Zuschreibungsautorität betrachtet, dass ein Kunstwerk ohne seine Expertise praktisch unverkäuflich sein kann.[1]

Man kann dieses Phänomen in drei Konstellationen beobachten. Erstens kommt es bei bestimmten Einzelexperten vor. Man spricht dabei auch von den sog. „Päpsten" unter den Experten. So wird beispielsweise Florian Karsch als Spitzenexperte für die Werke des Expressionisten Otto Mueller angesehen, ein Werk von Otto Mueller ohne seine Expertise *ist* für den Kunstmarkt kein Otto Mueller.[2] Zweitens genießen bestimmte Expertengremien Autorität, z.B. das *Andy Warhol Authentication Board*, das weltweit als maßgebliche Entscheidungsinstanz für die Echtheit von

---

* Dr. Friederike Gräfin von Brühl, M.A., Rechtsanwältin, K&L Gates LLP, Berlin. Der Beitrag behandelt einen Teilaspekt meiner 2008 erschienenen Dissertation, die eine ausführlichere Analyse zu diesem Thema bereithält: Marktmacht von Kunstexperten als Rechtsproblem – Der Anspruch auf Erteilung einer Expertise und auf Aufnahme in ein Werkverzeichnis, Köln-München 2008. Meinem Doktorvater, Prof. Dr. Andreas Heinemann, Universität Zürich, gilt an dieser Stelle noch einmal mein herzlicher Dank.

1 *Jornod*, in: *Renold/Gabus/de Werra*, L'expertise et l'authentification des œuvres d'art, Etudes en droit de l'art, Vol. 19, Centre du droit de l'art, Zürich 2007, S. 16; *Levy*, in: *Kaufman* (Hrsg.), Art Law Handbook, New York 2000, S. 846; *Reeves*, in: *Renold/Gabus/de Werra*, S. 41; *Ringe*, in: *Renold/Gabus/de Werra*, S. 136 f.; *Turquin*, in: *Byrne-Sutton/Renold* (Hrsg.), Resolution Methods for Art-Related Disputes, Etudes en droit de l'art, Vol. 11, Centre du droit de l'art, Zürich 1999, S. 92; *Valentin*, The Art Newspaper, No. 149, July/August 2004, S. 29; *Wolf*, Die Expertise – Inhalt, Form und Rechtswirkungen von Kunstgutachten, Bonn 2001, S. 71.

2 *Huttenlauch*, KUR 2004, S. 118.

Werken Andy Warhols gilt.[3] Drittens gibt es sonstige Zuschreibungsinstitutionen mit besonders gebündeltem Spezialwissen, etwa Archive oder Stiftungen. So gilt beispielsweise das Kirchner-Archiv in Wichtracht bei Bern als Autorität für die Zuschreibung von Werken Ernst Ludwig Kirchners.[4]

Juristisch brisant ist diese Konzentration von Einflussmacht in den Händen weniger Experten insbesondere aus Sicht des Außenstehenden, also aus Sicht des Sammlers, Händlers oder sonstigen Interessenten, der auf die Expertise eines bestimmten Kunstexperten angewiesen ist. Für ihn stellt sich die Frage, welche Vorgehensmöglichkeiten bestehen, wenn sich ein einflussreicher Experte – aus welchen Gründen auch immer – weigert, für ein Kunstwerk eine für dessen Verkäuflichkeit relevante Expertise zu erstellen.

II. Die US-amerikanischen Entscheidungen zum *Pollock-Krasner Authentication Board*

Das geschilderte Problem war bereits Gegenstand drei verschiedener US-amerikanischer Entscheidungen zum *Pollock-Krasner Authentication Board,* einem inzwischen aufgelösten Expertengremium, das in den 1990er Jahren höchste Autorität bei der Zuschreibung von Werken Jackson Pollocks genoss.[5] In allen drei Fällen ging es um Sammler, die angebliche Pollock-Werke verkaufen wollten. Christie's, Sotheby's und die großen New Yorker Galerien waren zum Verkauf dieser Werke jedoch nur unter der Voraussetzung bereit, dass eine Expertise des *Pollock-Krasner-Authentication Board* vorgelegt würde. Als die Mitglieder dieses Expertengremiums die Echtheit der Werke bezweifelten und die Erteilung einer Expertise verweigerten, verklagten die betroffenen Sammler das *Pollock-Krasner Authentication Board* vor einem *New York District Court* und versuchten so, seine Expertise auf gerichtlichem Wege zu erzwingen.

Letztlich scheiterten alle drei Klagen an recht trivialen Gesichtspunkten, einmal an der Verjährung,[6] einmal an der fehlerhaften Marktabgrenzung des Klägers[7] und einmal an der so offensichtlichen Unechtheit des Kunstwerks – in der angeblichen

---

3 *Kaufman*, The Art Newspaper, No. 140, October 2003, S. 1, S. 4; *Valentin*, The Art Newspaper, No. 149, July/August 2004, S. 29.

4 Vgl. *Henze*, in: *Alexej von Jawlensky-Archiv* (Hrsg.), Bild und Wissenschaft – Der Umgang mit dem künstlerischen Erbe von Hodler bis Jawlensky, Ascona 2003, S. 35 ff.

5 *Vitale v. Marlborough Gallery, The Pollock-Krasner Foundation, The Pollock-Krasner Authentication Board, Inc., McKinney, O'Connor, Shaw, E.V. Thaw & Co., McCoy, Inc., Lloyd*, 1994 U.S. Dist. LEXIS 9006 (S.D.N.Y. 1994); *Kramer v. The Pollock-Krasner Foundation, The Pollock-Krasner Authentication Board, Inc., Sotheby's, Inc., Christie, Mason & Woods International, Inc.*, 890 F. Supp. 250 (S.D.N.Y. 1995); *Larivière v. Thaw, Landau, O'Connor, Lieberman, The Pollock-Krasner Authentication Board, Inc.*, N.Y. Sup., Index Nr. 100627/99, 2000 WL 33965732.

6 *Vitale v. Marlborough Gallery, The Pollock-Krasner Foundation, The Pollock-Krasner Authentication Board, Inc., McKinney, O'Connor, Shaw, E.V. Thaw & Co., McCoy, Inc., Lloyd*, 1994 U.S. Dist. LEXIS 9006 (S.D.N.Y. 1994).

Pollock-Signatur war selbst der Name „Pollock" falsch geschrieben! –,[8] dass das Gericht sogar eine Buße wegen missbräuchlicher Inanspruchnahme der Justiz verhängte. Die drei Entscheidungen liefern daher letztlich keine eingehende Analyse zu unserem Thema, sind in diesem Zusammenhang aber von großem Interesse, und zwar allein schon aufgrund der Kernfrage, um die sie sich drehen: Kann man einen einflussreichen Experten juristisch dazu verpflichten, für ein bestimmtes in seinen Fachbereich fallendes Kunstwerk eine Expertise zu erstellen?

III. Rechtliche Würdigung aus dem Blickwinkel des Kartellrechts

Die Antwort auf diese Frage kann eine Rechtsmaterie liefern, die auch schon von den Entscheidungen zum *Pollock-Krasner Authentication Board* ins Spiel gebracht wurde, und die auf den ersten Blick etwas erstaunlich klingen mag: Es sind die kartellrechtlichen Regelungen zur Begrenzung wirtschaftlicher Marktmacht. Das Kartellrecht verbietet jede missbräuchliche Ausnutzung einer marktbeherrschenden Stellung. Auf der Ebene deutschen Rechts ist dieses Verbot in den §§ 19, 20 GWB geregelt, auf der Ebene europäischen Rechts in Art. 82 EG. Ob und inwieweit die Verweigerung einer Expertise durch einen einflussreichen Kunstexperten gegen diese Vorschriften verstoßen und den Missbrauch einer marktbeherrschenden Stellung darstellen kann, richtet sich nach folgenden Gesichtspunkten:

1. Unternehmenseigenschaft des Kunstexperten

Voraussetzung für die Anwendbarkeit des Kartellrechts ist zunächst, dass es sich bei dem Kunstexperten um ein Unternehmen im kartellrechtlichen Sinne handelt. Der kartellrechtliche Unternehmensbegriff ist extrem weit gefasst. Es genügt jede selbständige, nicht lediglich dem Privatverbrauch dienende Tätigkeit im geschäftlichen Verkehr.[9]

---

7 *Kramer v. The Pollock-Krasner Foundation, The Pollock-Krasner Authentication Board, Inc., Sotheby's, Inc., Christie, Mason & Woods International, Inc.*, 890 F. Supp. 250 (S.D.N.Y. 1995).

8 *Larivière v. Thaw, Landau, O'Connor, Lieberman, The Pollock-Krasner Authentication Board, Inc.*, N.Y. Sup., Index Nr. 100627/99, 2000 WL 33965732.

9 Vgl. zum deutschen Kartellrecht BGH, 22.3.1976, WuW/E BGH 1469, *Autoanalyzer*; BGH, 14.3.1990, WuW/E BGH 2627, 2632, *Sportübertragungen*; *Bunte*, in: *Langen/Bunte*, Kommentar zum deutschen und europäischen Kartellrecht, Band 1, 10. Auflage, München 2006, § 1 Rn. 13; *v. Gamm*, Kartellrecht, 2. Auflage, Köln-Berlin-Bonn-München 1990, § 1 Rn. 8; *Zimmer*, in: *Immenga/Mestmäcker* (Hrsg.), GWB Kommentar, 3. Auflage, München 2001, § 1 Rn. 30, 36. Ebenso zum europäischen Kartellrecht EuGH, 12.7.1984, Slg. 1984, 2999, 3016 Rn. 11 f., *Hydrotherm*; EuGH, 23.4.1991, Slg. 1991, I-2010, 2016 Rn. 21, *Höfner und Elser/Macrotron*; EuGH, 17.2.1993, Slg. 1993, I-637, *Poucet*; *Müller-Graff*, in: *Hailbronner/Klein/Magiera/Müller-Graff* (Hrsg.), Handkommentar zum Vertrag über die Europäische Union (EUV/EGV), Köln-Berlin-Bonn-München, Stand: 7. Ergänzungslieferung, November 1998,

Diese Voraussetzungen sind jedenfalls dann erfüllt, wenn ein Kunstexperte seine Expertisen gegen Entgelt erstellt. Eine solche wirtschaftliche Verwertung geistiger Leistungen ist zur Begründung der Unternehmenseigenschaft ausreichend.[10] Dass der Experte bei der Begutachtung von Kunstwerken als Wissenschaftler tätig ist, steht seiner Unternehmenseigenschaft nicht entgegen. Die wissenschaftliche Tätigkeit, mit der er sein Spezialwissen erwirbt und vertieft, vollzieht sich zwar außerhalb des Geschäftsverkehrs, die wirtschaftliche Verwertung seiner als Wissenschaftler gewonnenen Erkenntnisse ist jedoch unternehmerisch.[11]

Aber auch ein Experte, der seine Expertisen nur selbstkostendeckend oder sogar unentgeltlich erstellt, qualifiziert sich als kartellrechtliches Unternehmen. Das Kartellrecht zielt auf die Freiheit des Wettbewerbs ab, und auch wer ohne Gewinnerzielungsabsicht und ohne jede wirtschaftliche Profitinteressen am Markt tätig ist, tritt im Geschäftsverkehr als Leistungserbringer auf, befindet sich im Wettbewerb mit anderen Leistungserbringern und beeinflusst diesen Wettbewerb.[12] Das muss vor al-

---

Art. 85 Rn. 30.

10 Vgl. zum deutschen Kartellrecht BGH, 6.11.1972, WuW/E BGH 1253, 1257, *Nahtverlegung*; BGH, 29.10.1970, WuW/BGH 1142, 1142 f., *Volksbühne II*; OLG Düsseldorf, 16.1.1979, WuW/E OLG 2071, 2072, *Düsseldorfer Volksbühne*; OLG München, 7.5.1981, WuW/E OLG 2504, 2505; OLG Hamm, 11.2.1988, WuW/E OLG 4425, 4426, *Theaterrabatt*; KG, 25.3.1987, WuW/E OLG 4040, 4044, *Wertungsverfahren*; BKartA, 15.6.1963, WuW/E BKartA 704, 708, *Verwertungsgesellschaften*; *Bunte*, in: *Langen/Bunte*, Band 1, § 1 Rn. 25; *Hootz*, in: Gemeinschaftskommentar Gesetz gegen Wettbewerbsbeschränkungen und Europäisches Kartellrecht, 5. Auflage, Band 1: Köln-Berlin-Bonn-München 1999, § 1 Rn. 20; *Huber/Baums*, in: Frankfurter Kommentar zum Kartellrecht, Stand: 30. Ergänzungslieferung, Januar 1993, § 1 GWB a.F. Rn. 69; *Rittner*, Wettbewerbs- und Kartellrecht, 6. Auflage, Heidelberg 1999, § 6 Rn. 17; *Zimmer*, in: *Immenga/Mestmäcker*, GWB, § 1 Rn. 70. Ebenso zum europäischen Kartellrecht Komm., 2.12.1975, ABl. 1976 Nr. L 6/8, 12, *AOIP/Beyrard*; Komm., 26.5.1978, ABl. 1978 Nr. L 157/39, 40 Tz. 1a), *RAI/Unitel*; Komm., 10.1.1979, ABl. 1979 Nr. L 19/32, 34 Tz. 12, *Vaessen/Moris*; *Gleiss/Hirsch/Burkert*, Kommentar zum EG-Kartellrecht, 4. Auflage, Heidelberg 1993, Art. 85 Abs. 1 Rn. 23.

11 Die Trennung zwischen den beiden Handlungsaspekten der wissenschaftlichen Erkenntnisgewinnung und der Vermarktung geistiger Leistungen folgt aus der konkreten Tätigkeitsbezogenheit des sogenannten „relativen Unternehmensbegriffs“: Wegen der funktionalen Ausrichtung des Unternehmensbegriffs rechtfertigt sich die Anwendung der Wettbewerbsregeln immer nur im Hinblick auf eine ganz bestimmte wirtschaftliche Tätigkeit, während dem jeweiligen Handlungsträger für andere, vorgelagerte oder unabhängig davon vorgenommene Tätigkeiten die Unternehmenseigenschaft abzusprechen sein kann. Vgl. zur Anwendbarkeit des relativen Unternehmensbegriffs auf Wissenschaftler *Huber/Baums*, in: Frankfurter Kommentar, § 1 GWB a.F. Rn. 40. Vgl. allgemein zum relativen Unternehmensbegriff BGH, 11.12.1997, ZIP 1997, S. 2215, S. 2217, *Europapokalheimspiele*; *Möschel*, Recht der Wettbewerbsbeschränkungen, Köln-Berlin-Bonn-München 1983, Rn. 102; *Niederleithinger*, Die Stellung der Versorgungswirtschaft im Gesetz gegen Wettbewerbsbeschränkungen, Düsseldorf 1968, S. 27 f.; *Emmerich*, in: *Immenga/Mestmäcker* (Hrsg.), EG-Wettbewerbsrecht, Kommentar, München 1997, Art. 85 Abs. 1 Rn. 19 f.; *Roth/Ackermann*, in: Frankfurter Kommentar, Stand: 44. Ergänzungslieferung, November 1999, Grundfragen Art. 81 Abs. 1 Rn. 13.

12 BGH, 29.10.1970, WuW/E BGH 1142, 1143, *Volksbühne II*; KG, 8.12.1959, WuW/E OLG 307, 308, *AOK*; KG, 27.9.1978, WuW/E OLG 2028, 2030, *Hundezuchtverein*; *Bunte*, in: *Langen/Bunte*, Band 1, § 1 Rn. 13; *Zimmer*, in: *Immenga/Mestmäcker*, GWB, § 1 Rn. 57. Vgl. dazu auch die vereinsrechtliche Argumentation bei der Abgrenzung zwischen Idealver-

lem in einem Fall wie dem vorliegenden gelten: Hier beeinflusst der Experte nicht nur den Wettbewerb mit der Leistung „Expertise“, sondern zusätzlich mittelbar auch einen anderen Geschäftsverkehr, indem er nämlich auf die Absatzmöglichkeiten der betroffenen Kunstwerke Einfluss nimmt. Er beeinflusst Kunstveräußerungsvorgänge in einem Umfang, der das für die private Lebensführung übliche Maß der Berührung mit wirtschaftlichen Vorgängen sprengt und seine Tätigkeit aus dem Bereich der rein privaten Tätigkeit hinaushebt. Als Vergleichsbeispiel lässt sich der 1978 vom Kammergericht entschiedene Hundezuchtverein-Fall heranziehen, in dem die Unternehmenseigenschaft des sogenannten „Deutschen Landseer Clubs“ mit der Erwägung bejaht wurde, dass dieser Club durch die Führung eines Zuchtbuchs und die Ausstellung darauf beruhender Bescheinigungen über die Reinrassigkeit von Hunden den Absatz der betroffenen Hunde fördere und somit „aktiv, wenn auch mittelbar, in einen Verkehr mit Waren“ eingreife.[13] Die wirtschaftlichen Auswirkungen der Rassenzuordnungen seitens dieses Clubs sind mit denjenigen der Echtheitsbestätigungen des Kunstexperten vergleichbar: Genau wie die Reinrassigkeitsbestätigungen in jenem Fall die Veräußerungsmöglichkeit der betroffenen Hunde fördern, nehmen in der hier erörterten Konstellation die Expertisen mittelbar auf die Absatzmöglichkeiten der betroffenen Kunstwerke Einfluss. Aus diesen Gründen kann sich selbst der Experte, der lediglich unentgeltliche Expertisen erstellt, nicht seiner kartellrechtlichen Unternehmenseigenschaft entziehen.

2. Marktabgrenzung

Der zweite Punkt, der im Kartellrecht definiert werden muss, ist der relevante Markt. Um festzustellen, inwieweit sich ein Experte als Marktbeherrscher erweisen kann, ist zunächst zu klären, auf welchen exakten Markt sich seine wirtschaftliche Tätigkeit bezieht.

Der Sachmarkt, auf dem die wirtschaftliche Aktivität des Experten stattfindet, umfasst nach der klassischen kartellrechtlichen Sachmarktdefinition alle Produkte, die aus Sicht der Marktgegenseite, also der Abnehmer, austauschbar sind.[14] Die Aus-

---

ein und wirtschaftlichem Verein im Rahmen von §§ 21, 22 BGB: *Heckelmann*, AcP 179 (1979), S. 31.

13 KG, 27.9.1978, WuW/E OLG 2028, 2029, *Hundezuchtverein*.

14 So zum deutschen Kartellrecht KG, 18.2.1969, WuW/E OLG 995, 996, *Handpreisauszeichner*; BGH, 3.7.1976, WuW/E BGH 1435, 1440, *Vitamin-B-12*; BGH, 16.12.1976, WuW/E BGH 1445, 1447, *Valium*; BGH, 22.9.1987, WuW/E BGH 2433, *Gruner + Jahr – Zeit II*; BGH, 28.4.1992, WuW/E BGH 2771, 2772, *Kaufhof/ Saturn*; *Bechtold*, Kartellgesetz – Gesetz gegen Wettbewerbsbeschränkungen: Kommentar, 4. Auflage, München 2006, § 19 Rn. 5 f.; *Ebel*, Kartellrecht – GWB und EG-Vertrag, Stand: 41. Ergänzungslieferung, November 2003, § 19 Rn. 3 ff.; *Möschel*, in: *Immenga/Mestmäcker*, GWB, § 19 Rn. 24 ff.; *Müller-Uri*, Kartellrecht, Köln-Berlin-Bonn-München 1989, Rn. 216; *Paschke*, in: Frankfurter Kommentar, Stand: 60. Ergänzungslieferung, Juni 2006, § 19 GWB 2005 Rn. 78 ff.; *Ruppelt*, in: *Langen/Bunte*, Band 1, § 19 Rn. 9. Vgl. ebenso zum europäischen Kartellrecht die Bekanntmachung der Kommission über die Definition des relevanten Marktes im Sinne des Wettbe-

tauschbarkeit von Expertisen ist bei hochpreisiger Kunst naturgemäß gering. Wer eine Expertise für ein Kunstwerk von Paul Klee benötigt, kann mit der Expertise eines Rembrandt-Spezialisten nichts anfangen. Wenn die Teilnehmer des Kunstmarkts – wie z.B. Christie's und Sotheby's in den Fällen zum *Pollock Krasner Authentication Board* – es unabdingbar finden, zur Beurteilung der Werke eines bestimmten Künstlers *einen* ganz bestimmten Experten heranzuziehen, dann gibt es keinen anderen Experten, der dessen Leistung ersetzen könnte. Seine Leistung ist nicht mit den Leistungen anderer Experten austauschbar. Der relevante Sachmarkt beschränkt sich demnach auf die Expertisen gerade dieses Experten. Bei Expertisen für hochpreisige Kunst haben wir es folglich mit einem sehr engen Sachmarkt zu tun.

Der geographische Markt, auf dem der Experte in solchen Fällen tätig ist, ist dagegen sehr weit. Die Nachfrage nach seinen Expertisen macht nicht vor nationalen Grenzen halt, die Klientel berühmter Experten ist in der Regel international.

3. Marktbeherrschung

Auf der Grundlage dieser Marktabgrenzung kann der Einflussreichtum eines berühmten Experten in der Tat zu einer marktberrschenden Stellung führen. Wenn ein Experte oder Expertengremium eine derart überragende Reputation genießt, dass kein zweiter Experte zur Leistung einer marktgleichwertigen Expertise in der Lage ist, stellt dieser Experte beziehungsweise dieses Gremium den einzigen Marktteilnehmer auf der Anbieterseite des jeweiligen Expertisenmarktes dar. Damit befindet er sich in der Situation eines Vollmonopols.[15] Da die Monopolsituation daraus resultiert, dass der Monopolist bei der Echtheitsabklärung einer bestimmten Art von Kunstwerken als Meinungsführer auftritt, kann man insoweit auch von einem „Meinungsmonopol" sprechen.[16]

Wenn der Einflussreichtum des Spitzenexperten durch vereinzelte kritische Stimmen hinterfragt wird, so dass andere Experten Marktzutritt erlangen oder zumindest als potentielle Wettbewerber einzuordnen sind, scheidet ein Vollmonopol aus.[17] In solchen Fällen kann aber eine Marktbeherrschung in Form eines Quasi-Monopols gegeben sein,[18] namentlich wenn bei Gesamtbetrachtung der Umstände eine so

werbsrechts der Gemeinschaft, 9.12.1997, ABl. 1997 Nr. C 372/5, 6 Rn. 7; EuGH, 21.2.1973, Slg. 1973, 215, 248 Rn. 32, *Continental Can*; EuGH, 13.2.1979, Slg. 1979, 461, 516, *Hoffmann-La Roche*; Komm., 26.7.1988, ABl. 1988 Nr. L 272/27, 33 ff., *Tetra Pak I*; *Bechtold/Bosch/Brinker/Hirsbrunner*, EG-Kartellrecht – Kommentar, München 2005, Art. 82 Rn. 7; *Emmerich*, in: *Dauses* (Hrsg.), Handbuch des EU-Wirtschaftsrechts, München, Stand: 15. Ergänzungslieferung, August 2005, H.I § 1 Rn. 321.

15 Im deutschen Kartellrecht ist diese Fallgruppe ausdrücklich in § 19 Abs. 2 S. 1 Nr. 1 Var. 1 GWB geregelt.

16 Vgl. zu diesem Begriff *Barnikel*, WuW 1961, S. 251; *Ewald*, WRP 1957, S. 253.

17 Vgl. zum Ausschluss des Vollmonopols durch die Existenz potentieller Wettbewerber *Bechtold*, GWB, § 19 Rn. 26; *Lampert*, WuW 1998, S. 32.

18 Im deutschen Kartellrecht ist dies in den Fallgruppen des Fehlens „wesentlichen" Wettbewerbs in § 19 Abs. 2 S. 1 Nr. 1 Var. 2 GWB und der überragenden Marktstellung in § 19

asymmetrische Machtverteilung besteht, dass der weit überwiegende Teil des Kunstmarkts die Zuschreibungsansicht des Spitzenexperten nach wie vor für maßgeblich hält. Je nach den Umständen des Einzelfalls sind auch weitere Arten der Marktbeherrschung denkbar, insbesondere – im Falle mehrerer einflussreicher Experten – die Konstellation des Oligopols.

4. Missbrauch der marktbeherrschenden Stellung

Zu klären ist schließlich, unter welchen Umständen die Weigerung, einem bestimmten Kunstwerk eine Expertise zu erteilen, einen Missbrauch einer solchen marktbeherrschenden Stellung bedeuten kann. Durch seine Weigerung blockiert der Experte die wirtschaftliche Betätigung desjenigen, der das betroffene Kunstwerk auf dem Kunstmarkt verkaufen möchte. Aus Kartellrechtssicht ist dies der klassische Fall der sog. „Drittmarktbehinderung": Der Experte, tätig auf dem Markt für Expertisen, behindert die wirtschaftliche Aktivität eines anderen auf einem Drittmarkt, nämlich auf dem Markt zum Verkauf von Kunstwerken.[19] Vom Expertisenmarkt geht also eine

---

Abs. 2 S. 1 Nr. 2 GWB geregelt. Im europäischen Kartellrecht ist insbesondere der Fortbestand eines nur dem äußeren Anschein nach wirksamen, in Wirklichkeit vom Marktbeherrscher gelenkten Wettbewerbs als Marktbeherrschungstypus anerkannt, siehe dazu EuGH, 13.2.1979, Slg. 1979, 461, 520 Rn. 39, 532 Rn. 70, *Hoffmann-La Roche*; EuGH, 9.11.1983, Slg. 1983, 3461, 3508 Rn. 48, *Michelin*; *Jung*, in: *Grabitz/Hilf*, Das Recht der Europäischen Union, Band 1, Stand: 30. Ergänzungslieferung, Juni 2006, Art. 82 Rn. 56; *Schröter*, in: *von der Groeben/Schwarze*, Vertrag über die Europäische Union und Vertrag zur Gründung der Europäischen Gemeinschaft, 6. Auflage, Baden-Baden 2003, Art. 82 Rn. 72.

19 Vgl. allgemein zur Drittmarktbehinderung im deutschen Kartellrecht BGH, 4.11.2003, WuW/E DE-R 1206, *Strom und Telefon I*; BGH, 4.11.2003, WuW/E DE-R 1210, 1211, *Strom und Telefon II*; BGH, 30.3.2004, WuW/E DE-R 1283, 1284 f., *Der Oberhammer*; BGH, 21.7.2005, WuW/E DE-R 1555, 1556, *Friedhofsruhe*; KG, 9.11.1983, WuW/E OLG 3124, 3129, *Milchaustauschfuttermittel*; OLG Düsseldorf, 21.2.2001, WuW/E DE-R 880, 883, *Strom & Fon*; *Ann*, BB 1993, Beilage 16, S. 6 f.; *Möschel*, in: *Immenga/Mestmäcker*, GWB, § 19 Rn. 114; *ders.*, JZ 1992, S. 216; *Schultz*, in: *Langen/Bunte*, Band 1, § 19 Rn. 133; *Ulmer*, Schranken zulässigen Wettbewerbs marktbeherrschender Unternehmen, Baden-Baden 1977, S. 114; *Weyer*, in: Frankfurter Kommentar, Stand: 58. Ergänzungslieferung, Oktober 2005, § 19 GWB 2005, Rn. 829 f., Rn. 860 ff. Im europäischen Kartellrecht sind Drittmarktbehinderungen nach der Praxis der Gemeinschaftsorgane nur dann kartellrechtswidrig, wenn es sich um verschiedene, aber gleichwohl verbundene Märkte handelt, was angesichts der engen Verbindung zwischen dem Expertisenmarkt und dem nachgelagerten Kunstmarkt unproblematisch bejaht werden kann, vgl. dazu grundlegend EuGH, 6.3.1974, Slg. 1974, 223, 252 Rn. 25, *Commercial Solvents*; daran anknüpfend Komm., 24.7.1991, ABl. 1992, Nr. L 72/1, 22 Rn. 104, *Tetra Pak II*; EuGH, 3.10.1985, Slg. 1985, 3261, 3278 Rn. 26, *Télémarketing*; EuGH, 14.11.1996, Slg. 1996, I-5951, 6008 Rn. 27, *Tetra Pak I*; EuG, 6.10.1994, Slg. 1994, II-755, 813 ff., *Tetra Pak II*; EuG, 7.10.1999, Slg. 1999, II-2969, 3039 Rn. 167, *Irish Sugar*; zustimmend *Jung*, in: *Grabitz/Hilf*, Art. 82 Rn. 123 ff.; *Mestmäcker/Schweitzer*, Europäisches Wettbewerbsrecht, 2. Auflage, München 2004, § 18 Rn. 19 ff.; *Möschel*, in: *Immenga/Mestmäcker*, EG, Art. 86 Rn. 102 f.; kritisch dagegen *Emmerich*, in: *Dauses*, H.I, § 1 Rn. 358, und *Heinemann*, Immaterialgüterschutz in der Wettbewerbsordnung, Tübingen 2002, S. 452, die das Konnexitätserfordernis angesichts des ohnehin bestehenden Kausalitätserfordernisses für

Hebelwirkung auf den Kunstmarkt aus, die den Marktzugang zum Kunstmarkt behindert.

Missbräuchlich ist ein solches Verhalten indes nur dann, wenn die Beeinträchtigung „ohne sachlich gerechtfertigten Grund“ erfolgt ist. Ob dies der Fall ist, richtet sich nach einer Abwägung der Interessen der Beteiligten unter Berücksichtigung der auf die Freiheit des Wettbewerbs gerichteten Zielsetzung des Kartellrechts.[20] Hier ist zu differenzieren, ob sich der Experte nur weigert, das Kunstwerk zu untersuchen, oder ob er sich weigert, sich inhaltlich bei der Erteilung der Expertise Vorgaben machen zu lassen:

a. Untersuchungsverweigerung

Wenn der Experte schon die Untersuchung als solche verweigert („Untersuchungsverweigerung“), blockiert er unter Umständen von vornherein jede wirtschaftliche Betätigung mit dem Kunstwerk. Das Kunstwerk ist komplett entwertet, ohne dass überhaupt in irgendeiner Form überprüft worden wäre, ob es sich um ein wertvolles Originalwerk handelte oder nicht. Die Weigerung geschieht in einem solchen Fall grundsätzlich *ohne* sachlich gerechtfertigten Grund. Daher ist hier ein Mißbrauch – abgesehen von einigen Ausnahmekonstellationen[21] – regelmäßig zu bejahen.

---

entbehrlich halten.

20 Der Bundesgerichtshof entwickelte diese Interessenabwägungsgrundsätze zunächst im Rahmen des § 20 Abs. 1, Abs. 2 GWB, BGH, 27.9.1962, WuW/E BGH 502, 508, *Treuhandbüro*; BGH, 24.2.1976, WuW/E BGH 1429, 1435, *Asbach-Fachgroßhändlervertrag*; BGH, 16.12.1986, WuW/E BGH 2351, 2357, *Belieferungsunwürdige Verkaufsstellen II*; BGH, 12.5.1998, WuW/E DE-R 206, 209, *Depot-Kosmetik*; BGH, 27.4.1999, WuW/E DE-R 357, 359, *Feuerwehrgeräte*. Im Anwendungsbereich des § 19 Abs. 1, Abs. 4 GWB können die für § 20 Abs. 1, Abs. 2 GWB entwickelten Interessenabwägungsgrundsätze entsprechend herangezogen werden. Dieser Ansatz liegt auch schon dem Bericht WiA zum RegE zur 4. GWB-Novelle zugrunde, BT-Drs. 8/3690, S. 25; zustimmend die herrschende Lehre, vgl. *Bechtold*, GWB, § 19 Rn. 70; *Möschel*, in: *Immenga/Mestmäcker*, GWB, § 19 Rn. 115; *Schultz*, in: *Langen/Bunte*, Band 1, § 19 Rn. 138. Ebenso im europäischen Kartellrecht EuGH, 6.3.1974, Slg. 1974, 223, 252 Rn. 25, *Commercial Solvents*; *Emmerich*, in: *Dauses*, H.I § 1 Rn. 369; *Jung*, in: *Grabitz/Hilf*, Art. 82 Rn. 153; *Lübbig*, in: *Loewenheim/Meessen/Riesenkampff*, Kartellrecht, Band 1, Europäisches Recht, Kommentar, München 2005, Art. 82 Rn. 167.

21 Insgesamt gibt es drei denkbare Ausnahmekonstellationen: Erstens die Fallgruppe fehlenden Zuschreibungspotentials, in der das zu untersuchende Kunstwerk von vornherein erkennbar nicht in das Spezialgebiet des Experten fällt; zweitens den Fall der Kapazitätsüberlastung des Experten, in welchem der betroffene Experte die Flut der an ihn ergehenden Expertisenanfragen nicht mehr zumutbar bewältigen kann; drittens die Konstellation, dass die Expertisenanfrage im direkten Zusammenhang mit illegalen Kunsthandelsaktivitäten – etwa Verstößen gegen Normen des Strafrechts oder des Kulturgüterschutzrechts – erfolgt und das von der Rechtsordnung missbilligte Rechtsgeschäft durch die Untersuchung des Kunstwerks und die Erteilung der Expertise möglicherweise begünstigt oder überhaupt erst ermöglicht wird. In allen drei Fällen muss es dem Experten grundsätzlich möglich sein, die Untersuchung des Kunstwerks abzulehnen bzw. im Fall der Kapazitätsüberlastung zumindest vorübergehend auszusetzen.

Mindestens ebenso gravierend wie der Fall der Totalverweigerung jeglicher Untersuchung ist aber der Fall, dass der Experte sich zwar generell bereit erklärt, das Kunstwerk anzusehen, dann aber die Kriterien außer Acht lässt, die das Mindestmaß einer ordnungsgemäßen Untersuchung bilden. Auch diesen Fall muss man unter das Missbrauchsverbot fassen, da es keinen Unterschied machen kann, ob der Experte jedwede Untersuchung ablehnt oder eine unzureichende Untersuchung ohne Aussagekraft durchführt. Aus Sicht des Außenstehenden sind beide Fälle gleichermaßen belastend. Untersagt man dem Experten, die Untersuchung als solche zu verweigern, ohne ihn aber innerhalb der Untersuchung zur Einhaltung gewisser Mindeststandards zu verpflichten, läuft das Verbot der Totalverweigerung jeglicher Untersuchung leer, und der Willkür des Experten sind Tür und Tor geöffnet.[22]

Zu den Kriterien für die methodengerechte Untersuchung eines Kunstwerks dürften – unter Rückgriff auf die bei der Haftung für fehlerhafte Expertisen anerkannten Anforderungen – insbesondere die folgenden fünf Aspekte gehören:

- Der Experte muss das jeweilige Originalwerk untersuchen. Die bloße Betrachtung eines Fotos genügt nicht, da reine Foto-Expertisen ein zu hohes Fehlerrisiko bergen.[23]
- Der Experte muss die erforderlichen Provenienzrecherchen durchführen und alle ihm zumutbar erreichbaren Herkunftsinformationen über das Kunstwerk zusammentragen.[24]
- Der Experte muss eine stilkritische Untersuchung des Kunstwerks durchführen und dabei die Stilmerkmale, die Handschrift, Farben, Formen und sonstigen

22 Über die generelle Leistungsverweigerung hinaus auch die Verweigerung methodischer Mindeststandards der Leistungserbringung den Mechanismen der kartellrechtlichen Missbrauchskontrolle zu unterwerfen, ist für das wettbewerbsschützende Instrumentarium des Kartellrechts durchaus nicht untypisch. Auch in anderen Fällen sind methodische Mindeststandards und Verfahrensvorgaben für die Leistungserbringung von Marktbeherrschern entwickelt worden. Beispielhaft genannt seien die Verfahrensvorgaben für den Vergabemodus von Fußballtickets (vgl. *Kraus/Oberrauch*, EuZW 2006, S. 199 ff.), Messeständen (vgl. OLG Frankfurt, 17.3.1992, GRUR 1992, S. 554 f., *Kunstmesse Art Frankfurt II*; OLG Frankfurt, 13.4.1989, GRUR 1989, S. 777, S. 779 f., *Kunstmesse Art Frankfurt I*; LG Frankfurt, 15.2.1989, WuW/E LG/AG 652, *Art Frankfurt 89*; *Kemle*, Kunstmessen: Zulassungsbeschränkungen und Kartellrecht, Berlin 2006, S. 293 ff.) und Gewerbeflächen (BGH, 14.7.1998, WuW/E DE-R 201, 205, *Schilderpräger im Landratsamt*; SchlHOLG, 29.10.1996, OLG-Report Bremen, Hamburg, Schleswig 1997, S. 266 ff.).

23 *Gerlach*, Die Haftung für fehlerhafte Kunstexpertisen, Baden-Baden 1998, S. 34; *Levy*, in: *Kaufman*, S. 848 f.; *Nißl*, Die Haftung des Experten für Vermögensschäden Dritter – bedingt durch unrichtige Gutachten – im deutschen, englischen und amerikanischen Recht, München 1971, S. XXIX; *Stebbins*, in: *Spencer* (Hrsg.), The Expert versus the Object – Judging Fakes and False Attributions in the Visual Arts, Oxford-New York 2004, S. 139; vgl. dazu auch die Erwägungen des Schweizer Bundesgerichts in der Entscheidung BGE, 3.6.1986, 112 II 347, 355 f.

24 *Levy*, in: *Kaufman*, S. 833 f., S. 848; *Spencer*, in: *Spencer*, S. 199 f., S. 210. In diesem Zusammenhang kann auch der vom BGH allgemein für Sachverständigengutachten entwickelte Grundsatz herangezogen werden, dass sich der Sachverständige nicht auf die vom Auftraggeber erhaltenen Angaben verlassen darf, sondern sich selbst von deren Richtigkeit überzeugen muss, BGH, 13.11.1997, NJW 1998, S. 1059, S. 1061.

Charakteristika des Kunstwerks mit den korrespondierenden Stilelementen anderer Werke des fraglichen Künstlers oder der jeweiligen Epoche vergleichen.[25]

- Ferner muss er alle offengebliebenen Fragen, Zweifel und Vorbehalte offenlegen, die eine zweifelsfreie Zuschreibung erschweren oder ihr entgegenstehen.[26] Dazu gehören etwa verbleibende Provenienzunklarheiten oder die Notwendigkeit, ein vorläufig gewonnenes Zuschreibungsergebnis anhand der zusätzlichen Anwendung naturwissenschaftlicher Untersuchungsmethoden zu verifizieren.
- Schließlich muss der Experte die allgemeinen Anforderungen erfüllen, die generell für die Erteilung von Sachverständigengutachten gelten. Dazu gehört neben der Einhaltung der Grundsätze der persönlichen, unabhängigen und unparteiischen Aufgabenwahrnehmung[27] insbesondere die Wahrung des Schriftlichkeitserfordernisses.[28] Er muss eine schriftliche Begründung seines Untersuchungsergebnisses liefern, in der er alle methodischen Schritte seines Zuschreibungsprozesses festhält und die von ihm für zuschreibungsrelevant gehaltenen Gesichtspunkte im Rahmen des Möglichen schriftlich verbalisiert. Nur auf diese Weise kann die Einhaltung der genannten methodischen Vorgaben dokumentiert und sinnvoll überprüft werden.[29]

Wer diese Kriterien nicht einhält, blockiert die wirtschaftliche Tätigkeit eines Dritten, ohne dass ansatzweise gewährleistet ist, ob diese Blockade zu Recht geschieht. Dies ist grundsätzlich – vorbehaltlich der oben erwähnten Ausnahmekonstellationen[30] – als Missbrauch einer marktbeherrschenden Stellung einzustufen.

---

25 *DuBoff/King/Caplan*, The Deskbook of Art Law, 2. Ausgabe, New York 1999, S. K-37 ff.; *Gerlach*, S. 34 ff.; *Levy*, in: *Kaufman*, S. 847 f.; *Spencer*, in: *Spencer*, S. 200 ff.; *Wolf*, S. 90.

26 *Gerlach*, S. 48; *Schütte*, Weltkunst 70 (2000), S. 2551.

27 Dies entspricht den allgemeinen Mindestanforderungen an die Gutachtertätigkeit eines öffentlich bestellten und vereidigten Sachverständigen in §§ 8, 9 MSVO/DIHT. Da ein allgemeinverbindliches Regelungswerk zur Erstellung von Kunstgutachten fehlt und unabhängige Kunstexpertisen mit Sachverständigengutachten jedenfalls im Hinblick auf die anzulegenden Sorgfaltsstandards vergleichbar sind, können die in der MSVO/DIHT enthaltenen Mindestkriterien ordnungsgemäßer Begutachtung insoweit entsprechend herangezogen werden. Zu den demnach relevanten Neutralitätsanforderungen gehört auch die Hinweispflicht gemäß § 8 Abs. 1 S. 2 MSVO/DIHT, mithin die Pflicht des Experten, im Rahmen der Begutachtung auf gegebenenfalls bestehende Interessenkonflikte und daraus erwachsende Bedenken an der eigenen Neutralität hinzuweisen. Vgl. in diesem Zusammenhang auch allgemein zur Bedeutsamkeit des Unparteilichkeitsprinzips im Rahmen von Kunstexpertisen *Schmitt* in: *Byrne-Sutton/Renold*, S. 133 f.; *Gerlach*, S. 33.

28 Vgl. § 11 Ziff. 1 S. 1 MSVO/DIHT. Der BGH hat die schriftliche Nachprüfbarkeit auch als Mindestanforderung an die ordnungsgemäße Erbringung von Schiedsgutachten aufgestellt, BGH, 2.2.1977, NJW 1977, S. 801 f.

29 Vgl. dazu OLG Frankfurt, 13.4.1989, NJW-RR 1990, S. 1069, *Art Frankfurt I*. Diese Entscheidung leitet aus § 26 Abs. 2 GWB a.F. eine Pflicht zur Begründung der Ablehnung eines Bewerbers gegenüber seinem Ersuchen auf Teilnahme an einer Kunstmesse her.

30 Vgl. dazu oben Fn. 21.

b. Authentifizierungsverweigerung

Anders zu bewerten ist dagegen grundsätzlich der Fall, dass der Experte all diese Vorgaben einhält und sich lediglich weigert, eine Positivexpertise zu schreiben, also die Echtheit des Kunstwerks zu bestätigen („Authentifizierungsverweigerung"). Wenn er auf der Grundlage einer methodengerechten Untersuchung zu dem Ergebnis gekommen ist, dass es sich *nicht* um ein Original des fraglichen Künstlers handelt, muss eine solche Weigerung objektiv gerechtfertigt sein. Hier greift die Wissenschaftsfreiheit des Experten durch. Er muss seine eigene wissenschaftliche Meinung vertreten dürfen und insoweit von gerichtlicher Kontrolle frei sein.

(1) Authentifizierungsverweigerung im Falle starker Echtheitsindizien

Allerdings stellt sich die Frage, ob die Verweigerung einer Positivexpertise nicht zumindest im Falle besonders signifikanter Echtheitsindizien missbräuchlich sein kann, etwa wenn sämtliche Provenienzdokumente die Zuschreibung in sehr glaubwürdiger Weise nahe legen und der weithin herrschende Konsens der Fachwelt die Echtheit des Kunstwerks konstatiert. Ob derartige Echtheitsindizien ausreichen, um die Verweigerung einer Positivexpertise als Missbrauch einordnen zu können, ist fraglich. Für eine kartellrechtliche Kontrolle lässt sich hier zunächst die Fehleranfälligkeit des Zuschreibungsprozesses anführen. Auch der größte Experte kann sich irren. Jede Zuschreibung ist letztlich ein Wahrscheinlichkeitsurteil, dem als Ergebnis eines subjektiven Meinungsbildungsprozesses immer ein letztes Element an Unsicherheit innewohnt. Historisch gesehen ist die Zuschreibung von Kunstwerken in einer ständigen Entwicklung begriffen, in der jede Generation die Erkenntnisse der vorherigen Generation vertieft, widerlegt und erweitert.[31] Es erschiene daher willkürlich, den Eigentümer des Kunstwerks mit der negativen Ansicht des derzeitigen Meinungsführers zu belasten, obgleich diese Ansicht womöglich schon wenige Jahre später durch neue Erkenntnisse widerlegt zu werden droht. Dies gilt insbesondere für diejenigen Fälle, in denen ein Verdacht auf persönliche oder wirtschaftliche Interessenkonflikte des Experten besteht.[32] Aber auch unabhängig von etwaigen Inter-

31 Das wohl berühmteste Beispiel hierfür liefert der sich ständig wandelnde Zuschreibungskonsens in der Rembrandt-Forschung, siehe dazu *van de Wetering*, IFAR journal 4 (2001), No. 2, S. 14-24; *Jáuregui*, UCLA Law Review 44 (1997), S. 1951 ff.

32 Ein solcher Interessenkonflikt kann sich beispielsweise dann ergeben, wenn das Verhältnis des Experten zum Künstler einen stark persönlichen Einschlag hat. So wird ein enges Familienmitglied des Künstlers womöglich nicht ganz frei sein von dem Ziel, das Andenken an den Verstorbenen und an sein Werk auf einem möglichst hohen Niveau zu halten, und dazu tendieren, Werke minderer Qualität als unecht abzustempeln, vgl. *Simons*, Fachliche Autorität im Kunsthandel und ihre haftungsrechtliche Bedeutung, Konstanz 1999, S. 19. Ähnlich bedenklich ist es, wenn ein Experte an einem hohen Preisniveau der Werke des Künstlers und damit an einer Knapphaltung des Angebots interessiert ist, weil er selbst entsprechende Werke besitzt oder womöglich sogar als Kunsthändler mit ihnen handelt, vgl. *Flescher*, IFAR journal 2 (Winter 1998/99), No. 1, S. 14; *Schmitt* in: *Byrne-Sutton/Renold*, S. 133 f.; vgl. allgemein zur ökonomischen Betrachtung von Interessenkonflikten bei Experten *Emonds*,

essenkonflikten muss die absolute Hörigkeit der Akteure des Kunstmarkts gegenüber den Expertisen von Zuschreibungsautoritäten fragwürdig erscheinen, zumal Fachkompetenz eine menschliche Fähigkeit darstellt, die sich ständig weiterentwickelt und auch abnehmen kann. Beispielhaft genannt sei der Fall des gealterten, einstmals überragenden Experten, der inzwischen aus Senilität falsche Zuschreibungsurkunden ausstellt, vom Markt aber nach wie vor als ausschlaggebend betrachtet wird.[33] Generell stehen dem Mythos bestimmter herausragender Autoritäten oft zahlreiche weniger berühmte Kenner gegenüber, die aufgrund langjähriger Erfahrungen mit den Werken eines bestimmten Künstlers deren Echtheit ebenfalls sehr gut beurteilen können. Die Absolutheit, mit der sich der Kunstmarkt meist allein an der Ansicht eines einzigen Experten festhält, verkennt diese Realität. „Quis custodiet custodes ipsos?" – „Wer bewacht die Wächter selbst?" – ganz im Sinne dieser Schlüsselfrage aller Machtbalancen rechtfertigt sich aus der omnipräsenten Missbrauchsgefahr von Machtpositionen der Ruf nach einer Kontrollinstanz.

Auf der anderen Seite ist es gerade die Fehleranfälligkeit des Zuschreibungsprozesses selbst, die eine kartellrechtliche Kontrolle des Inhalts von Expertisen fragwürdig erscheinen lässt. Einem marktbeherrschenden Experten das Festhalten an einer bestimmten wissenschaftlichen Ansicht zu untersagen, würde zwangsnotwendig voraussetzen, dass eine hinreichend eindeutige Widerlegung dieser Ansicht überhaupt möglich ist. Ob Kunstwerke eine Art „Zuschreibungshöhe" aufweisen können, die eine bestimmte Zuschreibung so wahrscheinlich erscheinen lässt, dass jede andere Zuschreibung ausgeschlossen werden kann, erweist sich schon aufgrund der faktischen Grenzen unserer Erkenntnismethoden als höchst zweifelhaft. Die dem Spitzenexperten widersprechende Fachwelt kann sich täuschen, und auch Provenienzdokumente können gefälscht sein.[34] Die Subjektivität der Beurteilung und das hohe Fehlerrisiko lassen eine unzweifelhafte Widerlegung des marktbeherrschenden Experten kaum möglich erscheinen, zumal ja gerade er derjenige ist, der aufgrund seiner besonderen Fachkenntnisse eine überragende Autorität auf dem jeweiligen Gebiet aufweist.[35] Wer sollte sich als Richter oder gerichtlicher Sachverständiger anmaßen, die Echtheit des Kunstwerks besser beurteilen zu können als der Experte, der nicht ohne Grund als berühmte Koryphäe auf diesem Gebiet gilt? In höchstem Maße bedenklich ist daher beispielsweise die Annahme des französischen *Tribunal de Grande Instance* im Fall „Duménil", die Fachautorität der Experten vom Wildenstein-Institut sei durch die Ansicht der vom Gericht berufenen Sachverständigen wi-

RAND Journal of Economics 28 (Spring 1997), No. 1, S. 107-119.

33 Ein Beispiel sind die vieldiskutierten Fehlzuschreibungen des gealterten Berliner Museumsdirektors Wilhelm v. Bode, vgl. „Experte", in: *Olbrich* (Hrsg.), Lexikon der Kunst, Leipzig 1994.

34 Ausführlich zum Problem der Fälschung von Provenienzdokumenten *Guillotreau*, Art et crime – la criminalité du monde artistique, sa répression, Paris 1999, S. 112.

35 Zum Hierachieverhältnis zwischen Spezialisten- und Generalistenansicht vgl. *Daulte*, in: *Briat* (Hrsg.) International Sales of Works of Art / La Vente Internationale d'Œuvres d'Art, ICC, Vol. 2, Paris-New York-Deventer-Boston 1990, S. 719; vgl. allgemein zum Problem divergierender Expertenansichten *Spencer*, in: *Spencer*, S. 205 ff.

derlegt.[36] Nicht zuletzt im Interesse der materiellen Richtigkeit der Expertise müssen die fachliche Autonomie und wissenschaftliche Unabhängigkeit des Experten erhalten bleiben.

Schließlich kann auch die Rechtsfolgenbetrachtung zugunsten des Experten herangezogen werden. Ein Anspruch aus § 33 Abs. 1 S. 1 GWB i.V.m. §§ 19 Abs. 1, Abs. 4 Nr. 1 GWB bzw. Art. 82 EG, der sich auf die Beseitigung oder das Unterlassen des negativen Zuschreibungsurteils und damit womöglich auf die Erteilung einer positiven Expertise richten würde, wäre nicht mit der grundgesetzlich in Art. 5 Abs. 3 S. 1, Abs. 1 S. 1 GG verbürgten Wissenschafts- und Meinungsfreiheit vereinbar. Hier lässt sich eine Parallele zur Rechtsprechung des Bundesgerichtshofs und des Bundesverfassungsgerichts ziehen, wonach ein Widerruf als deliktsrechtliche Rechtsfolge ehrverletzender Meinungsäußerungen grundsätzlich nicht in Betracht kommt.[37] Im Übrigen wäre ein solcher Anspruch auch schon im Hinblick auf seine praktische Sinnhaftigkeit fraglich, zumal eine einmal geäußerte Meinung ohnehin nicht einfach dadurch aus der Welt geschafft werden kann, dass man auf gerichtlichen Zwang hin von ihr Abstand nimmt.[38] Die Echtheitszweifel auf dem Kunstmarkt können mit Sicherheit nicht dadurch beseitigt werden, dass ein Experte gerichtlich erzwungen – gegen seinen Willen – eine positive Zuschreibungsansicht artikuliert. Dass er seine Auffassung womöglich innerlich weiterhin aufrechterhält, kann man auf diese Weise ohnehin nicht verhindern. Folglich ist die Weigerung eines Exper-

---

36 TGI Paris, 16.9.1999, 1ère ch., 2ème sect., RG no. 10459-98, *Duménil c/Petridès, Finkel, Tajan, Wildenstein Institute*, n.v. Von einer gerichtlichen Feststellbarkeit der Echtheit, welche die Ansicht von Spitzenexperten widerlegen kann, geht auch der österreichische Oberste Gerichtshof in seiner „Unterberger"-Entscheidung aus, OGH, 25.10.2005, 3Ob67/05g: Diese Entscheidung, die sich mit der Haftung von Experten wegen fehlerhafter Expertisen und mit der Schutzwirkung des Vertrags zugunsten Dritter befasst, erklärt die von den vorherigen Instanzen festgestellte Echtheit des streitgegenständlichen Bildes für nicht revisibel und begründet dies damit, dass es keinen Revisionsgrund der unrichtigen Tatsachenfeststellung und Beweiswürdigung gebe. Gleichwohl klingt in der Entscheidung eine gewisse Skepsis gegenüber der instanzgerichtlichen Echtheitsannahme und ein kritisches Bedauern des Obersten Gerichtshofs an, keine eigene Beweiswürdigung vornehmen zu können: „Es ist daher in der Folge von der Echtheit des von der Beklagten (negativ) begutachteten Bildes auszugehen, auch wenn der vom Erstgericht herangezogene Sachverständige bei der mündlichen Erörterung seines Gutachtens einräumen musste, lediglich fünf Bilder des betreffenden Malers im Original gesehen zu haben, erstmals ein Gutachten über ein Bild desselben abzugeben und im konkreten Fall nur ein Originalbild des betreffenden Malers als Vergleich herangezogen zu haben; weiters, dass es sich bei der Beklagten um eine Expertin auf dem Gebiet handle und man mit 100 %iger Sicherheit nie sagen kann, ob ein Bild echt ist oder nicht." Zur eingehenderen Würdigung der „Unterberger"-Entscheidung vgl. auch *Jayme*, in: *Reichelt*, (Hrsg.), Original und Fälschung im Spannungsfeld von Persönlichkeitsschutz, Urheber-, Marken- und Wettbewerbsrecht, Wien 2007, S. 39.

37 BGH, 17.6.1953, BGHZ 10, 104, 105 f.; BGH, 22.12.1959, BGHZ 31, 308, 320 f.; BGH, 13.10.1964, NJW 1965, S. 35 f.; BGH, 14.6.1977, NJW 1977, S. 1681 f.; BGH, 20.12.1983, BGHZ 89, 198, 202; BVerfG, 11.5.1976, BVerfGE 42, 143, 151 f.; zustimmend *Degenhart*, in: *Dolzer/Vogel/Graßhof* (Hrsg.), Bonner Kommentar zum Grundgesetz, Heidelberg, Stand: 111. Ergänzungslieferung, Mai 2004, Art. 5 Abs. 1 und 2 Rn. 149.

38 *Ringe*, in: *Renold/Gabus/de Werra*, S. 146.

ten, eine Positivexpertise zu erstellen, auch im Falle signifikanter Echtheitsindizien sachlich gerechtfertigt.

(2) Authentifizierungsverweigerung trotz eigener Echtheitserkenntnis

Missbräuchlich kann die Verweigerung einer Positivexpertise durch den Experten allenfalls in dem extremen Ausnahmefall sein, dass der Experte eigentlich von der Echtheit überzeugt ist und sich dennoch – wider besseres Wissen und Gewissen – weigert, die Echtheit zu bestätigen.

Die Beeinträchtigung des auf die Expertise Angewiesenen wiegt in diesem Fall insofern besonders schwer, als es hier nicht um die bloße Vorenthaltung einer bislang ungewissen und ergebnisoffenen Zuschreibungschance geht, sondern um die Vorenthaltung einer positiven Zuschreibungsgewissheit, die der Experte bereits wissenschaftlich ausermittelt hat und nur noch schriftlich zu Papier bringen und dem Zuschreibungsinteressenten zur Verfügung stellen müsste. Für den Experten dagegen stellt der Zwang, seine wissenschaftlichen Erkenntnisse in exakter Übereinstimmung mit dem eigenen Wissens- und Meinungsstand zu präsentieren, eine deutlich weniger gravierende und daher leichter zu rechtfertigende Beeinträchtigung dar als der Zwang, ein wissenschaftlich für unzutreffend gehaltenes Ergebnis vertreten zu müssen. Der wissenschaftliche Prozess der Erkenntnisermittlung und die wissenschaftliche Meinungsfreiheit – als Kernbereich der Wissenschaftsfreiheit – bleiben bei solcher Erkenntnisweitergabe unangetastet. Unter dem Blickwinkel einer an der Freiheit des Wettbewerbs orientierten Interessenabwägung wiegt die den Zuschreibungsinteressenten treffende Marktzugangsblockade und wirtschaftliche Totalentwertung des jeweiligen Kunstwerks schwerer als die Beeinträchtigung der Entscheidungsfreiheit des Experten durch den Zwang zur Erkenntnisweitergabe, zumal dem Experten als Marktbeherrscher eine besondere Verantwortung für die Sicherung unverfälschten Wettbewerbs zukommt.[39] Die Vorenthaltung seiner positiven Zuschreibungsleistung bedeutet eine negative und willkürliche Instrumentalisierung seines überlegenen Fachwissens und seiner dominierenden Marktposition. Als einzigem in Betracht kommenden Leistungserbringer ist es dem marktbeherrschenden Experten daher zumutbar, die von ihm festgestellte Echtheit des Kunstwerks im Rahmen einer Positivexpertise zu bestätigen. Mangels sachlichen Grunds, mit dem sich die Vorenthaltung der Expertise in einem solchen Fall rechtfertigen ließe, muss sein Verhalten daher als missbräuchlich eingestuft werden.

c. Zwischenergebnis

So also präsentiert sich, grob abgesteckt, das Spektrum der denkbaren Missbräuche einflussreicher Experten: Die Verweigerung jeglicher Untersuchung, die Verweigerung einer methodengerechten Untersuchung und schließlich die Verweigerung einer Positivexpertise trotz eigener Echtheitserkenntnis.

---

39 Vgl. *Möschel*, in: *Immenga/Mestmäcker*, EG-Wettbewerbsrecht, Art. 86 Rn. 224.

5. Rechtsfolgen

Die Rechtsfolge solcher Verstöße gegen das kartellrechtliche Missbrauchsverbot ergibt sich aus der Regelung des § 33 GWB, die einen Unterlassungs-, Beseitigungs- und Schadensersatzanspruch statuiert und – insoweit sind sich Rechtsprechung und Literatur einig – zu einem Kontrahierungszwang führt.[40] Da die verbotswidrige Behinderung letztlich in der Weigerung besteht, einen Werkvertrag über die Echtheitsuntersuchung des fraglichen Kunstwerks abzuschließen, besteht die Rechtsfolge vorliegend in einer die Beeinträchtigung beseitigenden Vertragsabschlusspflicht.

Dies führt zu der Verpflichtung des Experten, das Kunstwerk ordnungsgemäß und entsprechend den aufgezeigten Untersuchungskriterien auf seine Echtheit zu untersuchen. Es ergibt sich demnach nicht nur ein Anspruch auf irgendeine Expertise an sich, sondern auf eine angemessene und methodengerechte Expertise, - eine Konstellation, die mit dem „Anspruch auf ermessensfehlerfreie Entscheidung" des Verwaltungsrechts vergleichbar ist.

Dies bedeutet aber nicht, dass über den Anspruch auf eine methodisch ordnungsgemäße Zuschreibung hinaus auch ein Anspruch auf einen bestimmten Inhalt der gewünschten Expertise geltend gemacht werden kann. Wenn der Experte Zweifel an der Echtheit des Kunstwerks hat, darf er seine Echtheitsbestätigung verweigern, ohne dabei einer gerichtlichen Kontrolle zu unterliegen, da ein Missbrauch in diesem Fall – wie aufgezeigt – ausscheidet. Nur im Ausnahmefall der eigenen Echtheitserkenntnis des Experten führt seine Expertisenverweigerung zu einem Kartellrechtsverstoß, und nur in diesem Fall kommt daher auch ein Anspruch auf Erteilung einer Positivexpertise in Betracht. Ähnlich wie das Verwaltungsrecht neben dem Anspruch auf ermessensfehlerfreie Entscheidung die „Ermessensreduzierung auf Null" kennt, verdichtet sich in diesem Ausnahmefall der Anspruch auf Erteilung einer methodisch ordnungsgemäßen Expertise zu einem Anspruch auf Erteilung einer die Echtheit bestätigenden Positivexpertise.

---

40 Lediglich die Herleitung des Kontrahierungszwangs ist umstritten. Die Rechtsprechung versteht den Kontrahierungszwang als Schadensersatz im Wege der Naturalrestitution i.S. des § 33 Abs. 3 S. 1 GWB, BGH, 26.10.1961, WuW/E BGH 442, 448, *Gummistrümpfe*; BGH, 9.11.1967, WuW/E BGH 886, 892, *Jägermeister*; BGH, 26.10.1972, WuW/E BGH 1238, 1245, *Registrierkassen*; BGH, 20.11.1975, WuW/E BGH 1391, 1395, *Rossignol*; OLG Düsseldorf, 12.2.1980, WuW/E OLG 2274, 2281, *Errichtung von Fernmeldetürmen*; OLG Koblenz, 7.2.1991, WuW/E OLG 4733, 4734 ff., *Aktuelle Tips*. Die herrschende Literatur dagegen geht von einem Unterlassungs- bzw. Beseitigungsanspruch aus § 33 Abs. 1 S. 1 GWB aus, *Bechtold*, GWB, § 33 Rn. 12, Rn. 14; *Bork*, in: *Staudinger* – Kommentar zum Bürgerlichen Gesetzbuch, Allgemeiner Teil, *Bork/Kohler/Roth/ Sack* (Hrsg.), Berlin 2003, Vorbem. zu §§ 145-156 Rn. 20; *Bornkamm*, in: *Langen/Bunte*, Band 1, § 33 Rn. 89; *Busche*, Privatautonomie und Kontrahierungszwang, Tübingen 1999, S. 398 ff.; *Fritzsche*, WRP 2006, S. 52; *Kilian*, AcP 180 (1980), S. 82; *Schmidt*, DRiZ 1977, S. 98; *Scholz*, Kontrahierungszwang in der Versorgungswirtschaft, Baden-Baden 1997, S. 106 ff.; *Markert*, in: *Immenga/Mestmäcker*, GWB, § 20 Rn. 228. Bedeutsam ist dieser Streit insbesondere deswegen, weil bei schadensersatzrechtlicher Rechtsnatur des Anspruchs zusätzlich zu den übrigen Anspruchsvoraussetzungen noch ein Verschulden erforderlich ist.

6. Ergebnis

Als Ergebnis lässt sich damit festhalten: Die Weigerung eines einflussreichen Experten, ein Kunstwerk auf seine Echtheit zu untersuchen, kann unter den aufgezeigten Voraussetzungen in der Tat kartellrechtswidrig sein und zu einer Pflicht des Experten führen, das betroffene Kunstwerk methodengerecht auf seine Echtheit zu untersuchen. Eine Pflicht zur Erteilung einer Positivexpertise ist dagegen grundsätzlich ausgeschlossen.

IV. Abschlussbetrachtung

Die „Vitale"-Entscheidung, eine der drei Entscheidungen zum *Pollock-Krasner Authentication Board*, führt zur Austauschbarkeit von Kunstwerken aus Kartellrechtssicht Folgendes aus:

> „..., as any major art purchase may be motivated by highly subjective tastes, one cannot assume that a Rothko or a Franz Kline is interchangeable with a Pollock, as a salted peanut may be interchangeable with a salted corn chip. In the esoteric world of art collecting, a Rothko painting would by no means satisfy the same artistic taste as would a Pollock painting."[41]

In der Tat, der Kunstmarkt ist ein „esoterischer" Markt, der sehr viel weniger rational gesteuert und sehr viel sensibler ist als andere Märkte. Ich habe meine Ideen zur Marktmacht von Kunstexperten mit vielen Kunsthändlern und Sammlern diskutiert und wurde dabei häufig gefragt, ob man denn überhaupt auf einen so ungewöhnlichen und eigenen Gesetzen gehorchenden Markt wie den Kunstmarkt das Kartellrecht anwenden könne. Dieser Einwand erscheint mir durchaus verständlich und nachvollziehbar, insbesondere aufgrund der darin anklingenden Skepsis gegenüber der Anwendung rein wirtschaftlicher Kategorien auf eine so vielschichtige, so komplexe, so subjektiv und ästhetisch geprägte Welt wie die Welt der Kunst. Gleichwohl ist zu bedenken, dass Kunst in ihrer Eigenschaft als Ware auf dem Kunstmarkt zu Millionensummen gehandelt wird, und dass ihr Marktwert oft von einem einzigen Wort des einflussreichen Experten abhängt. Es gibt kaum Beispiele auf anderen Märkten für eine so gravierende wirtschaftliche Abhängigkeit und eine so unumschränkte wirtschaftliche Einflussmacht. Aus diesem Grunde erweist es sich als richtig und notwendig, ja sogar als unabdingbar, das kartellrechtliche Instrumentarium zur Begrenzung wirtschaftlicher Marktmacht auch auf die Experten auf dem Kunstmarkt anzuwenden.

---

41 *Vitale v. Marlborough Gallery, The Pollock-Krasner Foundation, The Pollock-Krasner Authentication Board, Inc., McKinney, O'Connor, Shaw, E.V. Thaw & Co., McCoy, Inc., Lloyd,* 1994 U.S. Dist. LEXIS 9006 (S.D.N.Y. 1994), Tz. 4.

Die Position des Außenstehenden – Werkverzeichnis

*Eike Ullmann**

I. Einleitung

Unter diesem Thema wird die Frage behandelt, ob der Eigentümer Werkes im urheberrechtlichen Sinne einen Anspruch darauf hat, dass auch sein Werk in ein Verzeichnis der Werke des Werkschöpfers aufgenommen wird. Virulent wird diese Frage in den Bereichen urheberrechtlichen Schaffens, wo das Werk selbst Gegenstand des Handels ist. Das ist vornehmlich der Bereich der bildenden Kunst.[1] Ist der Autor oder der Verleger eines Werkverzeichnisses[2] verpflichtet, das Verzeichnis zu vervollständigen, wenn ein Dritter meint, es fehle darin ein, nämlich sein Werk? Nähern wir uns der Problematik mit einem erdachten Fall.

II. Beispielsfall

A findet auf seinem Dachboden das Bild „Daniel in der Löwengrube II" des in Karlsruhe geborenen Künstlers Karl Hofer. Als Leser der Kunstzeitschrift art erfährt er[3], dass gerade ein umfassendes Verzeichnis der Werke von Karl Hofer[4] erschienen ist. Darin ist sein Bild nicht aufgeführt. Wie könnte es auch anders sein, da das Bild nie das Licht der Öffentlichkeit erblickt hatte. Das sollte sich nun ändern. Auf Anfrage zeigen sich Autor und Verleger des Werkverzeichnisses allerdings nicht geneigt, das Bild in das gerade erschienene Verzeichnis aufzunehmen. Gründe für Ihr Verhalten geben sie nicht an.

A ist ein erfolgreicher Unternehmer. Er vertreibt dentalchirurgische Instrumente und Produkte zur Kariesprophylaxe. Er hat positive Erfahrungen mit den deutschen

---

* Prof. Dr. Eike Ullmann, Vorsitzender Richter am BGH a.D., Karlsruhe.

1 Zur Bedeutung der Zuschreibung im Kunsthandel vgl. *A. Wolf*, Die Expertise, Dissertation Bonn 2001, S. 8 ff., 60 ff.; *von Brühl*, Die Marktmacht von Kunstexperten als Rechtsproblem – Der Anspruch auf Erteilung einer Expertise und auf Aufnahme in ein Werkverzeichnis, Schriften zum Kunstrecht Bd. 4, Carl Heymanns Verlag 2008, S. 32 ff.; *Claudia Herstatt*, Das Ja, das Millionen wert ist, Die Zeit v. 10.03.2005, S. 48.

2 Zur Vielzahl der Werkverzeichnisse der bildenden Kunst allein auf dem deutschen Büchermarkt vgl. W. Königs Buchmarkt unter www.kunstbuchmarkt.de.

3 Art 2008 Heft 8 S. 113.

4 *Karl Bernhard Wohlert*, Karl Hofer – Werkverzeichnis der Gemälde, van Ham Art Publications, 3 Bde, 2008; vgl. hierzu www.van-ham.com.

Kartellgerichten. Er schildert uns dazu den folgenden Fall aus seinem Geschäftsleben. Er meint, mit dieser Rechtsprechung müsse er auch hier zum Ziel kommen.

III. Parallelfall – Kartellrecht

Im Herbst 2007 veranstaltete die Arbeitsgemeinschaft B, in der sich Unternehmen zusammengeschlossen haben, welche Produkte der Dentaltechnik und Dienstleistungen auf diesem Gebiet anbieten, in Hamburg die „Dentalmesse 2007". A wurde vom Messeveranstalter nicht berücksichtigt. Er wurde auf die anderen regionalen Dentalmessen und die große alle zwei Jahre stattfindende internationale Messe hingewiesen.

Seinem Begehren auf Zulassung zur Messe gab das Gericht statt.[5] Der Messeveranstalter habe mit seiner Weigerung, den A zur Messe zuzulassen, gegen § 20 GWB verstoßen. Nach dieser Vorschrift dürfen marktbeherrschende Unternehmen ein anderes Unternehmen in einem Geschäftsverkehr, der gleichartigen Unternehmen üblicherweise zugänglich ist, weder unmittelbar noch mittelbar unbillig behindern oder gegenüber anderen Unternehmen ohne sachlich gerechtfertigten Grund unmittelbar oder mittelbar unbillig behandeln. Da B ihre Messeplätze anderen gleichartigen Unternehmen anbiete, dürfe sie den A nicht ausschließen. Sie sei marktbeherrschend bei der Veranstaltung von Dentalmessen in der Region Hamburg. Die anderen Regionalmessen in den einzelnen Bundesländern veränderten die Marktsituation nicht. Diese Messen würden nicht alternativ angeboten, sondern ergänzten sich. Der maßgebliche Markt, für welchen die marktbeherrschende Stellung zu bemessen sei, werde maßgeblich von den die Messe besuchenden Kunden bestimmt. Diese orientierten sich an dem regionalen Angebot. B sei in Hamburg der einzige Veranstalter von „Dentalmessen". Ihre marktbeherrschende Stellung führe also dazu, dass sie auch A zur Messe zulassen müsse, um sich nicht dem Vorwurf auszusetzen, sie diskriminiere den A bei der Zuteilung der Ausstellungsplätze.[6]

IV. Parallelwertung?

Auf den ersten Blick scheinen die beiden Fälle gleich zu behandeln zu sein. Der Messeveranstalter bietet die Plattform Ausstellungsfläche, der Autor und Verleger bieten die Plattform Printmedium. Beide Präsentationsflächen dienen dazu, den In-

---

5 OLG Düsseldorf v. 30.01.2008 – VI-U (Kart) 28/07.

6 Mit der Zulassung eines Ausstellers zur Kunstmesse „Art Cologne" befasst sich OLG Köln WRP 1987, 734. Der Veranstalter dieser Messe wurde als marktstark angesehen i. S. des § 26 Abs. 2 GWB a. F. Es lehnte jedoch nach den angestellten Erwägungen zur Nichtzulassung und dem angebotenen Rotationsprinzip eine „unbillige Behinderung ohne sachlich gerechtfertigten Grund" ab. Jeder Unternehmer darf im Rahmen seiner unternehmerischen Handlungsfreiheit sein Messekonzept festlegen und durchführen, beispielsweise nach Qualität und Größe, vgl. auch zustimmende Anmerkung *H. Bergmann*, WRP 1987, 734, 737.

teressenten darüber zu informieren, was der Markt in einer bestimmten Sparte bietet. Der Zahnarzt oder der Zahntechniker interessiert sich für dentalchirurgische Instrumente, der Kunstsammler möchte umfassend über die authentifizierten Werke eines bestimmten Künstlers informiert sein.

Sind deshalb aber Autor oder Verleger von Werkverzeichnissen Unternehmer, welche im Verhältnis zum Anbieter von Kunstwerken zur vollständigen Erfassung aller Werke eines bestimmten Autors verpflichtet sind? Eine verschuldensunabhängige Pflicht zur Beseitigung des diskriminierenden Zustandes könnte sich – wie bei der Haftung des Experten[7] - aus §§ 19, 20, 33 GWB ergeben.[8] Diese Frage ist zu verneinen.

1. Autor

Der Ersteller eines Werkverzeichnisses handelt mit dem wissenschaftlichen impetus, das Lebenswerk eines bildenden Künstlers im Zweifel in seiner Gesamtheit zu erfassen. Die Veröffentlichung seines Werkes dient der Information der interessierten Öffentlichkeit. Er unterhält damit aber keine Plattform für Angebot und Nachfrage von Kunstwerken. Naturgemäß braucht er zur Verbreitung seiner Information ein Medium. Das kann online geschehen, aber auch im klassischen Printbereich. Soweit der Autor daraus einen wirtschaftlichen Nutzen zieht, können Aktivitäten die unternehmensbezogene Umsatzsteuerpflicht auslösen. Damit wird aber nicht die Erstellung des Werkverzeichnisses selbst zur wirtschaftlichen Betätigung im kartellrechtlichen Sinne.

Wenn es um die kartellrechtliche Frage geht, ob der Ersteller eines Werkverzeichnisses zu Vermeidung wettbewerbsbeschränkender Wirkungen zur vollständigen Erfassung der Werke eines Werkschöpfers verpflichtet ist, muss in eben dieser Tätigkeit – Erstellen eines Werkverzeichnisses – das unternehmerische Handeln i.S. der §§ 19, 20 GWB liegen. Das Erstellen eines Werkverzeichnisses ist indessen keine gewerbliche Leistung im Sinne des § 19 Ab. 2 GWB.[9] Der Vertrieb eines Werkverzeichnisses macht allein dieses zur Ware, nicht aber dessen Inhalt zu einer gewerblichen Leistung.[10]

---

7 *von Brühl*, Die Marktmacht von Kunstexperten als Rechtsproblem, S. 78 ff, 125 ff.

8 „Betroffen“ im Sinne des § 33 Abs. 1 Satz 2 GWB kann auch der Verbraucher sein, *Bechthold*, GWB, 5. Auf. § 33 Rdn. 9; *Bornkamm* in Langen/Bunte, Kommentar zum deutschen und europäischen Kartellrecht Bd. 1, § 33 Rdn. 32 ff. Die bei der Zubilligung der Beseitigungs- und Schadensersatzansprüche gebotene Beschränkung auf die unmittelbar betroffenen Marktteilnehmer (*Bornkamm* aaO Rdn. 38) schließt die Anspruchsberechtigung eines Verbrauchers in den Fällen der missbräuchlichen Ausnutzung einer marktbeherrschenden Stellung im Sinne des § 19 Abs. 1 GWB nicht aus.

9 Anders sieht es möglicherweise aus, wenn die Aufnahme in ein Werkverzeichnis erkauft werden könnte. Dann würde der Eintrag in das Werkverzeichnis selbst zum Gegenstand des Geschäftsverkehrs.

10 Logischerweise können diskriminierende Verletzungen des allgemeinen Persönlichkeitsrechts

Tatsache ist, dass der Kunstmarkt den Informationsgehalt des Werkverzeichnisses mit einem Ausschließlichkeitsurteil belegt – was dort nicht registriert ist, ist als Werk des Künstlers nicht oder nur zu niedrigeren Preisen handelbar. Der Markt misst damit dem Eintrag im Verzeichnis einen wertbildenden Faktor zu. Das aber ist ein Reflex des Kunstmarktbetriebs, der dem Ersteller des Werkverzeichnisses nicht zuzurechnen ist.[11] Einer Person oder auch einem Unternehmen können keine (kartellrechtlichen) Verhaltenspflichten auferlegt werden, die an einen wirtschaftlichen Effekt anknüpfen, der außerhalb ihres Verantwortungsbereichs liegt.

Der Ersteller eines Werkverzeichnisses unterscheidet sich von dem Experten des Kunstmarkts. Dessen Aufgabe ist auftragsgemäß darauf gerichtet, über die Zuordnung des Bildes zu befinden. Seine Dienstleistung qualifiziert die Ware „Kunstwerk" eines bestimmten Autors. Er erbringt damit eine „gewerbliche Leistung" im Sinne von § 19 Abs. 2 GWB auf dem relevanten Markt. Sein Zertifikat entspricht der Bescheinigung eines Hundezuchtvereins über die Abstammung und die Reinrassigkeit eines Hundes.[12] In beiden Fällen wird das untersuchte Produkt mit einem wertbildenden Zertifikat auf den Markt geschickt. Die Anwendung der kartellrechtlichen Vorschriften kann bei entsprechender Markposition und Verhalten der genannten Experten geboten sein.[13] Der Ersteller eines Verzeichnisses – ob über Hund oder Kunstwerk - fertigt hingegen nur eine - möglicherweise unvollständige – Auflistung der vorhandenen Wirtschaftsgüter.

2. Verleger

Auch die Verantwortlichkeit des Verlegers eines Werkverzeichnisses reicht im Grunde nicht weiter als die des Autors. Der Verleger transportiert die wissenschaftliche Aufbereitung des Autors an die Öffentlichkeit. Mit dem Verkauf des Werkverzeichnisses nimmt er seine Geschäfte als Verleger wahr. Er ist insofern natürlich Unternehmer und bei einer marktbeherrschenden Stellung - auf dem Kunstbuchmarkt beispielsweise – kann er kartellrechtlich verpflichtet sein, sein Verlagsgeschäft anderen Publikationen auf dem Kunstsektor zugänglich zu machen. Seine marktbeherrschende Stellung ist aber nicht daraus abzuleiten, dass einem einzelnen in seinem Verlag erschienenen Werkverzeichnis eine bestimmte wirtschaftliche Folge – wertbildender Faktor für den Kunstbetrieb - beigelegt wird.[14]

---

einer bestimmten Person in einem Roman, der von einem marktbeherrschenden Unternehmen vertrieben wird, nicht über das Kartellrecht verfolgt werden.

11 A.A.: *von Brühl*, Die Marktmacht von Kunstexperten als Rechtsproblem, S. 211, 225.

12 KG WuW/E OLG 2028, 2029 – Hundezuchtverein; *von Brühl*, Die Marktmacht von Kunstexperten als Rechtsproblem, S. 78.

13 *von Brühl*, Die Marktmacht von Kunstexperten als Rechtsproblem, S. 78 ff, 125 ff.

14 Diese differenzierte Betrachtung der unternehmerischen Leistung – worauf ist sie gerichtet – wird deutlich, wenn wir uns vergegenwärtigen, auf welche Weise der Verleger, dem Begehren ein bestimmtes Werk eines Außenstehenden in das Werkverzeichnis aufzunehmen nachkommen soll. Soll er eine solche Verpflichtung aus dem Außenverhältnis im Innenverhältnis

3. Experte als Autor

Ist der Experte zugleich der Ersteller eines Werkverzeichnisses kann seine kartellrechtliche Verpflichtung, ein bestimmtes Werk zu untersuchen und als „echt" oder „unecht" zu zertifizieren, auf die Vervollständigung des Werkverzeichnisses durchschlagen. Die so verwobene Unternehmereigenschaft einer – natürlichen oder juristischen - Person kann auch eine kartellrechtliche Pflicht zur Vervollständigung des Verzeichnisses nach sich ziehen.

4. Rechtsprechung

Hervorzuheben sind Entscheidungen aus Frankreich, welche das Wildenstein-Institut als Haftungsgegner betreffen.[15] Das Wildenstein-Institut gibt unter Einsatz verschiedener Experten Werkverzeichnisse unterschiedlicher Künstler heraus.[16] In dem vom Tribunal de Grande Instance de Paris entschiedenen Fall „Duménil"[17] ging es um die Aufnahme eines Gemäldes in ein Verzeichnis über das Schaffen des Künstlers Kees van Dongen. Die Verpflichtung zur Aufnahme wurde abgelehnt, da das Werkverzeichnis noch nicht erschienen war. Es fehle also an einer Beeinträchtigung und an einem Schaden des Sammlers. Anders sähe es aus – so das Gericht –, wenn das Verzeichnis erschienen sei. Hier könne eine deliktsrechtliche Haftung des Autors wie des Verlegers gegeben sein, wenn er grobfahrlässig oder vorsätzlich die Aufnahme eines anerkannten Werks ablehne.

Etwas differenzierter geht die Cour d'Appel de Paris im Fall „Shaltiel Gracian"[18] mit einer Verpflichtung zur Aufnahme in das Werkverzeichnis um. Es stellt die Freiheit des Erstellers des Werkverzeichnisses heraus, das Werkverzeichnis nach seinen Vorstellungen zu verfassen.[19] Sein Recht auf freie Äußerung seiner Meinung, könne erst eingeschränkt werden und zu einer deliktsrechtlichen Verantwortlichkeit führen. wenn er die Vollständigkeit seines Verzeichnisses bewusst verfälsche oder eindeutig fehlerhaft Werke zuschreibe.

---

gegen den Willen des Autors des Werks durchsetzen können?

15 Hierzu: *von Brühl*, Die Marktmacht von Kunstexperten als Rechtsproblem, S 66 ff.

16 Die Bedeutung des beim Wildenstein-Institut, Paris, gebündelten Expertenwissens für den Kunstmarkt steht außer Frage. Ist ein Werk in einem vom Wildenstein herausgegeben Werkverzeichnis registriert oder zur Registrierung vorgesehen, findet dies in Auktionsangeboten stets Erwähnung. Vgl. hierzu auch Bericht von *Katrin Sachse*, System der Unantastbarkeit, in Focus Nr. 49/2007 – abrufbar unter www.focus.de/kultur.

17 Zitiert bei *von Brühl*, Die Marktmacht von Kunstexperten als Rechtsproblem, S. 68 Fn.256.

18 Zitiert bei *von Brühl*, Die Marktmacht von Kunstexperten als Rechtsproblem, S. 69 Fn. 266.

19 Originaltext zitiert bei *von Brühl*, Die Marktmacht von Kunstexperten als Rechtsproblem, S. 69 Fn. 266: Qu'il ne s'agit là que de libre communication des Pensées et des opinions laissant à l'auteur d'un catalogue la faculté de présenter, selon ses vues, les ouvres attribuées à l'artiste sauf à reprendre des fautes commises lorsque par dénaturation ou falsification, il présente comme véridique des allégations manifestement erronées.

In dem von einem deutschen Gericht entschiedenen Fall ging es – wie in unserem Beispielsfall – um die Zuschreibung eines Bildes als Werk von Karl Hofer.[20] Das Gericht befasst sich mit der Frage, ob der Autor eines Werkverzeichnisses einem zivilrechtlichen Kontrahierungszwang mit dem Eigentümer eines nicht erfassten (streitigen) Gemäldes unterliegt. Diese Frage wird verneint, ebenso wie eine zivilrechtliche Verpflichtung unter dem Gesichtspunkt der Beseitigung eines Störungszustandes nach § 1004 BGB. Es sei zwar richtig, so das OLG Hamm, dass das Werkverzeichnis auf Vollständigkeit angelegt sei und sämtliche Werke eines Künstlers enthalten solle. Der Autor könne aber nicht gezwungen werden, Werke aufzunehmen, die er aus sachlichen Gründen nicht für echt halte; dem stehe seine Wissenschaftsfreiheit gem. Art. 5 Abs. 3 GG entgegen. Es lasse sich auch nicht sagen, dass der Ersteller des Werkverzeichnisses eine Monopolstellung innehabe. Er sei nicht die einzige Person, welche über die Anerkennung der Urheberschaft von Karl Hofer entscheiden könne.

5. Resümee aus der Rechtsprechung

Weder in der nationalen noch in der internationalen Rechtsprechung wird eine kartellrechtliche Haftung des Erstellers oder des Verlegers eines Werkverzeichnisses in Erwägung gezogen. Dem Autor – und folglich dem Verleger – wird ein weiter Spielraum bei das Abfassung des Verzeichnisses zugebilligt. Das ist ein Gebot der Freiheit der wissenschaftlichen Betätigung und des Rechts zur freien Meinungsäußerung.

Die Rechtsprechung deutet an, dass der Freiraum endet, wenn bewusst oder grob fahrlässig ein Werk im Verzeichnis nicht auftaucht. Die materielle Grundlage wird in der deliktischen Haftung gesehen, die nach französischem Recht in seiner dogmatischen Grundlage weitergefasst ist, nach deutschem Recht an die Position des Außenstehenden als Eigentümer des Bildes anknüpft.

V. Eigener Standpunkt

1. Grundsatz

Der Ersteller eines Werkverzeichnisses und dessen Verleger sind grundsätzlich frei in der Auswahl und Registrierung der Werke eines bestimmten Künstlers oder einer Künstlergruppe. Das gilt für Werke der Musik, der Architektur, der Literatur genauso wie für Werke der bildenden Kunst. Der Außenstehende, als derjenige, der ein nicht registriertes Werk des Künstlers besitzt oder der ein verschollen geglaubtes

20 OLG Hamm GRUR-RR 2005, 177.

Werk auffindet[21], hat keinen zivilrechtlich durchsetzbaren Anspruch auf die Erfassung des Werks in vorhandenen Werkverzeichnissen.

Die Wissenschaftsfreiheit des Erstellers von Werkverzeichnissen überwiegt das materielle und ideelle Interesse des Außenstehenden an der Registrierung seines Eigentums in vorhandenen oder geplanten Verzeichnissen. Wer ein Werkverzeichnis erstellt, braucht sich auf zweifelhafte Werkzuschreibungen nicht einzulassen. Die Zweifel müssen nicht objektiv begründet sein, sie können auch auf (unzutreffender) subjektiver Einschätzung beruhen. Sie können auch dann zugunsten des Erstellers des Werkverzeichnisses zu berücksichtigen sein, wenn der Künstler selbst das Kunstwerk als sein Werk deklariert hat – wie der jüngst aufgeflammte Diskussion um die Zuordnung der Bilder aus der Werkstatt „Immendorf" und der dabei kreierte Begriff der „Werkkopie" als Zuschreibungskriterium zeigen.[22] Noch kritischer darf der Autor eines Werkverzeichnisses die Werkzuschreibungen durch die Erben des Künstlers beleuchten.[23] Der Autor des Werkverzeichnisses kann zudem die Zuordnungskriterien selbst festlegen – beispielsweise, ob der Guss einer Plastik zu Lebzeiten des Bildhauers oder nach dessen Tod erfolgt ist.[24] Dieselben Erwägungen gelten für die Rechtsposition des Verlegers, dem zusätzlich die Freiheit der unternehmerischen Entscheidung zuzubilligen ist, ob er eine (vervollständigte) Neuauflage des Werkverzeichnisses für wirtschaftlich sinnvoll hält.

2. Ausnahme

Es bleibt der Ausnahmefall denkbar, dass der Autor oder Verleger eines Verzeichnisses trotz besseren Wissens die geforderte Erklärung über die Werkzuordnung nicht abgibt. Haben sich die Verhältnisse auf dem Kunstmarkt dahin verdichtet, dass ohne eine solche Erklärung das im Eigentum des Außenstehenden befindliche Werk nicht den Wert erreichen kann, der ihm bei einer Registrierung zukäme, kann die Weigerung zur Abgabe einer dahingehende Erklärung zu einer deliktischen Schadensersatzhaftung führen.[25] Zivilrechtliche Anspruchsgrundlage hierfür ist

21 Z.B. die Partitur zur verschollenen Oper Dafne, der ersten Oper im neuzeitlichen Sinn, von Heinrich Schütz.

22 Dem Künstler selbst steht zur Wahrung seines Urheberpersönlichkeitsrechts ein Anspruch zu, dass ein auf Vollständigkeit angelegtes Werkverzeichnis der Wirklichkeit entspricht und nichts unterschlägt. § 13 UrhG gewährt dem Urheber oder seinem Rechtsnachfolger (§ 30 UrhG) eine Anspruch auf Anerkennung seiner Urheberschaft.

23 Matisse hatte seiner Tochter, Marguérte Duthuit, bereits zwei Jahre vor seinem Tod verboten, das Atelier zu betreten. Dennoch maßte diese sich an, die späten Bilder als echt oder falsch zu bezeichnen, was der Kunsthandel durchaus kritisch sah, berichtet *Claudia Herstatt*, Das Ja, das Millionen wert ist, Die Zeit v. 10.03.2005, S. 48.

24 Vgl. hierzu das von Dietrich Schubert herausgegebene Werkverzeichnis der Plastiken von Wilhelm Lehmbruck. Er orientiert sich streng an den nachweisbaren Lebzeit-Exemplaren. Aber auch die posthumen Exemplare werden als solche erfasst.

25 Ein zivilrechtlicher Kontrahierungszwang kann aber nicht bejaht werden. Dieser ist auf die Fälle des Angebots von Waren oder Dienstleistungen beschränkt, die der Daseinsvorsorge

§ 826 BGB.[26] In der Weigerung, eigener besserer Erkenntnis zuwider, die wertsteigernde Zuordnung eines unstreitig vom Künstler stammenden Werks abzulehnen, liegt ein sittenwidriger Missbrauch einer vom Markt zugeordneten Machtstellung.[27]

In Anbetracht der Wissenschaftsfreiheit des Autors und der unternehmerischen Freiheit des Verlegers können diese aber auch in einem solchen Fall nicht gezwungen werden, das Verzeichnis durch Neuauflage um das betroffene Werk zu aktualisieren. Sie haben indes zu erklären, dass das Werk in das Verzeichnis aufgenommen werden müsste.

3. Konfliktpotential

Aber wann tritt dieser Ausnahmefall ein?[28] Wer ein auf dem Markt anerkanntes Werkverzeichnis erstellt, wird selbst ein Interesse daran haben, dass es seinen Ruf als zuverlässige Erkenntnisquelle zum Werkschaffen eines Künstlers behält.[29]

---

dienen, Jauernig, BGB, 12. Auflage, vor § 145 Rdn. 9 ff.

26 Zu dieser Haftung des Autors kommt – neben der kartellrechtlichen Haftung – auch von Brühl, Die Marktmacht von Kunstexperten als Rechtsproblem, S. 235; eine Haftung des Verlegers nach § 826 BGB, so meint sie, scheitere in der Regel an dessen Unfähigkeit, auf den Inhalt des Verzeichnisses Einfluss nehmen zu können (aaO S. 241). Das berechtigt ihn indessen nicht, entgegen der offenkundigen Echtheit des Werks die Vollständigkeit des verlegten Verzeichnisses herauszustellen oder dessen Unvollständigkeit zu bezweifeln.

27 Der Unterschied zu der oben verneinten kartellrechtlichen Haftung besteht darin, dass für die Haftung aus § 826 BGB ein unternehmerisches Verhalten nicht erforderlich ist und (im Gegensatz zu § 33 GWB) nur bei bewusst sittenwidriger Schädigung durch Autor und Verleger begründet ist.

28 Die in Focus 2007 Heft 49 von Katrin Sachse unter der Überschrift „System der Unantastbarkeit" berichtete Story, wonach das Wildenstein-Institut sich weigere, das im Besitz eines renommierter Kunstsammlers befindliche Bild „Au moulin de Galette" als Original von Pierre-Auguste Renoir anzuerkennen, betrifft vorrangig die Stellung des Instituts als Kunstexperte. Interessant ist der behauptete Hintergrund dieser Weigerung: Das dasselbe Motiv betreffende, bei Wildenstein registrierte „identische" Bild sei bereits Gegenstand des Handels. Nach einem Verkauf für 12 Millionen Dollar sei es – so die Behauptung des Sammlers – auf einer Scheinauktion für 78 Millionen Dollar versteigert worden und werde zur Sicherung von Bankgeldern genutzt. Der Sammler meint nun, seinem Bild werde die Anerkennung als Original deshalb versagt, um die Kreditsicherung nicht zu Fall zu bringen.

29 Außerdem läuft der Verleger eines als „umfassend" auf dem Markt angepriesenes Werkverzeichnis Gefahr, wegen irreführender Werbeangabe gemäß § 5 Abs. 2 Nr. 1, § 8 UWG in Anspruch genommen zu werden. Dieser Verbotstatbestand hilft dem Eigentümer eines nicht registrierten Werkes nicht weiter, da er nicht in einem Wettbewerbsverhältnis zum Verleger des Verzeichnisses steht. Freilich könnten qualifizierte Verbände im Sinne des § 8 Abs. 2 und 3 UWG gegen die irreführende Werbeangabe vorgehen. Nach gängiger Rechtsprechung hat der mit der „Vollständigkeit" der Werkerfassung, also mit einem Superlativ Werbende darzutun, dass diese Aussage zutrifft. Seiner Pflicht zur Darlegung genügt der Verleger schon dann, wenn er darlegt, dass nach seiner Ansicht das Verzeichnis vollständig ist und er hinsichtlich weiterer Werke Zweifel an der Zuschreibung hat. Erscheint seine Einlassung unter der gebotenen Berücksichtigung seiner Entscheidungsfreiheit schlüssig, muss der Kläger darlegen und beweisen, dass das nicht registrierte Werk echt ist und ohne seine Erfassung im Werkver-

In der Tagespresse vom 16. August 2008 wurde berichtet, dass ein bislang einem unbekannten deutschen Künstler zugeschriebenes Porträt einer „Jungen Frau mit Zopf" in Wahrheit von Leonardo da Vinci stammen könnte. Das brächte dem Eigentümer einen Wertzuwachs von mehreren Millionen Dollar. Er hatte das Bild 1998 für 21.800 Dollar ersteigert. Welcher Autor oder Verleger wird sich weigern, dieses Werk zu registrieren. Aber bis dahin ist noch ein weiter mit tatsächlichen, nicht mit rechtlichen Hindernissen gepflasterter Weg zurückzulegen. Mehrere Experten hätten zwar das Werk Leonardo da Vinci zugeschrieben, so heißt es in den Zeitungsberichten weiter, insbesondere weil die so genannten Vinci-Knoten im Haar die Schulter der jungen Frau schmückten, aber es seien noch „weitere Tests nötig, darunter eine Untersuchung mit der Radiokarbonmethode". So wird es auch dem Unternehmer aus unserem Beispielsfall ergehen. Hat er die Echtheit seines Bildes als Hofer-Gemälde nachgewiesen, wird sich der Ersteller des Hofer-Werkverzeichnisses nicht weigern, das Bild aufzunehmen, falls es zu einer Neuauflage kommt. Eine Neuauflage kann der Eigentümer aber nicht erzwingen.

VI. Zusammenfassung

Der Ersteller und der Verleger sind frei in der Gestaltung von Werkverzeichnissen. Der Autor bestimmt die Kriterien der Auflistung. Das Zusammenstellen von Werken in einem Verzeichnis ist keine unternehmerische Tätigkeit, die den Autor in die kartellrechtlichen Pflichten der §§ 19, 20, 33 GWB nehmen könnte. Der Außenstehende hat keinen Anspruch gegen den Ersteller des Werkverzeichnisses auf dessen Vervollständigung. Anders kann es sich verhalten, wenn der Autor zugleich der Experte in der Zuschreibung der Werke ist. Eine ihm insoweit zukommende marktbeherrschende Stellung und seine daraus folgende wettbewerbsrechtliche Verantwortlichkeit schlagen dann auch auf seine Tätigkeit als Autor des Werkverzeichnisses durch. Ohne kartellrechtliche Haftung bleibt im Ausnahmefall eine zivilrechtliche Schadensersatzhaftung von Autor und Verleger eines Verzeichnisses nach § 826 BGB denkbar, wenn sie trotz besseren Wissens die geforderte Erklärung über die (unstreitige) Werkzuordnung nicht abgeben. Haben sich die Verhältnisse auf dem Kunstmarkt dahin verdichtet, dass ohne eine solche Erklärung das im Eigentum des Außenstehenden befindliche Werk nicht den Wert erreichen kann, der ihm bei einer Registrierung zukäme, kann die Weigerung zur Abgabe einer dahingehende Erklärung zu einer deliktischen Schadensersatzhaftung führen. Das Konfliktpotential im

---

zeichnis dieses eben nicht vollständig ist. Fazit: Über das Wettbewerbsrecht kann nicht geholfen werden. Auch wenn im Einzelfall die Verwendung der Angabe „vollständig" als unzutreffend verboten werden sollte, folgt daraus weder ein Anspruch auf Aufnahme eines bislang nicht erfassten Werks in das Werkverzeichnis noch ein Schadensersatzanspruch. Der wettbewerbsrechtlich begründete Schadensersatzanspruch steht gemäß § 9 UWG nur einem Mitbewerber zu (*Koch* in Ullmann, jurisPK-UWG § 9 Rdn. 9).

hier besprochenen Verhältnis des Außenstehenden zum Ersteller und Verleger von Werkverzeichnissen wird als gering angesehen.

FSC
www.fsc.org
MIX
Papier | Fördert gute Waldnutzung
FSC® C083411

Kolibri 360 GmbH
Ferdinand-Jühlke-Straße 7
99095 Erfurt, Deutschland
produktsicherheit@kolibri360.de